数学
MATHEMATICS

郭 飞 ◎ 编

©2012 北京语言大学出版社，社图号 12009

图书在版编目（CIP）数据

数学 / 郭飞编. -- 北京 ：北京语言大学出版社，2012.2（2024.11重印）
（来华留学生专业汉语学习丛书）
ISBN 978-7-5619-3231-5

Ⅰ．①数… Ⅱ．①郭… Ⅲ．①中学数学课－对外汉语教学－教材 Ⅳ．①G634.61

中国版本图书馆 CIP 数据核字(2012)第 011095 号

数　学

SHUXUE

责任编辑：徐　雁　张　建
责任印制：周　燚

出版发行：	北京语言大学出版社
社　　址：	北京市海淀区学院路 15 号，100083
网　　址：	www.blcup.com
电子信箱：	service@blcup.com
电　　话：	编辑部　8610-82303647/3592/3395
	国内发行　8610-82303650/3591/3648
	海外发行　8610-82303365/3080/3668
	北语书店　8610-82303653
	网购咨询　8610-82303908
印　　刷：	天津画中画印刷有限公司

版　　次：	2012 年 2 月第 1 版	印　次：	2024 年 11 月第 9 次印刷
开　　本：	787 毫米×1092 毫米 1/16	印　张：	19.25
字　　数：	292 千字		
定　　价：	67.00 元		

PRINTED IN CHINA

凡有印装质量问题，本社负责调换。售后QQ号1367565611，电话010-82303590

前　言

"来华留学生专业汉语学习丛书"适用于来华学习理工、西医、经贸、中医及相关专业，汉语水平为初级的外国留学生，旨在培养留学生学习理工、西医、中医及相关专业所急需的听说读写技能，掌握专业汉语的基本词汇、构词法、表达句式，使之顺利地入系接受本科专业教育。

本教材为"来华留学生专业汉语学习丛书·科技汉语系列"主干教材。2004年教育部国家留学基金管理委员会委托天津大学承担"中国政府奖学金来华留学生大学预科教育试点"项目。2005年，天津大学作为教育部第一批试点院校之一开始承担预科教育试点工作。

天津大学已接收的七届来华留学预科生，来华前只学习过一个学期的汉语，就学习数学专业课而言，急需补上专业数学汉语这一课。而国内的高中数学教材汉语描述过多，语言比较书面化，预科生只具有初级汉语水平，一开始连基本的数学符号都很难用汉语表达，而现有的教材册数多、内容广，不适合预科生。根据教学需要，我们编写了这本预科数学汉语教材。

本教材主要选取了高中的"代数"和"平面解析几何"知识以及从中学知识向微积分学习过渡的"函数的极限和导数"知识，其他知识暂未纳入本书范围。

预科数学学习的主要目的是使学生掌握教材中数学词汇的汉语读法、高中的基本数学知识和大学的部分数学知识，提高预科生数学专业汉语听说读写的能力，使其能听懂中等语速的数学专业授课内容。基于此，本教材的编写注意突出下述特点：一是教材每一章节里主要是给出公式、结论、定理和注意事项，并举出应用实例，绝大多数章节中没有公式推导过程和过多的文字叙述。二是在教材的正文中对数学专业词汇和预科生有可能不理解的词汇增加英文注释，同时，在一些必要的较长的汉语描述中增加整段的英文翻译，希望能在语言上起到帮助学生理解的作用。三是部分题目要求首次出现时增加整句的英文翻译。四是列出数学符号的汉英两种读法对照表和部分数学专业词汇汉英对照表，以便预科留学生解决学习中遇到的语言障碍。五是尽可能降低数学概念、定义、定理和结论中的汉语描述的难度，有的采取变换说法、把科技词汇口语化的方法，有的则用数学符号和数学式子来辅助语言讲解。

  本教材是在教学过程中根据预科生的实际情况编写的，初稿曾在其他相关院校留学预科生教学中试用，之后，结合各位任课老师的反馈意见再次修改，最终定稿。

  考虑到数学课时的限制和预科生的实际汉语水平，有些语言难度或者数学难度偏大的章节和课后习题，本书加注了"＊"号，任课教师可以根据预科生的实际汉语水平、数学水平以及以后进入大学所学的专业对数学知识的需求进行取舍。

  受水平所限，交稿时间又紧迫，本书中的缺点、错误在所难免，欢迎广大读者批评指正。

编 者

目　录

第一部分　代　数

第 1 章　集合和不等式 ……………………………………… 3
  1.1　集合 ……………………………………………………… 3
      习题 1.1 …………………………………………………… 8
  1.2　不等式的性质 …………………………………………… 9
      习题 1.2 …………………………………………………… 11
  1.3　不等式的解法 …………………………………………… 12
      习题 1.3 …………………………………………………… 19
      复习参考题 ………………………………………………… 19

第 2 章　简单的逻辑 ………………………………………… 21
  2.1　命题、充分和必要条件 ………………………………… 21
      习题 2.1 …………………………………………………… 23
  *2.2　简单的逻辑联结词 ……………………………………… 24
  *2.3　全称量词和存在量词 …………………………………… 26

第 3 章　映射和函数 ………………………………………… 28
  3.1　映射和函数 ……………………………………………… 28
      习题 3.1 …………………………………………………… 31
  3.2　函数的单调性 …………………………………………… 32
      习题 3.2 …………………………………………………… 34
  3.3　函数的奇偶性 …………………………………………… 35
      习题 3.3 …………………………………………………… 37

3.4　反函数 ……………………………………………… 38
　　　　习题 3.4 …………………………………………… 40
　　3.5　幂函数 ……………………………………………… 41
　　　　习题 3.5 …………………………………………… 44
　　3.6　指数函数 …………………………………………… 45
　　　　习题 3.6 …………………………………………… 47
　　3.7　对数与对数函数 …………………………………… 48
　　　　习题 3.7 …………………………………………… 51
　　　　复习参考题 ………………………………………… 51

第 4 章　三角函数和反三角函数 …………………………… 53

　　4.1　角的概念 …………………………………………… 53
　　　　习题 4.1 …………………………………………… 56
　　4.2　任意角的三角函数 ………………………………… 57
　　　　习题 4.2 …………………………………………… 60
　　4.3　同角三角函数的基本关系式 ……………………… 61
　　　　习题 4.3 …………………………………………… 63
　　4.4　诱导公式 …………………………………………… 64
　　　　习题 4.4 …………………………………………… 66
　　4.5　正弦函数、余弦函数的图像和性质 ……………… 67
　　　　习题 4.5 …………………………………………… 72
*　4.6　函数 $y=A\sin(\omega x+\varphi)$ 的图像 ………………………… 74
　　　　*习题 4.6 …………………………………………… 80
　　4.7　正切函数、余切函数的图像和性质 ……………… 81
　　　　习题 4.7 …………………………………………… 84
*　4.8　反三角函数 ………………………………………… 85
　　　　*习题 4.8 …………………………………………… 89
*　4.9　已知三角函数值求角 ……………………………… 90

*习题 4.9 ··· 92

*4.10 解三角形 ·· 93

*习题 4.10 ·· 95

复习参考题 ·· 95

第 5 章 两角和与差的三角函数 ·· 97

5.1 两角和与差的三角函数 ··· 97

习题 5.1 ·· 100

5.2 二倍角公式 ··· 101

习题 5.2 ·· 103

5.3 半角公式 ·· 104

习题 5.3 ·· 106

5.4 三角函数的积化和差以及和差化积公式 ····················· 107

习题 5.4 ·· 109

复习参考题 ·· 109

第 6 章 数列 ·· 111

6.1 数列 ·· 111

习题 6.1 ·· 113

6.2 等差数列 ·· 114

习题 6.2 ·· 117

6.3 等比数列 ·· 118

习题 6.3 ·· 122

6.4 数列的极限和四则运算 ·· 123

习题 6.4 ·· 126

复习参考题 ·· 126

第 7 章 复数 ·· 129

*7.1 复数的概念 ·· 129

*习题 7.1 ·· 131

III

    *7.2 复数的加法与减法 …………………………………………… 132

    *7.3 复数的乘法与除法 …………………………………………… 134

        *复习参考题 ……………………………………………………… 136

第 8 章　排列、组合和二项式定理 ………………………………………… 137

    *8.1 加法原理和乘法原理 ………………………………………… 137

        *习题 8.1 …………………………………………………………… 140

    *8.2 排列和排列数 ………………………………………………… 141

        *习题 8.2 …………………………………………………………… 144

    *8.3 组合和组合数 ………………………………………………… 145

        *习题 8.3 …………………………………………………………… 148

    *8.4 二项式定理 …………………………………………………… 149

        *习题 8.4 …………………………………………………………… 151

        *复习参考题 ……………………………………………………… 151

第二部分　平面解析几何

第 1 章　平面向量及其运算 ……………………………………………… 155

    1.1 平面向量的线性运算 ………………………………………… 155

        习题 1.1 …………………………………………………………… 159

    1.2 平面向量的正交分解 ………………………………………… 160

        习题 1.2 …………………………………………………………… 163

    1.3 向量共线的坐标表示 ………………………………………… 164

        习题 1.3 …………………………………………………………… 166

    1.4 向量的数量积 ………………………………………………… 167

        习题 1.4 …………………………………………………………… 170

    *1.5 平面向量共线的应用——线段的定比分点 ………………… 171

        *习题 1.5 …………………………………………………………… 174

        复习参考题 ……………………………………………………… 174

第 2 章　直线 ·· 176

2.1　直线的倾斜角和斜率 ································· 176
习题 2.1 ··· 178

2.2　直线方程的五种形式 ··································· 179
习题 2.2 ··· 184

2.3　直线的平行和垂直 ····································· 185
习题 2.3 ··· 187

2.4　两条直线所成的角 ····································· 188
习题 2.4 ··· 190

2.5　两条直线的交点 ······································· 191
习题 2.5 ··· 193

2.6　点到直线的距离 ······································· 194
习题 2.6 ··· 196

复习参考题 ··· 196

第 3 章　二次曲线 ·· 197

*3.1　曲线的方程 ··· 197
*习题 3.1 ··· 199

3.2　圆 ··· 200
习题 3.2 ··· 204

3.3　椭圆 ··· 205
习题 3.3 ··· 210

3.4　双曲线 ··· 211
习题 3.4 ··· 217

3.5　抛物线 ··· 218
习题 3.5 ··· 222

复习参考题 ··· 222

第三部分　函数的极限和导数

第 1 章　函数的极限 ……………………………………………………… 227

1.1　函数的极限 …………………………………………………… 227
习题 1.1 ………………………………………………………… 232

1.2　函数极限的四则运算 ………………………………………… 233
习题 1.2 ………………………………………………………… 235

1.3　连续函数 ……………………………………………………… 236
习题 1.3 ………………………………………………………… 238

复习参考题 …………………………………………………… 238

第 2 章　导数 ……………………………………………………………… 239

2.1　导数的概念 …………………………………………………… 239
习题 2.1 ………………………………………………………… 244

2.2　三类基本初等函数的导数公式 ……………………………… 245
习题 2.2 ………………………………………………………… 247

2.3　函数的求导法则 ……………………………………………… 248
习题 2.3 ………………………………………………………… 252

2.4　对数函数和指数函数的导数 ………………………………… 253
习题 2.4 ………………………………………………………… 256

复习参考题 …………………………………………………… 256

第 3 章　导数的应用 ……………………………………………………… 257

3.1　函数的单调性 ………………………………………………… 257
习题 3.1 ………………………………………………………… 259

3.2　函数的极值 …………………………………………………… 260
习题 3.2 ………………………………………………………… 263

3.3　函数的最大值和最小值 ……………………………………… 264
习题 3.3 ………………………………………………………… 267

复习参考题 …………………………………………………… 267

附 录

附录一　数学符号汉英对照表 …………………………………………… 271
附录二　部分数学词汇汉英对照表 ………………………………………… 279
参考文献 ……………………………………………………………………… 295

第一部分

代　数

1 集合和不等式

1.1 集合

一 集合

一般地,某些指定的对象(object)放在一起就成为一个集合(set),也简称集(be called set for short),例如(for example)数字"1、2、3、4、5"组成(form)一个集合.

我们一般用大括号(braces)表示(denote)集合.(Generally, a pair of braces denotes a set.)例如,{1,2,3,4,5}.

下面是一些常用的数集和它们的记法:

全体整数组成的集合简称整数集(set of all integers),记作 $\mathbf{Z}$;

全体非负整数组成的集合简称非负整数集(set of all non-negative integers)(或者自然数集),记作(be written as)$\mathbf{N}$;

全体正整数组成的集合简称正整数集(set of all positive integers),记作 $\mathbf{N}^*$ 或 $\mathbf{N}_+$;

全体有理数组成的集合简称有理数集(set of all rational numbers),记作 $\mathbf{Q}$;

全体实数组成的集合简称实数集(set of all real numbers),记作 $\mathbf{R}$.

*实数的分类（classification）：

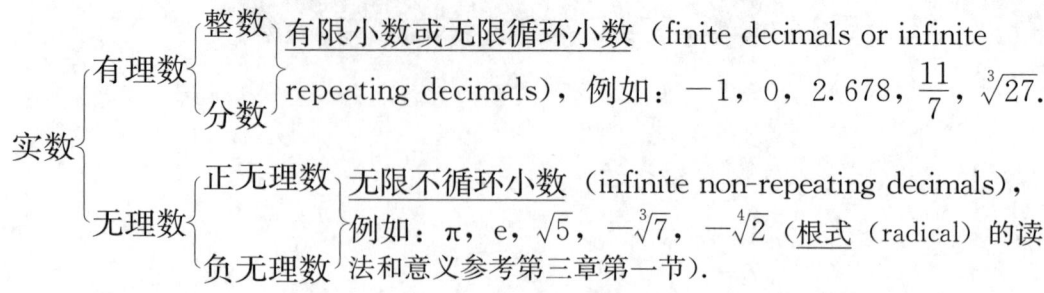

集合中的每个对象<u>叫做</u>（be called）这个集合的<u>元素</u>（element），集合的元素常用小写的英文字母表示. 集合用大写英文字母表示，如集合 A、集合 B.

<u>如果</u>（if）a 是集合 A 的元素，<u>那么</u>（then）我们就说 a <u>属于</u>（belong to）集合 A，记作 $a \in A$；如果 a 不是集合 A 的元素，那么我们就说 a <u>不属于</u>（not belong to）集合 A，记作 $a \notin A$. 例如，设 $B = \{1, 2, 3, 4, 5\}$，那么 $5 \in B$，$\frac{3}{2} \notin B$；又如，$6 \in \mathbf{N}$，$\frac{3}{2} \in \mathbf{Q}$，$\frac{3}{2} \notin \mathbf{Z}$.

注意：集合里的元素是没有<u>顺序</u>（order）的，例如，集合$\{1, 2\} = \{2, 1\}$.

含有<u>有限个</u>（finite）元素的集合叫做<u>有限集</u>（finite set）. 例如，集合 $\{-1, 1\}$ 是有限集.

含有<u>无限多个</u>（infinite）元素的集合叫做<u>无限集</u>（infinite set）. 例如，集合 $\{x \mid x - 3 > 2\}$ 是无限集.

不含任何元素的集合叫做<u>空集</u>（empty set），记作 $\varnothing$. 例如，集合 $\{x \in \mathbf{R} \mid x^2 + 1 = 0\}$ 是空集.

二 子集、交集、并集、补集

Ⅰ. 子集

一般地，对于两个集合 A 与 B，如果集合 A 的任何一个元素都是集合 B 的元素，那么我们就说集合 A <u>包含于</u>（be included in）集合 B，或集合 B <u>包含</u>（include）集合 A，这时我们也说集合 A 是集合 B 的<u>子集</u>（subset），记作 $A \subseteq B$（或 $B \supseteq A$）. 例如，设 $A = \{1, 2, 3\}$，$B = \{1, 2, 3, 4, 5\}$，则 $A \subseteq B$.

如果 $A\subseteq B$，同时（and）$B\subseteq A$，那么我们就说集合 A 等于（be equal to 或 equal）集合 B，记作 $A=B$. $A=B$ 时，集合 A 与 B 有相同的元素，否则（otherwise），$A\neq B$，读作"集合 A 不等于集合 B". 例如，如果设 $A=\{x\in\mathbf{R}|x^2-1=0\}$，$B=\{-1,1\}$，$C=\{0,1\}$，那么 $A=B$，$A\neq C$.

对于两个集合 A 与 B，如果 $A\subseteq B$，并且 $A\neq B$，那么我们就说集合 A 是集合 B 的真子集（proper subset），记作 $A\subsetneqq B$（或 $B\supsetneqq A$）.

规定（prescript）：空集是任何非空集合的真子集. 即（that is），对于任何一个非空集合 A，有 $\varnothing \subsetneqq A$.

例 1 分别写出集合 $\{a,b\}$ 的所有子集和真子集. （Please point out all the subsets and proper subsets of $\{a,b\}$ respectively.）

解（solution）：集合 $\{a,b\}$ 的所有子集是：$\varnothing$，$\{a\}$，$\{b\}$，$\{a,b\}$，其中 $\varnothing$，$\{a\}$，$\{b\}$ 是 $\{a,b\}$ 的真子集.

Ⅱ．交集、并集

由所有属于集合 A 并且属于集合 B 的元素组成的集合，叫做 A 与 B 的交集（intersection），记作 $A\cap B$（读作"A 交 B"），即 $A\cap B=\{x|x\in A,\text{且 } x\in B\}$. 由所有属于集合 A 或者属于集合 B 的元素所组成的集合，叫做 A 与 B 的并集（union），记作 $A\cup B$（读作"A 并 B"），即 $A\cup B=\{x|x\in A,\text{或 } x\in B\}$.

Ⅲ．补集

一般地，设 U 是一个集合，A 是 U 的一个子集（即 $A\subseteq U$），由 U 中所有不属于 A 的元素组成的集合，叫做 U 中子集 A 的补集（complement）（或余集），记作 $\complement_U A$，即 $\complement_U A=\{x|x\in U,\text{且 } x\notin A\}$，$U$ 可以看作一个全集（universal set）. 例如，如果 $U=\{1,2,3,4,5\}$，$A=\{1,3,5\}$，那么 $\complement_U A=\{2,4\}$. 又如，我们可以把实数集 $\mathbf{R}$ 看作全集 U，那么有理数集 $\mathbf{Q}$ 的补集 $\complement_\mathbf{R} \mathbf{Q}$ 就是全体无理数的集合.

例2 设（suppose that）$A=\{x|x>2\}$，$B=\{x|x<3\}$，求（solve）$A\cap B$. (Suppose that $A=\{x|x>2\}$ and $B=\{x|x<3\}$. Please show $A\cap B$.)

解：$A\cap B=\{x|x>2\}\cap\{x|x<3\}=\{x|2<x<3\}$.

例3 设 $A=\{4, 5, 6, 8\}$，$B=\{3, 5, 7, 8\}$，求 $A\cup B$.

解：$A\cup B=\{4, 5, 6, 8\}\cup\{3, 5, 7, 8\}=\{3, 4, 5, 6, 7, 8\}$.

例4 设 $A=\{x|-1<x<2\}$，$B=\{x|1<x<3\}$，求 $A\cup B$.

解：$A\cup B=\{x|-1<x<2\}\cup\{x|1<x<3\}=\{x|-1<x<3\}$.

形如（have the form of）$2n$（$n\in\mathbf{Z}$）的整数叫做偶数（even number），形如 $2n+1$（$n\in\mathbf{Z}$）的整数叫做奇数（odd number）. 全体奇数的集合简称奇数集，全体偶数的集合简称偶数集.

例5 已知（we know that）A 是奇数集，B 是偶数集，$\mathbf{Z}$ 是整数集，求 $A\cap B$，$A\cap\mathbf{Z}$，$B\cap\mathbf{Z}$，$A\cup B$，$A\cup\mathbf{Z}$，$B\cup\mathbf{Z}$. (We know that A is a set of odd numbers, B is a set of even numbers and $\mathbf{Z}$ is a set of integer numbers. Please show $A\cap B$, $A\cap\mathbf{Z}$, $B\cap\mathbf{Z}$, $A\cup B$, $A\cup\mathbf{Z}$ and $B\cup\mathbf{Z}$.)

解：$A\cap B=\varnothing$，$A\cap\mathbf{Z}=A$，$B\cap\mathbf{Z}=B$，$A\cup B=\mathbf{Z}$，$A\cup\mathbf{Z}=\mathbf{Z}$，$B\cup\mathbf{Z}=\mathbf{Z}$.

例6 设 $U=\{1, 2, 3, 4, 5, 6, 7, 8\}$，$A=\{3, 4, 5\}$，$B=\{4, 7, 8\}$，求 $\complement_U A$，$\complement_U B$，$(\complement_U A)\cap(\complement_U B)$，$(\complement_U A)\cup(\complement_U B)$.

解：$\complement_U A=\{1, 2, 6, 7, 8\}$，$\complement_U B=\{1, 2, 3, 5, 6\}$，$(\complement_U A)\cap(\complement_U B)=\{1, 2, 6\}$，$(\complement_U A)\cup(\complement_U B)=\{1, 2, 3, 5, 6, 7, 8\}$.

三 区间

后面常常会用区间（interval）来表示集合. 设 a，b 是两个实数，且 $a<b$，那么我们把：

1. 集合 $\{x\in\mathbf{R}|a\leqslant x\leqslant b\}$ 叫做闭区间（closed interval）$[a, b]$，即 $[a, b]=\{x\in\mathbf{R}|a\leqslant x\leqslant b\}$；

2. 集合 $\{x\in\mathbf{R}|a<x<b\}$ 叫做开区间（open interval）(a, b)，即 $(a, b)=\{x\in\mathbf{R}|a<x<b\}$；

3. 集合 $\{x\in \mathbf{R}|a\leqslant x<b\}$ 叫做左闭右开区间 $[a, b)$，即 $[a, b)=$ $\{x\in \mathbf{R}|a\leqslant x<b\}$；

4. 集合 $\{x\in \mathbf{R}|a<x\leqslant b\}$ 叫做左开右闭区间 $(a, b]$，即 $(a, b]=$ $\{x\in \mathbf{R}|a<x\leqslant b\}$.

全体实数可以用区间 $(-\infty, +\infty)$ 表示，其中，"∞" 读作 "<u>无穷大</u> (infinity)"，"$+\infty$" 读作 "<u>正无穷大</u> (positive infinity)"，"$-\infty$" 读作 "<u>负无穷大</u> (negative infinity)"，所以还有下面几类区间：

5. 集合 $\{x\in \mathbf{R}|x\geqslant a\}$ 可以记作区间 $[a, +\infty)$，即 $[a, +\infty)=$ $\{x\in \mathbf{R}|x\geqslant a\}$；

6. 集合 $\{x\in \mathbf{R}|x>a\}$ 可以记作区间 $(a, +\infty)$，即 $(a, +\infty)=$ $\{x\in \mathbf{R}|x>a\}$；

7. 集合 $\{x\in \mathbf{R}|x\leqslant b\}$ 可以记作区间 $(-\infty, b]$，即 $(-\infty, b]=$ $\{x\in \mathbf{R}|x\leqslant b\}$；

8. 集合 $\{x\in \mathbf{R}|x<b\}$ 可以记作区间 $(-\infty, b)$，即 $(-\infty, b)=$ $\{x\in \mathbf{R}|x<b\}$.

习题1.1

1. 分别写出集合 $\{a, b, c\}$ 所有的子集和真子集.

2. 判断（judge）下列各式是否正确，并说明理由.（Please judge whether the following expressions are correct. In addition, please give the reasons.）

   (1) $3 \subseteq \{x | x \leqslant 10\}$　　（　　）　　(2) $2 \in \{x | x \leqslant 10\}$　　（　　）

   (3) $\{2\} \subsetneq \{x | x \leqslant 10\}$　　（　　）　　(4) $\varnothing \in \{x | x \leqslant 10\}$　　（　　）

3. 设 $U = \mathbf{Z}$, $A = \{x | x = 2k, k \in \mathbf{Z}\}$, $B = \{x | x = 2k+1, k \in \mathbf{Z}\}$，求 $\complement_U A$, $\complement_U B$.

4. 计算

   (1) 设 $A = \{x | x < 5\}$, $B = \{x | x \geqslant 0\}$，求 $A \cap B$；

   (2) 设 $A = \{x | x \geqslant -2\}$, $B = \{x | x \geqslant 3\}$，求 $A \cup B$.

5. 设 $U = \{x \in \mathbf{N} | 0 < x \leqslant 10\}$，$A = \{1, 2, 4, 5, 9\}$，$B = \{4, 6, 7, 8, 10\}$，$C = \{3, 5, 7\}$，求 $A \cap B$，$A \cup B$，$(\complement_U A) \cap (\complement_U B)$，$(\complement_U A) \cup (\complement_U B)$，$(A \cap B) \cap C$，$(A \cup B) \cup C$.

1.2 不等式的性质

如果 $a>b$，那么 $a-b$ 是<u>正数</u>（positive number）；如果 $a-b$ 是正数，那么 $a>b$.

如果 $a<b$，那么 $a-b$ 是<u>负数</u>（negative number）；如果 $a-b$ 是负数，那么 $a<b$.

如果 $a=b$，那么 $a-b$ 等于 0；如果 $a-b$ 等于 0，那么 $a=b$.

也就是说：

$$a>b \Leftrightarrow a-b>0;$$
$$a=b \Leftrightarrow a-b=0;$$
$$a<b \Leftrightarrow a-b<0.$$

（"$\Leftrightarrow$"读作："<u>等价于</u>（be equivalent to）"或者"<u>当且仅当</u>（if and only if）"）

不等式的主要<u>性质</u>（property）有：

1. $a>b \Leftrightarrow b<a$；

2. $a>b, b>c \Rightarrow a>c$；

3. $a>b \Rightarrow a+c>b+c$；

4. $a>b, c>0 \Rightarrow ac>bc$；

    $a>b, c<0 \Rightarrow ac<bc$；

    $a>b>0, c>d>0 \Rightarrow ac>bd$；

5. $a>b>0 \Rightarrow \sqrt[n]{a}>\sqrt[n]{b}$ （$n \in \mathbf{N}$，且 $n>1$）；

    $a>b>0 \Rightarrow a^n>b^n$ （$n \in \mathbf{N}$，且 $n>1$）.

例1 已知 $a>b>0$，$c<0$，求证：$\dfrac{c}{a}>\dfrac{c}{b}$.

证明（proof）：$\because a>b>0$，两边同乘以正数 $\dfrac{1}{ab}$，

得到 $\frac{1}{b} > \frac{1}{a}$，即 $\frac{1}{a} < \frac{1}{b}$，又 $c<0$，

∴ $\frac{c}{a} > \frac{c}{b}$．

例 2 已知 $-2<x<3$，求 $8-7x$ 的<u>取值范围</u>（range of values）.

解：由于 $-2<x<3$，

两边同时乘以 7 得到：$-14<7x<21$，

两边同时乘以 -1 得到：$-21<-7x<14$，

两边同时加 8 得到：$-13<8-7x<22$.

定理 1 如果 a，b 是正数，那么 $\frac{a+b}{2} \geq \sqrt{ab}$，当且仅当 $a=b$ 时取"＝"号.

这里，称 $\frac{a+b}{2}$ 为 a，b 的<u>算术平均数</u>（arithmetic mean），称 $\sqrt{ab}$ 是 a，b 的<u>几何平均数</u>（geometric mean）.

定理 1 还有两个常用的等价变形：

当 $a>0$ 且 $b>0$ 时，$a^2+b^2 \geq 2ab$，当且仅当 $a=b$ 时取"＝"号；

或者，

当 $a>0$ 且 $b>0$ 时，$a+b \geq 2\sqrt{ab}$，当且仅当 $a=b$ 时取"＝"号.

习题1.2

1. 判断下列各结论是否正确，并说明理由．(Please judge whether the following statements are correct. In addition，please give the reasons.)

  (1) 如果 $a>b$，那么 $a-c>b-c$.   ( )

  (2) 如果 $a>b$，那么 $\dfrac{a}{c}>\dfrac{b}{c}$.   ( )

  (3) 如果 $ac<bc$，那么 $a<b$.   ( )

  (4) 如果 $ac^2<bc^2$，那么 $a>b$.   ( )

2. 用">"或者"<"号填空．(Please fill in the following blanks with ">" or "<")

  (1) 如果 $a>b$，那么 $-a$ _____ $-b$.

  (2) 如果 $a<b<0$，那么 $\dfrac{1}{a}$ _____ $\dfrac{1}{b}$.

  (3) 如果 $a>b>c>0$，那么 $\dfrac{c}{a}$ _____ $\dfrac{c}{b}$.

  (4) 如果 $0<a<b<1$，$n\in \mathbf{N}^*$，那么 $\dfrac{1}{a^n}$ _____ $\dfrac{1}{b^n}$ _____ 1.

3. 如果 $30<x<42$，$16<y<24$，求 $x+y$，$x-2y$ 和 $\dfrac{x}{y}$ 的取值范围．

1.3 不等式的解法

一 一元二次不等式

形如 $ax^2+bx+c>0$（≥ 0）或者 $ax^2+bx+c<0$（≤ 0）的不等式叫做<u>一元二次不等式</u>（one-variable quadratic inequality）.

求解一元二次不等式的方法主要是利用一元二次函数的<u>图像</u>（graph）（也叫<u>抛物线</u>（parabola））来求解.

我们假设 $a>0$，一元二次方程 $ax^2+bx+c=0$ 的两个<u>根</u>（root）是 x_1 和 x_2，那么抛物线 $y=ax^2+bx+c$ 的图像有下面三种情况：

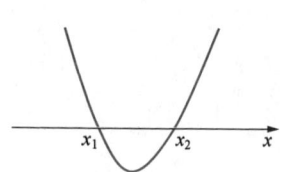 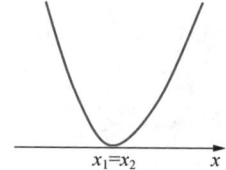 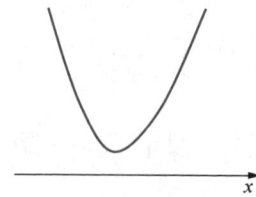

图 1-1　$\Delta>0$ 的情形　　图 1-2　$\Delta=0$ 的情形　　图 1-3　$\Delta<0$ 的情形

当 $\Delta=b^2-4ac>0$ 时，抛物线 $y=ax^2+bx+c$ 的图像与 x <u>坐标轴</u>（coordinate axis）相交于两个不同的点 x_1 和 x_2（假设 $x_1<x_2$），则 $ax^2+bx+c>0$ 的<u>解集</u>（set of solutions）是 $\{x\in \mathbf{R}|x<x_1 \text{ 或 } x>x_2\}$，$ax^2+bx+c<0$ 的解集是 $\{x\in \mathbf{R}|x_1<x<x_2\}$.（见图 1-1（see Figure 1-1））.

当 $\Delta=0$ 时，抛物线 $y=ax^2+bx+c$ 的图像与 x 坐标轴相交于两个相同的点 $x_1=x_2=-\dfrac{b}{2a}$，则 $ax^2+bx+c>0$ 的解集是 $\{x\in \mathbf{R}|x\neq -\dfrac{b}{2a}\}$，$ax^2+bx+c\geq 0$ 的解集是 $\mathbf{R}$，$ax^2+bx+c<0$ 的解集是空集.（见图 1-2）

当 $\Delta<0$ 时，抛物线 $y=ax^2+bx+c$ 的图像与 x 坐标轴没有交点，则

$ax^2+bx+c>0$ 的解集是 **R**，$ax^2+bx+c\leqslant 0$ 的解集是空集.（见图 1-3）

例 1 求解下列不等式.（Please solve the following inequalities.）

(1) $4x^2-4x>15$

解：原不等式等价于 $4x^2-4x-15>0$

$$\Leftrightarrow (2x-5)(2x+3)>0 \Leftrightarrow \left(x-\frac{5}{2}\right)\left(x+\frac{3}{2}\right)>0,$$

由图 1-1 知道：解集是 $\left\{x\in \mathbf{R} \mid x>\frac{5}{2} \text{ 或 } x<-\frac{3}{2}\right\}$.

(2) $-x^2+x-1>0$

解：原不等式等价于 $x^2-x+1<0$，$\Delta=(-1)^2-4<0$，由图 1-3 知道解集是空集.

(3) $4x\leqslant 1+4x^2$

解：原不等式等价于 $4x^2-4x+1\geqslant 0$，即 $(2x-1)^2\geqslant 0$，由图 1-2 知道解集是 **R**.

二 分式不等式

分母（denominator）中含有未知数（unknown）x 的式子称为**分式**（fraction），例如 $\frac{1}{x}$，$\frac{x}{x^2-2x-3}$. 含有分式的不等式称为**分式不等式**（fractional inequality）.

注意：在求解分式不等式时，不可以直接在不等式两边同时乘以一个含未知数 x 的因式！

例 2 解分式不等式 $\frac{x-1}{x}>-1$.

解：要先把分式不等式的右端变为 0，然后再求解，

$$\frac{x-1}{x}+1>0 \Leftrightarrow \frac{2x-1}{x}>0 \Leftrightarrow x\cdot(2x-1)>0 \Leftrightarrow x\cdot\left(x-\frac{1}{2}\right)>0,$$

所以，解集是 $\left\{x\in \mathbf{R} \mid x<0, \text{ 或 } x>\frac{1}{2}\right\}$.

错误解：不等式的两边同时乘以 x 得到 $x-1>-x$，所以 $x>\dfrac{1}{2}$.

这种做法是错误的．因为两边同时乘以 x 时没有考虑 x 的正负性，如果 $x<0$，那么不等式应该改变符号．

下面给出四种<u>典型</u>的（typical）分式不等式的求解方法：

1. $\dfrac{f(x)}{g(x)}>0$ 型

$$\dfrac{f(x)}{g(x)}>0 \Leftrightarrow \begin{cases} f(x)>0, \\ g(x)>0; \end{cases} \text{或} \begin{cases} f(x)<0, \\ g(x)<0. \end{cases} \Leftrightarrow f(x) \cdot g(x) > 0.$$

2. $\dfrac{f(x)}{g(x)}<0$ 型

$$\dfrac{f(x)}{g(x)}<0 \Leftrightarrow \begin{cases} f(x)>0, \\ g(x)<0; \end{cases} \text{或} \begin{cases} f(x)<0, \\ g(x)>0. \end{cases} \Leftrightarrow f(x) \cdot g(x) < 0.$$

3. $\dfrac{f(x)}{g(x)} \geqslant 0$ 型

$$\dfrac{f(x)}{g(x)} \geqslant 0 \Leftrightarrow \begin{cases} f(x) \cdot g(x) \geqslant 0, \\ g(x) \neq 0. \end{cases}$$

4. $\dfrac{f(x)}{g(x)} \leqslant 0$ 型

$$\dfrac{f(x)}{g(x)} \leqslant 0 \Leftrightarrow \begin{cases} f(x) \cdot g(x) \leqslant 0, \\ g(x) \neq 0. \end{cases}$$

例 3　解不等式 $\dfrac{x^2-1}{x^2-5x+6}<0$.

解：原不等式可以<u>转化</u>（transform）为：$\dfrac{(x+1) \cdot (x-1)}{(x-2) \cdot (x-3)}<0$

$\Leftrightarrow (x+1) \cdot (x-1) \cdot (x-2) \cdot (x-3) < 0.$

根据上面不等式左边各个因式的符号，可得到下面的表格：

区间 因式	$(-\infty, -1)$	$(-1, 1)$	$(1, 2)$	$(2, 3)$	$(3, +\infty)$
$x+1$	−	+	+	+	+
$x-1$	−	−	+	+	+
$x-2$	−	−	−	+	+
$x-3$	−	−	−	−	+
$\dfrac{(x+1)\cdot(x-1)}{(x-2)\cdot(x-3)}$	+	−	+	−	+

依据上表可知，原不等式的解集为：$\{x\in \mathbf{R}\mid -1<x<1,$ 或 $2<x<3\}$.

或者可依图 1-4 得到不等式的解集.

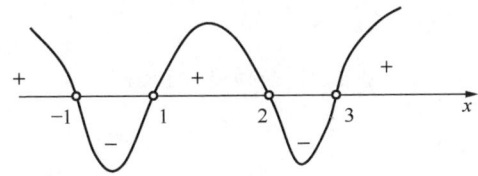

图 1-4 穿根示意图

例 4 求解分式不等式 $\dfrac{x^2-2x-3}{x^2-4x+3}\geqslant 0$.

解： 原不等式等价于 $\dfrac{(x-3)\cdot(x+1)}{(x-3)\cdot(x-1)}\geqslant 0$

$\Leftrightarrow \begin{cases} \dfrac{x+1}{x-1}\geqslant 0, \\ x\neq 3, \\ x\neq 1, \end{cases} \Leftrightarrow \begin{cases} (x+1)\cdot(x-1)\geqslant 0, \\ x\neq 3, \\ x\neq 1, \end{cases}$

按照上面的方法<u>分析</u>（analyse）后得到解集是 $\{x\in\mathbf{R}\mid x\leqslant -1,$ 或 $1<x<3,$ 或 $x>3\}$.

*三 绝对值不等式

<u>绝对值</u>（absolute value）的定义：在<u>数轴</u>（number axis）上，实数与点<u>一一对应</u>（one-to-one correspondence），$|a|$ 表示 a 到<u>原点</u>（origin）的<u>距离</u>（distance）.

图 1-5

如图 1-5，有：$|a| = \begin{cases} a, & a>0, \\ 0, & a=0, \\ -a, & a<0. \end{cases}$

根据绝对值的定义，我们有 $|a \cdot b| = |a| \cdot |b|$，$\left|\dfrac{a}{b}\right| = \dfrac{|a|}{|b|}$ $(b \neq 0)$.

对于一个正数 a，我们从数轴上可知（如图 1-6）：

图 1-6 绝对值的示意图

$|x| < a \Leftrightarrow -a < x < a$；

$|x| > a \Leftrightarrow x < -a$ 或 $x > a$.

例 5 解绝对值不等式（absolute value inequality）：$|2x-3| < 3$.

解：原不等式等价于 $-3 < 2x-3 < 3$，

即 $\begin{cases} 2x-3 > -3, \\ 2x-3 < 3. \end{cases} \Rightarrow \begin{cases} x > 0, \\ x < 3. \end{cases}$

解上不等式组，得解集 $\{x \in \mathbf{R} \mid 0 < x < 3\}$.

例 6 解绝对值不等式：$|x^2 - 5x| > 6$.

解：这个不等式等价于

$x^2 - 5x > 6$，　　　　　　　　　　　　(1)

或

$x^2 - 5x < -6$，　　　　　　　　　　　　(2)

解不等式 (1)，得 $x < -1$ 或 $x > 6$，　　　　(3)

解不等式 (2)，得 $2 < x < 3$.　　　　　　　(4)

因此，原不等式的解集是 (3) 和 (4) 的并集，即

$\{x \mid x < -1\} \cup \{x \mid 2 < x < 3\} \cup \{x \mid x > 6\} = \{x \mid x < -1$，或 $2 < x < 3$，或 $x > 6\}$.

总之，对于 $a>0$，不等式 $|f(x)|>a$ 或 $|f(x)|<a$ 的求解总是把 $f(x)$ 看做一个整体，利用绝对值的性质来求解，即

$|f(x)|>a \Leftrightarrow f(x)>a$ 或 $f(x)<-a$；

$|f(x)|<a \Leftrightarrow -a<f(x)<a$.

含有绝对值的不等式具有下面的性质：

定理 1 （三角不等式）：$|a|-|b|\leqslant|a+b|\leqslant|a|+|b|$.

由上面的定理，我们很容易可以得到：

推论 1 $|a_1+a_2+a_3|\leqslant|a_1|+|a_2|+|a_3|$；

推论 2 $||a|-|b||\leqslant|a-b|\leqslant|a|+|b|$.

四 无理不等式

<u>无理不等式</u>（irrational inequality）是指不等式中含有根号并且被开方数里含有未知数 x，也称根式不等式.

下面给出四类典型的无理不等式的等价变形：

1. $\sqrt{f(x)}<\sqrt{g(x)}$ 型

$$\sqrt{f(x)}<\sqrt{g(x)} \Leftrightarrow \text{不等式组} \begin{cases} f(x)\geqslant 0, \\ g(x)>0, \\ f(x)<g(x). \end{cases}$$

2. $\sqrt{f(x)}>\sqrt{g(x)}$ 型

$$\sqrt{f(x)}>\sqrt{g(x)} \Leftrightarrow \text{不等式组} \begin{cases} f(x)>0, \\ g(x)\geqslant 0, \\ f(x)>g(x). \end{cases}$$

3. $\sqrt{f(x)}<g(x)$ 型

$$\sqrt{f(x)}<g(x) \Leftrightarrow \text{不等式组} \begin{cases} f(x)\geqslant 0, \\ g(x)>0, \\ f(x)<g^2(x). \end{cases}$$

4. $\sqrt{f(x)} > g(x)$ 型

$$\sqrt{f(x)} > g(x) \Leftrightarrow \text{不等式组} \begin{cases} g(x) \geqslant 0, \\ f(x) > 0, \\ f(x) > g^2(x). \end{cases} \text{或} \begin{cases} f(x) \geqslant 0, \\ g(x) < 0. \end{cases}$$

例 7 求解无理不等式 $\sqrt{2x-4} - \sqrt{x-1} > 0$.

解：$\sqrt{2x-4} - \sqrt{x-1} > 0 \Leftrightarrow \sqrt{2x-4} > \sqrt{x-1}$

$$\Leftrightarrow \begin{cases} 2x-4 > 0, \\ x-1 \geqslant 0, \\ 2x-4 > x-1. \end{cases} \Leftrightarrow \begin{cases} x > 2, \\ x \geqslant 1, \\ x > 3. \end{cases}$$

$\Rightarrow x > 3$.

所以，原不等式的解集是 $\{x \in \mathbf{R} \mid x > 3\}$.

注意：变形要为同解（或等价）变形. 例如，$\sqrt{2x-4} > \sqrt{x-1} \Leftrightarrow 2x-4 > x-1$，这是错误的！

例 8 求解无理不等式 $\sqrt{2x+5} > x+1$.

解：$\sqrt{2x+5} > x+1$

$$\Leftrightarrow \text{不等式组} \begin{cases} x+1 \geqslant 0, \\ 2x+5 > 0, \\ 2x+5 > (x+1)^2; \end{cases} \quad (1)$$

$$\text{或} \begin{cases} 2x+5 \geqslant 0, \\ x+1 < 0. \end{cases} \quad (2)$$

(1) 的解集是 $-1 \leqslant x < 2$.   (3)

(2) 的解集是 $-\dfrac{5}{2} \leqslant x < -1$.   (4)

(3) 和 (4) 两者取并集得到不等式的解集是 $\{x \in \mathbf{R} \mid -\dfrac{5}{2} \leqslant x < 2\}$.

习题1.3

1. 解下列不等式.（Please solve the following inequalities.）

(1) $x^2 - 49 \geq 0$

(2) $(x^2 - 4x + 3)(x + 2) < 0$

(3) $x^2 - 4x - 12 > 0$

(4) $x^2 - 2x - 15 \leq 0$

(5) $\dfrac{x^2 - 2x - 35}{x - 2} < 0$

(6) $\dfrac{x}{x^2 - 8x + 15} > 2$

(7) $(6x - x^2 - x^3)(x^2 - 7x + 10) > 0$

*2. 解不等式 $\sqrt{2x - 1} > x - 2$.

*3. 解不等式 $|4x^2 - 10x - 3| < 3$.

参考复习题

1. 选择题（multiple choice questions）

(1) 已知 $a = 2 - \sqrt{5}$，$b = \sqrt{5} - 2$，$c = 3 - 2\sqrt{5}$，那么（　　）.

(A) $a < b < c$　　　　　　　　(B) $a < c < b$

(C) $b < a < c$　　　　　　　　(D) $c < a < b$

(2) 若 $a > b$，$c > d$，$c \neq 0$，$d \neq 0$，则（　　）.

(A) $a - c > b - d$　　　　　　(B) $ac > bd$

(C) $a^3 - d^3 > b^3 - c^3$　　　(D) $\dfrac{a}{c} > \dfrac{b}{d}$

(3) 不等式 $\dfrac{9}{x} < 4x$ 的解集是（　　）.

(A) $\{x \mid x < -\dfrac{3}{2} \text{ 或 } x > \dfrac{3}{2}\}$　　(B) $\{x \mid x > \dfrac{3}{2} \text{ 或 } -\dfrac{3}{2} < x < 0\}$

(C) $\{x \mid x > -\dfrac{3}{2}\}$　　　　　　　　(D) $\{x \mid -\dfrac{3}{2} < x < \dfrac{3}{2}\}$

(4) 设集合 $M = \{x \mid x < 1\}$，$N = \{x \mid x^2 < 1\}$，$P = \{x \mid \dfrac{1}{x} < 1\}$，则集合

$P \cup (M \cap N) = ($ $)$.

(A) $\{x | x < 0\}$ (B) $\{x | -1 < x < 1\}$

(C) $\{x | x > 1\}$ (D) $\{x | x \neq 1\}$

(5) 若 $\dfrac{1}{x} < 3$ 和 $|x| > \dfrac{1}{4}$ 同时成立，则 x 的取值范围是（   ）.

(A) $\{x | -\dfrac{1}{4} < x < \dfrac{1}{3}\}$ (B) $\{x | x > \dfrac{1}{3}\}$

(C) $\{x | x < -\dfrac{1}{4}\} \cup \{x | x > \dfrac{1}{4}\}$ (D) $\{x | x < -\dfrac{1}{4}\} \cup \{x | x > \dfrac{1}{3}\}$

(6) 已知关于 x 的不等式 $x^2 - ax + a > 0$ 的解集是 **R**，则 a 的取值范围是（   ）.

(A) $(0, 4)$ (B) $[2, +\infty)$

(C) $[0, 2)$ (D) $(-\infty, 0) \cup (4, +\infty)$

(7) 已知实数 a, b, c，满足 $c < b < a$，且 $ac < 0$，那么下列选项中一定成立的是（   ）.

(A) $ab > ac$ (B) $c(b-a) < 0$

(C) $cb^2 < ab^2$ (D) $ac(a-c) > 0$

2. 解下列不等式

(1) $\dfrac{x-5}{x^2 - 2x - 3} \leqslant 1$ *(2) $|x^2 - 4| \leqslant x + 2$

3. 对于任意（arbitrary）实数 a, b, c，判断下列结论是否正确.（For arbitrary real numbers a, b and c, please judge whether the following statements are correct.）

(1) 若 $a > b$，则 $ac < bc$ (   )   (2) 若 $a > b$，则 $ac^2 > bc^2$ (   )

(3) 若 $ac^2 > bc^2$，则 $a > b$ (   )   (4) 若 $a < b < 0$，则 $a^2 > ab > b^2$ (   )

(5) 若 $a < b < 0$，则 $\dfrac{b}{a} > \dfrac{a}{b}$ (   )   (6) 若 $a < b < 0$，则 $\dfrac{1}{a} < \dfrac{1}{b}$ (   )

4. 若（if）$\dfrac{1}{a} < \dfrac{1}{b} < 0$，则（then）下列四个不等式：① $a + b < ab$，② $|a| > |b|$，③ $a < b$，④ $\dfrac{b}{a} + \dfrac{a}{b} > 2$ 中正确的是（   ）.

2 简单的逻辑

2.1 命题、充分和必要条件

▪ 一 命题

用语言、数学符号或式子表达的，可以判断正误的陈述句（statement）叫做命题（proposition）．其中，正确的陈述句叫做真命题（true proposition），错误的陈述句叫做假命题（false proposition）．（A statement can be called a proposition if it is stated using language, mathematical symbols or expressions and can be known to be true or false. A true statement is called a true proposition, otherwise, a false proposition.）

例如，语句"三角形的三个内角之和等于 $180°$"是真命题，语句"若 $x^2>0$，则 $x>0$"是假命题．(For example, a sentence stating that the sum of the three internal angles in a triangle is $180°$ is a true proposition, while a sentence stating that if $x^2>0$, then we have $x>0$ is a false proposition.)

Ⅰ．原命题、逆命题、否命题和逆否命题

1. 原命题（original proposition）和逆命题（converse proposition）：对于两个命题，如果一个命题的条件（condition）和结论（conclusion）分别是另一个命题的结论和条件，那么这样的两个命题叫做互逆命题，其中的一个命题叫做原命题，另一个命题叫做原命题的逆命题．（For two known propositions, if the condition and conclusion of one proposition are respectively the conclusion and condition of the other, then they are each other's converse propositions. One of them is called the original proposition, and the other is the converse

proposition.）

2. 原命题和否命题（negative proposition）：对于两个命题，如果一个命题的条件和结论分别是另一个命题的条件的否定（negation）和结论的否定，那么这样的两个命题叫做互否命题，其中的一个叫做原命题，另一个叫做原命题的否命题.

3. 原命题和逆否命题（contrapositive proposition）：对于两个命题，如果一个命题的条件和结论是另一个命题的结论的否定和条件的否定，那么这样的两个命题叫做互为逆否命题，其中的一个叫做原命题，另一个叫做原命题的逆否命题.

Ⅱ. 原命题、逆命题、否命题和逆否命题的形式

如果用 p 和 q 分别表示一个命题的条件和结论，用 $\neg p$ 和 $\neg q$ 分别表示 p 和 q 的否定，那么四种命题可以表示成下面的形式：

1. 原命题：若 p，则 q；
2. 逆命题：若 q，则 p；
3. 否命题：若 $\neg p$，则 $\neg q$；
4. 逆否命题：若 $\neg q$，则 $\neg p$.

二 充分条件和必要条件

1. 如果 $A \Rightarrow B$（if we can get B from A），那么 A 是 B 的充分条件（sufficient condition），B 是 A 的必要条件（necessary condition）；

2. 如果 $A \Leftrightarrow B$（有时也说 A 成立当且仅当 B 成立），那么 A 是 B 的充要条件（既是充分条件又是必要条件），B 也是 A 的充要条件（necessary and sufficient condition）；

3. 如果 A 能推出 B，但 B 不能推出 A，那么 A 是 B 的充分非必要条件（sufficient but not necessary condition），B 是 A 的必要非充分条件（necessary but not sufficient condition）.

习题2.1

1. 两个集合相等的充要条件是（　　）.

（A）两个集合中的元素相同　　　（B）两个集合中的元素的顺序相同

（C）两个集合中的元素相同，并且它们的顺序相同

2. 已知 $a>b$，那么 $c<0$ 是 $ac<bc$ 成立的（　　）.

（A）充分非必要条件　　　　　（B）必要非充分条件

（C）充要条件

3. $a-b>0$ 的充要条件是（　　　　　　）.

4. "三角形是等腰三角形（isosceles triangle）"是"三角形是等边三角形（equilateral triangle）"的（　　　　　　）条件.

5. "$x>7$"是"$x^2>49$"的（　　　　　　）条件.

*2.2 简单的逻辑联结词

一 联结词

将简单的（simple）命题联结成复杂的（complex）命题的词语叫做<u>联结词</u>（connective）．常用的联结词有"<u>且</u>（and）"、"<u>或</u>（or）"、"<u>非</u>（not）"．

1. 且：用"且"把命题 p 和命题 q 联结起来，就得到一个新命题，记作 $p \wedge q$，读作" p 且 q "．

结论：当 p 和 q 都是真命题时，$p \wedge q$ 也是真命题；当 p 和 q 两个命题中有一个命题是假命题时，$p \wedge q$ 就是假命题．

2. 或：用"或"把命题 p 和命题 q 联结起来，就得到一个新命题，记作 $p \vee q$，读作" p 或 q "．

结论：当 p 和 q 两个命题中有一个是真命题时，$p \vee q$ 是真命题；只有当 p 和 q 两个命题都是假命题时，$p \vee q$ 才是假命题．

3. 非：<u>否定</u>（negate）一个命题 p，就得到一个新命题，记作 $\neg p$，读作"非 p "或" p 的否定"．

结论：若 p 是真命题，则 $\neg p$ 必是假命题；若 p 是假命题，则 $\neg p$ 必是真命题．

二 复合命题

由简单命题和逻辑联结词构成的命题称为<u>复合命题</u>（composite proposition）．

注意：逻辑联结词中的"或"相当于集合中的"并集"，它与日常用语中的"或"的含义不同．日常用语中的"或"是两个中任选一个，不能都选，而逻辑联结词中的"或"可以是两个都选，也可以不是两个都选，但是两个中要至少选一个.

逻辑联结词中的"且"相当于集合中的"交集",即两个必须都选.

逻辑联结词中的"非"相当于集合中的"补集".

对逻辑联结词"或、且、非"含义的理解：

1. 或 $\xrightarrow[A\cup B=\{x|x\in A \text{ 或 } x\in B\}]{\text{两者至少有一个}}$ 并集；

2. 且 $\xrightarrow[A\cap B=\{x|x\in A \text{ 或 } x\in B\}]{\text{两者同时都有}}$ 交集；

3. 非 $\xrightarrow[C_U A=\{x|x\in U \text{ 但 } x\notin A\}]{\text{否定}}$ 补集.

例 将下列命题用"且"联结成新命题,并判断它们的真假.

（1）p：平行四边形（parallelogram）的对角线（diagonal）互相平分（divide equally），q：平行四边形的对角线相等.

（2）p：菱形（diamond 或 rhombus）的对角线互相垂直（be perpendicular），q：菱形的对角线互相平分.

解：（1）$p\wedge q$：平行四边形的对角线互相平分且相等.（假）

（2）$p\wedge q$：菱形的对角线互相垂直且平分.（真）

*2.3 全称量词和存在量词

一 全称量词和全称命题

短语"所有的"和"任意一个"在逻辑中叫做<u>全称量词</u>（universal quantifier），用符号"∀"表示，读作"对任意的"．含有全称量词的命题叫做<u>全称命题</u>（universal proposition）．常见的全称量词还有"一切"、"每一个"、"任给"、"所有的"等．

例如，命题"对任意的 $n \in \mathbf{Z}$，$2n$ 是偶数"和"所有的<u>正方形</u>（square）都是平行四边形"都是全称命题．

二 全称命题的符号表示

将含有变量 x 的语句用 $p(x)$ 表示，变量 x 的取值范围用 M 表示，那么全称命题"对 M 中任意一个 x，有 $p(x)$ 成立"，可以用符号表示成"$\forall x \in M, p(x)$"，读作"对任意的 x 属于 M，有 px 成立"．

三 存在量词与特称命题

短语"存在一个"、"至少一个"在逻辑中叫做<u>存在量词</u>（existential quantifier），用符号"∃"表示，读作"存在"．含有存在量词的命题叫做<u>特称命题</u>（particular proposition 或 singular proposition）．

例如，命题"至少有一个整数不是偶数"和"有的三角形是等腰三角形"都是特称命题．

四 特称命题的符号表示

特称命题"存在 M 中的元素 x_0 有 $p(x_0)$ 成立"可以用符号表示成：

"$\exists x_0 \in M, p(x_0)$".

五 含有一个量词的命题的否定

"$\forall x \in M, P(x)$" 的否定是 "$\exists x \in M, \neg P(x)$".

"$\exists x \in M, P(x)$" 的否定是 "$\forall x \in M, \neg P(x)$".

六 对常见的几个正面词语的否定

正面（positive）词语	=	>	是	都是	至多有一个	至少有一个	任意的	所有的
正面词语的否定	≠	≤	不是	不都是	至少有两个	没有一个	某一个	某些

3 映射和函数

3.1 映射和函数

一 映射

设 A，B 是两个集合，如果<u>按照</u>（according to）某种<u>对应关系</u>（corresponding relationship）f，<u>使得</u>（such that）对于集合 A 中的每一个元素，在集合 B 中都有<u>唯一的</u>（unique）元素和它对应，那么这样的对应关系叫做集合 A 到集合 B 的<u>映射</u>（mapping），记作：$f: A \to B$.

已知一个集合 A 到集合 B 的映射 $f: A \to B$，如果集合 A 中的元素 a 和集合 B 中的元素 b 对应，那么把元素 b 叫做元素 a 的<u>象</u>（image），元素 a 叫做元素 b 的<u>原象</u>（pre-image 或 inverse image），集合 A 叫做映射的原象集，集合 $f(A)$ 叫做映射的象集.

注意：对应关系 f 可以是多对一；一对一，但不可以是一对多！

按照映射的定义，下面的对应关系都是映射：

1. 设 $A=\{1, 2, 3, 4\}$，$B=\{3, 4, 5, 6, 7, 8\}$，集合 A 中的元素 x 按照对应关系"加 2"和集合 B 中的元素 $x+2$ 对应.

   因为这个对应是一对一的，所以它是集合 A 到集合 B 的映射.

2. 设 $A=\mathbf{N}^*$，$B=\{0, 1\}$，集合 A 中的元素 x 按照对应关系 "x 除以 2 得的<u>余数</u>（arithmetical compliment）"和集合 B 中的元素对应.

   因为这个对应是多对一的，所以它是集合 A 到集合 B 的映射.

3. 设 $A=\mathbf{R}$，$B=\{$直线上的点$\}$，按照建立数轴的方法，使 A 中的数 x 与 B 中的点 P 对应.

因为这个对应是一对一的,所以它是集合 A 到集合 B 的映射.

例1 $X=\{x|0\leqslant x\leqslant 2\}$,$Y=\{y|0\leqslant y\leqslant 1\}$,

(1) f:$x \to y=\dfrac{1}{2}x$ (2) f:$x \to y=(x-2)^2$

请问哪个是从 X 到 Y 的映射?

解:(1) 对于 X 中的任何一个元素 x,$0\leqslant x\leqslant 2$,都有 $0\leqslant \dfrac{1}{2}x\leqslant 1$,所以 $\dfrac{1}{2}x\in Y$,即 X 中的每一个元素在集合 Y 中都有唯一的元素和它对应.

$\therefore f$:$x \to y=\dfrac{1}{2}x$ 是从 X 到 Y 的映射.

(2) 因为当 $x=0$ 时,$(x-2)^2=4\notin Y$,所以 f:$x \to y=(x-2)^2$ 不是从 X 到 Y 的映射.

二 函数

设 A,B 是非空的数集(set of numbers),如果按照某个确定的对应关系 f,使得对数集 A 中的任意一个数 x,在数集 B 中都有唯一确定的数 $f(x)$ 和它对应,那么就称 f:$A \to B$ 是从数集 A 到数集 B 的一个<u>函数</u>(function),记作

$$y=f(x) \quad (x\in A)$$

其中,x 叫做<u>自变量</u>(argument),x 的取值范围 A 叫做函数的<u>定义域</u>(domain),记作 D_f;与 x 相对应的 y 的值叫做<u>函数值</u>(value of a function),函数值的集合 $\{f(x)|x\in A\}$ 叫做函数的<u>值域</u>(range),记作 V_f.

根据映射和函数的定义我们知道:函数一定是映射,但映射不一定是函数!

两个函数是同一个函数当且仅当它们的定义域相同并且对应关系相同.

三 根式

一般地,如果 $x^n=a$,那么 x 叫做 a 的<u>n 次方根</u>(nth root),其中 $n>1$,$n\in \mathbf{N}_+$.

当 n 是奇数时，a 的 n 次方根只有一个，a 的 n 次方根记作 $\sqrt[n]{a}$，读作"n 次根号下 a"；

当 n 是偶数时，正数 a 的 n 次方根有两个，$a(a>0)$ 的 n 次方根记作 $\pm\sqrt[n]{a}$，读作"正负 n 次根号下 a"。负数没有偶数次方根。0 的任意非零次方根都是 0。

式子 $\sqrt[n]{a}$ 叫做<u>根式</u>（radical），n 叫做<u>根指数</u>（radical exponent），a 叫做<u>被开方数</u>（radicand）。

例 2 求下列函数的定义域。

(1) $f(x)=\sqrt{3x+2}$ (2) $f(x)=\sqrt{x+1}+\dfrac{1}{2-x}$

解：(1) 因为 $3x+2\geqslant 0$（即 $x\geqslant -\dfrac{2}{3}$）时，二次根式才有意义，所以，这个函数的定义域 $D_f=\left[-\dfrac{2}{3},+\infty\right)$。

(2) 使二次根式 $\sqrt{x+1}$ 有意义的实数 x 的集合是 $\{x|x\geqslant -1\}$，使分式 $\dfrac{1}{2-x}$ 有意义的实数 x 的集合是 $\{x|x\neq 2\}$，所以，这个函数的定义域 $D_f=\{x|x\geqslant -1\}\cap\{x|x\neq 2\}=[-1,2)\cup(2,+\infty)$。

例 3 下列函数中哪个函数与函数 $y=x(x\in\mathbf{R})$ 是同一个函数？

(1) $y=(\sqrt{x})^2$ (2) $y=\sqrt[3]{x^3}$ (3) $y=\sqrt{x^2}$

解：(1) $y=(\sqrt{x})^2$ 的定义域是 $x(x\geqslant 0)$，这个函数与 $y=x(x\in\mathbf{R})$ 的定义域不相同，所以这两个函数不是同一个函数。

(2) $y=\sqrt[3]{x^3}=x(x\in\mathbf{R})$，这个函数与函数 $y=x(x\in\mathbf{R})$ 对应关系相同，定义域也相同，所以这两个函数是同一个函数。

(3) $y=\sqrt{x^2}=|x|$，这个函数虽然与函数 $y=x(x\in\mathbf{R})$ 的定义域都是实数集 $\mathbf{R}$，但是当 $x<0$ 时它的对应关系与函数 $y=x(x\in\mathbf{R})$ 不相同，所以，这两个函数不是同一个函数。

习题3.1

1. 下列四组中的函数 $f(x)$ 和 $g(x)$ 表示同一个函数的是（   ）.

   (A) $f(x)=1$，$g(x)=x^2$　　　　(B) $f(x)=x-1$，$g(x)=\dfrac{x^2}{x}-1$

   (C) $f(x)=x^2$，$g(x)=(\sqrt{x})^4$　　(D) $f(x)=x^3$，$g(x)=\sqrt[3]{x^9}$

2. 求下列函数的定义域，既用集合表示也用区间表示.

   (1) $f(x)=\dfrac{6}{x^2-3x+2}$　　　　(2) $f(x)=\dfrac{\sqrt{x+4}}{x+2}$

   (3) $f(x)=\dfrac{\sqrt[3]{4x+8}}{\sqrt{3x+2}}$　　　　(4) $f(x)=\sqrt{3x-1}+\sqrt{1-2x}+4$

   (5) $f(x)=\sqrt{x^2-9}$　　　　(6) $f(x)=\dfrac{\sqrt{4-x^2}}{x-1}$

3.2 函数的单调性

先给出函数 $y=x^2$ 的图像（如图 3-1），函数 $y=x^3$ 的图像（如图 3-2）.

从函数 $y=x^2$ 的图像（图 3-1）可以看出：图像在 y 轴的右侧部分从左向右看是上升的，也就是说，当 $x\in[0，+\infty)$ 时，x 的值变大时，$f(x)$ 的值也变大；图像在 y 轴的左侧部分从左向右看是下降的，也就是说，当 $x\in[0，+\infty)$ 时，x 的值变大时，$f(x)$ 的值却减少.

从函数 $y=x^3$ 的图像（图 3-2）看到：$x\in(-\infty，+\infty)$ 时，当 x 的值变大时，$f(x)$ 的值也变大.

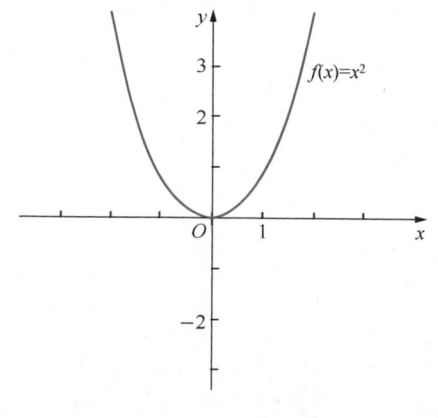

图 3-1　$y=x^2$ 的图像

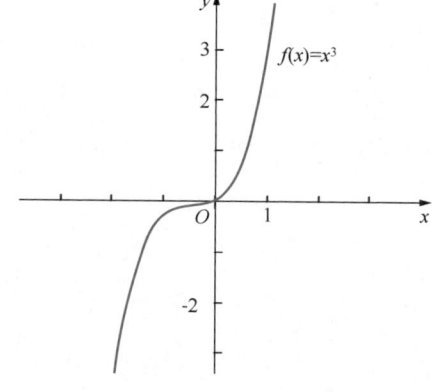

图 3-2　$y=x^3$ 的图像

如果对于某个区间 I 上的任意两个自变量的值 x_1，x_2，当 $x_1<x_2$ 时，都有 $f(x_1)\leqslant f(x_2)$，那么就说 $f(x)$ 在区间 I 上是<u>增函数</u>（increasing function）；如果当 $x_1<x_2$ 时，都有 $f(x_1)<f(x_2)$，那么就说 $f(x)$ 在区间 I 上是<u>严格增函数</u>（strictly increasing function）.

如果对于某个区间 I 上的任意两个自变量的值 x_1，x_2，当 $x_1<x_2$ 时都有 $f(x_1)\geqslant f(x_2)$，那么就说 $f(x)$ 在区间 I 上是<u>减函数</u>（decreasing function）；如

果当 $x_1 < x_2$ 时都有 $f(x_1) > f(x_2)$，那么就说 $f(x)$ 在区间 I 上是<u>严格减函数</u>（strictly decreasing function）.

如果函数 $y = f(x)$ 在区间 I 上是增函数或减函数，那么就说函数 $y = f(x)$ 在区间 I 上有<u>单调性</u>（monotonicity），区间 I 叫做 $y = f(x)$ 的<u>单调</u>（[dāndiào]）<u>区间</u>（monotone interval）.

例 讨论函数 $f(x) = \dfrac{k}{x}$ 在 $(0, +\infty)$ 上的单调性.

解：设 x_1，x_2 是 $(0, +\infty)$ 上的任意两个实数，且 $x_1 < x_2$，则

$$f(x_1) - f(x_2) = \dfrac{k}{x_1} - \dfrac{k}{x_2} = \dfrac{k(x_2 - x_1)}{x_1 x_2}.$$

由 x_1，$x_2 \in (0, +\infty)$，得 $x_1 x_2 > 0$，又由 $x_1 < x_2$，得 $x_1 - x_2 < 0$，于是 $\dfrac{x_2 - x_1}{x_1 x_2} > 0$. 所以，

当 $k > 0$ 时，$f(x_1) - f(x_2) > 0$，即 $f(x_1) > f(x_2)$，此时，$f(x) = \dfrac{k}{x}$ 在 $(0, +\infty)$ 上是减函数；当 $k < 0$ 时，$f(x_1) - f(x_2) < 0$，即 $f(x_1) < f(x_2)$，此时，$f(x) = \dfrac{k}{x}$ 在 $(0, +\infty)$ 上是增函数.

总结：判断或者证明函数单调性的<u>步骤</u>（step）：

1. 设 x_1，x_2 属于给定的一个区间，并假设它们的大小 $x_1 < x_2$ 或者 $x_2 < x_1$；

2. 计算 $f(x_1) - f(x_2)$，将它进行<u>变形</u>（transformation），并判断正、负符号；

3. 根据函数的单调性定义得出结论.

习题3.2

1. 已知 m 是实数，讨论函数 $y = mx + b$ 在 $(-\infty, +\infty)$ 上的单调性.

2. 证明

(1) 函数 $f(x) = x^2 + 1$ 在 $(-\infty, 0)$ 上是减函数；

(2) 函数 $f(x) = 1 - \dfrac{1}{x}$ 在 $(-\infty, 0)$ 上是增函数.

3.3 函数的奇偶性

一　函数奇偶性的定义

一般地，若函数 $f(x)$ 的定义域 D_f 是<u>关于原点对称的</u>（symmetric with respect to the origin），并且

1. 如果对 $\forall x \in D_f$ 总有 $f(-x) = -f(x)$ 成立，那么我们称 $f(x)$ 为<u>奇函数</u>（odd function）；

2. 如果对 $\forall x \in D_f$ 总有 $f(-x) = f(x)$ 成立，那么我们称 $f(x)$ 为<u>偶函数</u>（even function）.

如果一个函数 $f(x)$ 是奇函数或偶函数，那么我们就说 $f(x)$ 有<u>奇偶性</u>（parity）.

注意：判断一个函数的奇偶性时要先计算它的定义域，看它的定义域是否关于原点对称，若定义域不关于原点对称，则它一定没有奇偶性.

例 1　<u>判断下列函数的奇偶性.</u>（Please point out the parity of the following functions.）

(1) $f(x) = 2x + (x-1)^2 - x^2 + 3$ \qquad (2) $f(x) = x^3 + x^{-\frac{1}{5}}$

(3) $f(x) = 0$ \qquad (4) $f(x) = x + 1$

解：(1) 定义域是 $x \in \mathbf{R}$，关于原点对称，因为对于 $\forall x \in \mathbf{R}$，$f(x) = 2x + x^2 - 2x + 1 - x^2 + 3 = 4$，所以 $f(-x) = f(x) = 4$，因而，$f(x) = 2x + (x-1)^2 - x^2 + 3$ 是偶函数.

(2) 因为 $f(x) = x^3 + x^{-\frac{1}{5}} = x^3 + \dfrac{1}{\sqrt[5]{x}}$ 的定义域是 $x \neq 0$，关于原点对称，又因为对于 $\forall x \neq 0$，有 $f(-x) = (-x^3) + (-x)^{-\frac{1}{5}} = -(x^3 + x^{-\frac{1}{5}}) = -f(x)$，所以，

$f(x)=x^3+x^{-\frac{1}{5}}$ 是奇函数.

（3）定义域是 $x\in \mathbf{R}$，关于原点对称，又因为对于 $\forall x\in \mathbf{R}$ 有 $f(-x)=f(x)=0$，$f(-x)=-f(x)=0$，所以 $f(x)$ <u>既是奇函数又是偶函数</u>（function which is both odd and even）.

（4）定义域为 $\mathbf{R}$，关于原点对称，

∵ $f(-x)=-x+1$，$-f(x)=-x-1$，

∴ $f(-x)\neq -f(x)$ 且 $f(-x)\neq f(x)$，

所以 $f(x)$ 是<u>非奇非偶函数</u>（non-odd and non-even function）.

说明： 用定义判断奇偶性的步骤：

1. 先求函数的定义域，看它是否关于原点对称；

2. 再判断 $f(-x)=-f(x)$ 或 $f(-x)=f(x)$ 是否对于定义域中的每一个 x 总成立.

二 奇偶函数图像的性质

1. 奇函数的图像关于原点对称，反过来，如果一个函数的图像关于原点对称，那么这个函数是奇函数；

2. 偶函数的图像关于 y 轴对称，反过来，如果一个函数的图像关于 y 轴对称，那么这个函数是偶函数.

例 2 已知函数 $y=f(x)$ 是偶函数，它在 y 轴右边的图像如图，画出 $y=f(x)$ 在 y 轴左边的图像.

解： 如图 3-3，画法略.

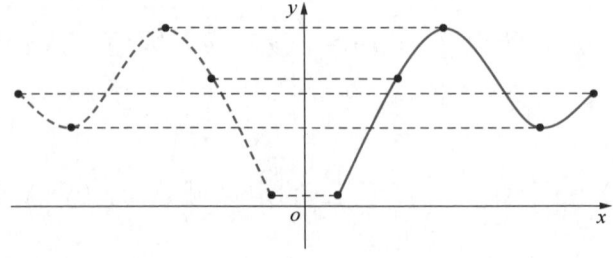

图 3-3 例 2 的示意图

习题3.3

判断下列函数的奇偶性.

(1) $f(x)=-2x$

(2) $f(x)=|x|-2$

(3) $f(x)=\sqrt{1-x^2}$

(4) $f(x)=-x^2$ ($x\in[-3,1]$)

(5) $f(x)=\sqrt{4-x^2}+(x-2)$

(6) $f(x)=2x-1$

3.4 反函数

一 反函数的定义

一般地，设函数 $y=f(x)$ $(x\in A)$（设它的值域是 C）从 A 到 C 的对应关系是一对一的，如果可以用 y 把 x 表示出来，得到 $x=\varphi(y)$ $(y\in C)$，那么这种从 C 到 A 的对应关系也是一对一的，从而 $x=\varphi(y)$ 就表示 y 是自变量，x 是自变量 y 的函数. 这样的函数 $x=\varphi(y)$ $(y\in C)$ 叫做函数 $y=f(x)$ $(x\in A)$ 的**反函数**（inverse function），记作 $x=f^{-1}(y)$，读作"x 等于 f 逆 y".

在函数 $x=f^{-1}(y)$ 中，y 表示自变量，x 表示函数. 但在习惯上，我们一般用 x 表示自变量，用 y 表示函数，为此，我们**交换**（exchange）函数 $x=f^{-1}(y)$ 的字母 x，y，把它改写成 $y=f^{-1}(x)$. 例如，函数 $y=2x$ 的反函数是 $y=\frac{1}{2}x$ $(x\in \mathbf{R})$.

函数 $y=f(x)$ 的定义域是它的反函数 $y=f^{-1}(x)$ 的值域；函数 $y=f(x)$ 的值域是它的反函数 $y=f^{-1}(x)$ 的定义域.

注意：并不是所有的函数都有反函数，只有对应关系是"一对一"的函数才有反函数. 例如，$y=x^2$ 没有反函数，因为它的对应关系是"二对一"，但是 $y=x^2$ $(x\leqslant 0)$ 就有反函数，因为这时函数的对应关系是"一对一"，它的反函数是 $y=-\sqrt{x}$ $(x\geqslant 0)$. 求出反函数的表达式后一定要写出它的定义域，即原函数的值域.

求反函数的步骤：

1. 先根据原函数 $y=f(x)$ 解出 x，得到 $x=f^{-1}(y)$；
2. 交换 x，y，得到 $y=f^{-1}(x)$；

3. 根据原函数的值域或直接求出反函数的定义域.

例 求下列函数的反函数.

(1) $y=x^3+1$ $(x\in\mathbf{R})$

(2) $y=|x|$ $(x\leqslant 0)$

(3) $y=\sqrt{x}+1$ $(x\geqslant 0)$

(4) $y=\dfrac{2x+1}{x-1}$ $(x\in\mathbf{R}$,且$x\neq 1)$

解：(1) 由函数 $y=x^3+1$ $(x\in\mathbf{R})$ 得到 $x=\sqrt[3]{y-1}$，所以，函数 $y=x^3+1$ $(x\in\mathbf{R})$ 的反函数是 $y=\sqrt[3]{x-1}$ $(x\in\mathbf{R})$；

(2) 由函数 $y=|x|$ $(x\leqslant 0)$ 解得 $x=-y$，由原函数知道 $y\geqslant 0$，所以，$y=|x|$ $(x\leqslant 0)$ 的反函数是 $y=-x$ $(x\geqslant 0)$；

(3) 由函数 $y=\sqrt{x}+1$ 得到 $x=(y-1)^2$，由原函数知道 $y\geqslant 1$，所以，函数 $y=\sqrt{x}+1$ $(x\geqslant 0)$ 的反函数是 $y=(x-1)^2$ $(x\geqslant 1)$；

(4) 由函数 $y=\dfrac{2x+1}{x-1}$，得 $x=\dfrac{y+1}{y-2}$，所以，函数 $y=\dfrac{2x+1}{x-1}$ $(x\in\mathbf{R}$,且$x\neq 1)$ 的反函数是 $y=\dfrac{x+1}{x-2}$ $(x\in\mathbf{R}$,且$x\neq 2)$.

二 互为反函数的函数图像的关系

一般地，函数 $y=f(x)$ 的图像和它的反函数 $y=f^{-1}(x)$ 的图像关于直线 $y=x$ 对称.

也就是，若 $y=f^{-1}(x)$ 是函数 $y=f(x)$ 的反函数，则有
$$f(a)=b \Leftrightarrow f^{-1}(b)=a.$$

习题3.4

求下列函数的反函数.

(1) $y = x^3 + 4$ $(x < 0)$

(2) $y = -x^2$ $(x < 0)$

(3) $y = 1 - \dfrac{2}{x+3}$ $(x \in \mathbf{R}, 且 x \neq -3)$

(4) $y = x^2 - 2x + 3$ $(x \leqslant 0)$

(5) $y = \dfrac{4x+3}{5x-3}$ $(x \in \mathbf{R}, 且 x \neq \dfrac{3}{5})$

(6) $y = \sqrt{2x-4}$ $(x \geqslant 2)$

(7) $y = x^2 + 4x + 3$ $(x \in (-\infty, -2])$

(8) $y = \sqrt{x-1} + 1$ $(x \geqslant 1)$

3.5 幂函数

一 幂函数的概念

一般地，形如 $y=x^\alpha$ 的函数称为**幂函数**（power function），其中 x 是自变量，α 是常数（这里我们只讨论 α 是有理数的情况）.

例1 求下列函数的定义域.

$y=x^3$，$y=x^{\frac{1}{3}}$，$y=x^{\frac{1}{2}}$，$y=x^{-2}$，$y=x^{-\frac{1}{2}}$.

解：$y=x^3$ 的定义域是 **R**；

$y=x^{\frac{1}{3}}=\sqrt[3]{x}$ 的定义域是 **R**；

$y=x^{\frac{1}{2}}=\sqrt{x}$ 的定义域是 $[0,+\infty)$；

$y=x^{-2}=\dfrac{1}{x^2}$ 的定义域是 $(-\infty,0)\cup(0,+\infty)$；

$y=x^{-\frac{1}{2}}=\dfrac{1}{\sqrt{x}}$ 的定义域是 $(0,+\infty)$.

二 幂函数的图像和性质

现在我们分 $\alpha>0$ 和 $\alpha<0$ 两种情况来研究幂函数的**图像和性质**（graph and property of a power function）.

Ⅰ. $\alpha>0$

我们在同一个直角坐标系下画出 $y=x^2$，$y=x^3$，$y=x^{\frac{1}{2}}$ 和 $y=x^{\frac{1}{3}}$ 的图像（如下图3-4），可以看出，当 $\alpha>0$ 时，幂函数 $y=x^\alpha$ 有下列性质：

1. 图像都经过点 $(0,0)$ 和 $(1,1)$；
2. 在**第一象限**（the first quadrant）内，x 增大时 $f(x)$ 的值也增大.

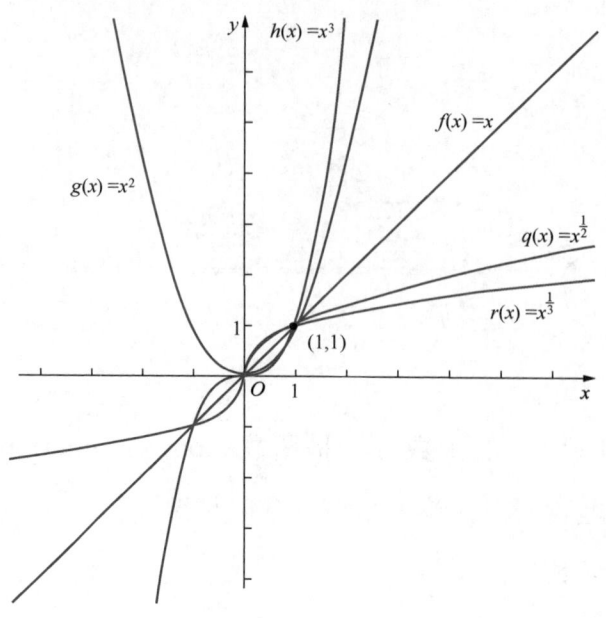

图 3-4 正指数的幂函数的图像

例 2 不通过计算数值来比较下列各题中两个数值的大小.

(1) $1.2^{\frac{2}{3}}$,$1.7^{\frac{2}{3}}$ (2) $0.1^{1.2}$,$0.6^{1.2}$

解：（1）选取幂函数 $y=x^{\frac{2}{3}}$，它在第一象限内，x 增大时 $f(x)$ 的值也增大.

∵ $1.2 < 1.7$，

∴ $1.2^{\frac{2}{3}} < 1.7^{\frac{2}{3}}$.

（2）选取幂函数 $y=x^{1.2}$，它在第一象限内，x 增大时 $f(x)$ 的值也增大.

∵ $0.1 < 0.6$，

∴ $0.1^{1.2} < 0.6^{1.2}$.

Ⅱ. $\alpha < 0$

我们在同一个直角坐标系下画出 $y=x^{-1}$，$y=x^{-2}$ 和 $y=x^{-\frac{1}{2}}$ 的图像（如下图 3-5）：

可以看出，当 $\alpha < 0$ 时，幂函数 $y=x^{\alpha}$ 有下列性质：

1. 图像都经过点（1，1）；

2. 在第一象限内，x 增大时 $f(x)$ 的值却减小.

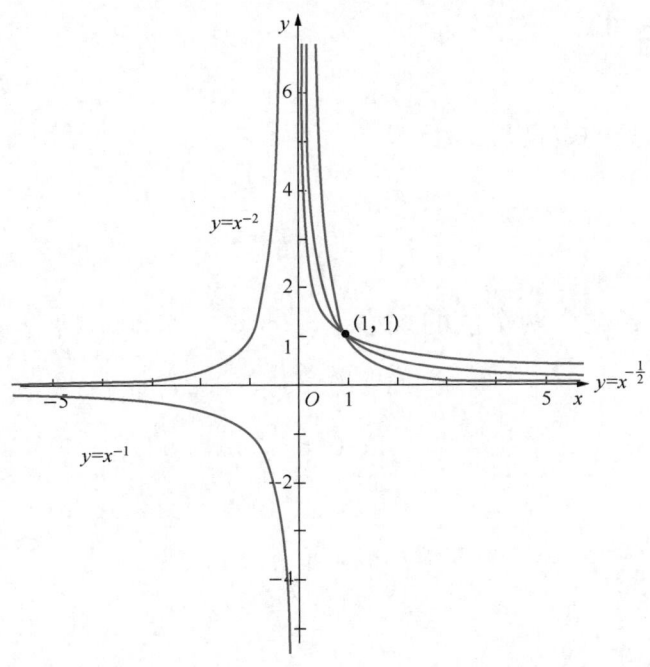

图 3-5 负指数的幂函数的图像

例3 不通过计算比较下列每组中两个数值的大小.

(1) $2.7^{-\frac{2}{5}}$, $1.8^{-\frac{2}{5}}$ (2) $1.5^{-1.2}$, $1.7^{-1.2}$

解： (1) 选取幂函数 $y=x^{-\frac{2}{5}}$，在第一象限内，x 增大时 $f(x)$ 的值减小.

∵ $2.7>1.8$,

∴ $2.7^{-\frac{2}{5}}<1.8^{-\frac{2}{5}}$.

(2) 选取幂函数 $y=x^{-1.2}$，在第一象限内，x 增大时 $f(x)$ 的值减小.

∵ $1.5<1.7$,

∴ $1.5^{-1.2}>1.7^{-1.2}$.

习题3.5

1. 求下列函数的定义域.

   (1) $y=x^{-4}$ (2) $y=x^{\frac{2}{5}}$ (3) $y=x^{-\frac{3}{4}}$

   (4) $y=x^{-\frac{2}{3}}$ (5) $y=x^{\frac{3}{2}}$

2. 比较下列各题中两个值的大小.

   (1) $1.2^{\frac{3}{7}}$,$1.5^{\frac{3}{7}}$ (2) $0.26^{\frac{3}{5}}$,$0.27^{\frac{3}{5}}$

   (3) $3.1^{-\frac{5}{2}}$,$6^{-\frac{5}{2}}$ (4) $0.6^{-\frac{1}{3}}$,$1.7^{-\frac{1}{3}}$

3.6 指数函数

一 指数

指数（exponent）有下面的概念和运算性质. 对于任意有理数 r, s, 有

1. $a^r \cdot a^s = a^{r+s}$ $(r, s \in \mathbf{Q})$；
2. $(a^r)^s = a^{rs}$ $(r, s \in \mathbf{Q})$；
3. $(ab)^r = a^r b^r$ $(r \in \mathbf{Q})$.

二 指数函数的定义

一般地，函数 $y = a^x$ （$a > 0$ 且 $a \neq 1$）叫做指数函数（exponential function），其中 x 是自变量，函数的定义域是 $\mathbf{R}$，a 叫做指数函数的底数（base number），x 叫做指数函数的指数.

三 指数函数的图像和性质

为了研究指数函数 $y = a^x$ （$a > 0$ 且 $a \neq 1$）的图像和性质，我们先看 $y = 2^x$ 和 $\left(\dfrac{1}{2}\right)^x$ 的图像（如下图 3-6）：

通过下图 3-6，我们可以总结出：指数函数 $y = a^x$ 在底数 $a > 1$ 及 $0 < a < 1$ 这两种情况下的图像和性质如下图 3-7 所示：

性质：

1. 定义域：$\mathbf{R}$；
2. 值域：$(0, +\infty)$；
3. 经过点 $(0, 1)$；
4. 当 $a > 1$ 时，$y = a^x$ 在 $\mathbf{R}$ 上是增函数；当 $0 < a < 1$ 时，$y = a^x$ 在 $\mathbf{R}$ 上是

减函数.

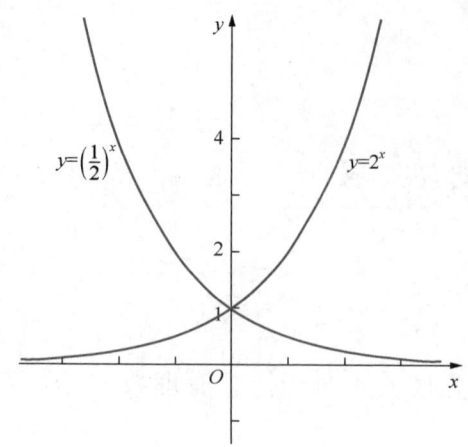

图 3-6　$y=2^x$ 和 $\left(\dfrac{1}{2}\right)^x$ 的图像　　　　图 3-7　一般指数函数的图像

例　不计算数值而比较下列各题中两个值的大小.

(1) $2.7^{2.25}$，2.7^3　　(2) $0.5^{-0.1}$，$0.5^{-0.3}$　　(3) $1.7^{0.3}$，$0.9^{3.1}$

解：（1）选择指数函数 $y=2.7^x$，由于底数 $a=2.7>1$，所以指数函数 $y=2.7^x$ 在 **R** 上是增函数，

∵ $2.25<3$，

∴ $2.7^{2.25}<2.7^3$.

（2）选择指数函数 $y=0.5^x$，由于 $0<a=0.5<1$，所以指数函数 $y=0.5^x$ 在 **R** 上是减函数，

∵ $-0.1>-0.3$，

∴ $0.5^{-0.1}<0.5^{-0.3}$.

（3）在 $1.7^{0.3}$ 与 $0.9^{3.1}$ 之间插入数值 $1=1.7^0=0.9^0$，先选择指数函数 $y=1.7^x$，知 $1.7^{0.3}>1.7^0=1$，然后再选择指数函数 $y=0.9^x$，知 $0.9^{3.1}<0.9^0=1$，

∴ $1.7^{0.3}>0.9^{3.1}$.

习题3.6

1. 求下列函数的定义域.

   (1) $y=2^{3-x}$

   (2) $y=3^{2x+1}$

   (3) $y=(\dfrac{1}{2})^{5x}$

   (4) $y=\dfrac{1}{0.7^x}$

2. 比较下列各题中两个值的大小.

   (1) $2.6^{0.8}$,$2.6^{0.7}$

   (2) $0.75^{-0.2}$,$0.75^{0.1}$

   (3) $1.02^{2.9}$,$1.02^{3.5}$

   (4) $0.6^{3.3}$,$0.6^{4.5}$

3.7 对数与对数函数

一 对数的概念

一般地，如果 $a(a>0, a\neq 1)$ 的 b 次幂等于 N（即 $a^b=N$），那么数 b 叫做以 a 为底 N 的<u>对数</u>（logarithm），记作 $\log_a N=b$，其中 a 叫做对数的底数，N 叫做对数的<u>真数</u>（antilogarithm）.

对数的性质：

1. 负数和零都没有对数；
2. $\log_a 1=0$，$\log_a a=1$；
3. 对数恒等式 $a^{\log_a N}=N$（由定义得到）；
4. <u>常用对数</u>（common logarithm）$\log_{10} N=\lg N$；
5. <u>自然对数</u>（natural logarithm）$\log_e N=\ln N$；
6. 底数 a 的取值范围 $(0,1)\cup(1,+\infty)$；真数 N 的取值范围 $(0,+\infty)$.

二 对数运算性质

如果 $a>0$，$a\neq 1$，$M>0$，$N>0$，那么

(1) $\log_a(MN)=\log_a M+\log_a N$

(2) $\log_a \dfrac{M}{N}=\log_a M-\log_a N$

(3) $\log_a M^n=n\log_a M$ $(n\in \mathbf{R})$

三 对数的换底公式 (change of base formula for logarithms)

$$\log_a N=\dfrac{\log_m N}{\log_m a} \quad (a>0, a\neq 1)$$

常用的结论：

1. $\log_a b \cdot \log_b a = 1$；

2. $\log_{a^m} b^n = \dfrac{n}{m} \log_a b$ （a，$b > 0$ 且均不为 1）；

3. $\log_x y \cdot \log_y z = \log_x z$.

例 1 计算：$(\log_4 3 + \log_8 3)(\log_3 2 + \log_9 2) - \log_{\frac{1}{2}} \sqrt[4]{32}$

解：原式 $= (\log_{2^2} 3 + \log_{2^3} 3)(\log_3 2 + \log_{3^2} 2) - \log_{\frac{1}{2}} 2^{\frac{5}{4}}$

$= (\dfrac{1}{2} \log_2 3 + \dfrac{1}{3} \log_2 3)(\log_3 2 + \dfrac{1}{2} \log_3 2) + \dfrac{5}{4}$

$= \dfrac{5}{6} \log_2 3 \cdot \dfrac{3}{2} \log_3 2 + \dfrac{5}{4} = \dfrac{5}{4} + \dfrac{5}{4} = \dfrac{5}{2}$.

四 对数函数

Ⅰ．对数函数的定义

一般地，函数 $y = \log_a x$（$a > 0$ 且 $a \neq 1$）叫做**对数函数**（logarithmic function），它是指数函数 $y = a^x$（$a > 0$ 且 $a \neq 1$）的反函数．

$y = \log_a x$（$a > 0$ 且 $a \neq 1$）的定义域为 $(0, +\infty)$，值域为 $(-\infty, +\infty)$．

Ⅱ．对数函数的图像和性质

由于对数函数 $y = \log_a x$（$a > 0$ 且 $a \neq 1$）是指数函数 $y = a^x$（$a > 0$ 且 $a \neq 1$）的反函数，所以 $y = \log_a x$ 的图像与 $y = a^x$ 的图像关于 $y = x$ 对称．

一般地，对数函数 $y = \log_a x$ 在底数 $a > 1$ 和 $0 < a < 1$ 这两种情况的图像和性质如下，见图 3-8，图 3-9：

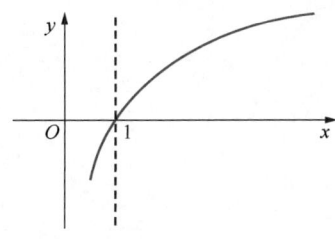
图 3-8　$a > 1$ 时 $y = \log_a x$ 的图像

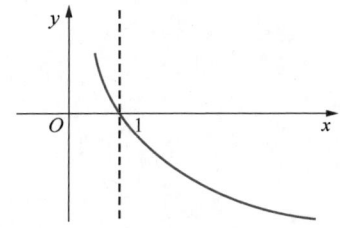
图 3-9　$0 < a < 1$ 时 $y = \log_a x$ 的图像

性质：

1. 定义域：$(0, +\infty)$；

2. 值域：$(-\infty, +\infty)$；

3. 经过点 $(1, 0)$；

4. 当 $a>1$ 时，$y=\log_a x$ 在 **R** 上是增函数；当 $0<a<1$ 时，$y=\log_a x$ 在 **R** 上是减函数．

例 2 求下列函数的定义域．

(1) $y=\log_a(9-x^2)$ (2) $y=\dfrac{1}{\log_3(3x-2)}$

解：(1) 因为 $9-x^2>0$，即 $-3<x<3$，

所以，函数 $y=\log_a(9-x^2)$ 的定义域是 $\{x \mid -3<x<3\}$．

(2) 由 $\begin{cases} \log_3(3x-2) \neq 0, \\ 3x-2>0, \end{cases} \Rightarrow \begin{cases} 3x-2 \neq 1, \\ x>\dfrac{2}{3}, \end{cases} \Rightarrow \begin{cases} x \neq 1, \\ x>\dfrac{2}{3}, \end{cases}$

得到 $y=\dfrac{1}{\log_3(3x-2)}$ 的定义域是 $\left(\dfrac{2}{3}, 1\right) \cup (1, +\infty)$．

例 3 不计算下列数值的大小而比较下列各组数中两个值的大小．

(1) $\log_2 3.4$，$\log_2 8.5$ (2) $\log_{0.3} 1.8$，$\log_{0.3} 2.7$

解：(1) 选取对数函数 $y=\log_2 x$，因为它的底数是 $2>1$，所以它在 $(0, +\infty)$ 上是增函数，于是 $\log_2 3.4 < \log_2 8.5$．

(2) 选择对数函数 $y=\log_{0.3} x$，因为它的底数是 0.3，$0<0.3<1$，所以 $y=\log_{0.3} x$ 在 $(0, +\infty)$ 上是减函数，于是 $\log_{0.3} 1.8 > \log_{0.3} 2.7$．

习题3.7

1. 求下列各式的值.

   (1) $(\log_2 5 + \log_4 0.2)(\log_5 2 + \log_{25} 0.5)$

   (2) $\log_9 \sqrt[6]{32} \ (\log_2 3 + \log_4 9 + \log_8 27 + \log_{16} 81 + \log_{32} 243)$

2. 求下列函数的反函数.

   (1) $y = (\sqrt{2})^x \ (x \in \mathbf{R})$ (2) $y = \lg x \ (x > 0)$

   (3) $y = 2\log_4 x \ (x > 0)$

3. 求下列函数的定义域.

   $y = \sqrt{\log_{0.5}(4x-3)}$

4. 选择题

   (1) 已知集合 $M = \{x \mid 2^{2x^2} < 2^{3x}\}$，$N = \{x \mid \log_{\frac{1}{2}}(x-1) > 0\}$，则 $M \cap N = (\quad)$.

   (A) $(0, \frac{3}{2})$ (B) $(\frac{2}{3}, 2)$

   (C) $(1, \frac{3}{2})$ (D) $(0, 1)$

   (2) 如果 $\log_a \frac{3}{4} < 1$，那么 a 的取值范围是（   ）.

   (A) $(0, \frac{3}{4}) \cup (1, +\infty)$ (B) $(\frac{3}{4}, +\infty)$

   (C) $(\frac{3}{4}, 1)$ (D) $(0, \frac{3}{4}) \cup (\frac{3}{4}, +\infty)$

参考复习题

1. 下列对应关系中哪些是映射？哪些不是映射？

   (1) $A = \{1, 3, 5, 7, 9\}$，$B = \{2, 4, 6, 8, 10\}$，对应关系是
   $$f: a \to b = a+1, \ a \in A, \ b \in B$$

(2) $A=\{x|x\in \mathbf{R}\}$，$B=\{y|y\geq 0\}$，对应关系是
$$f: x \to y=x^2, (x\in A, y\in B)$$

2. 判断下列函数的奇偶性.

(1) $y=|x^2-x|$ (2) $y=x^2$ $(x\in (1, 8))$ (3) $y=-x^2+\sqrt{x}$

3. 讨论下列函数的单调性.

(1) $f(x)=-x^2+x-6$ (2) $f(x)=-\sqrt{x}$

(3) $f(x)=\dfrac{2-x}{x}$ (4) $f(x)=-x^3+2$

4. 求下列函数的反函数.
$$y=\log_2 \dfrac{1}{x-1}$$

5. 求下列函数的定义域.

(1) $y=\dfrac{1}{x+3}+\sqrt{-x}+\sqrt{x+4}$ (2) $y=\dfrac{1}{\sqrt{6-5x-x^2}}$

(3) $y=8^{\frac{1}{2x-1}}$ (4) $y=\sqrt{1-\left(\dfrac{1}{2}\right)^x}$

(5) $y=\log_a(2-x)$ $(a>0, a\neq 1)$

*6. 已知函数 $f(x)$ 为奇函数，当 $x\in [1, 7]$ 时，$f(x)=7-x^3$，求当 $x\in [-7, -1]$ 时 $f(x)$ 的表达式.

4 三角函数和反三角函数

4.1 角的概念

一 角的概念

Ⅰ. 角的概念

平面内一条射线（ray）绕着它的端点（endpoint）从一个位置（position）旋转（rotate）到另一个位置所形成的图形叫做角（angle）. 射线的端点叫做角的顶点（vertex），旋转开始时的射线叫做角的始边（initial side），终止时的射线叫做角的终边（terminal side）.

Ⅱ. 正角和负角

按逆时针（anticlockwise）方向旋转形成的角叫做正角（positive angle）；按顺时针（clockwise）方向旋转形成的角叫做负角（negative angle）.（如图 4-1 和下图 4-2）

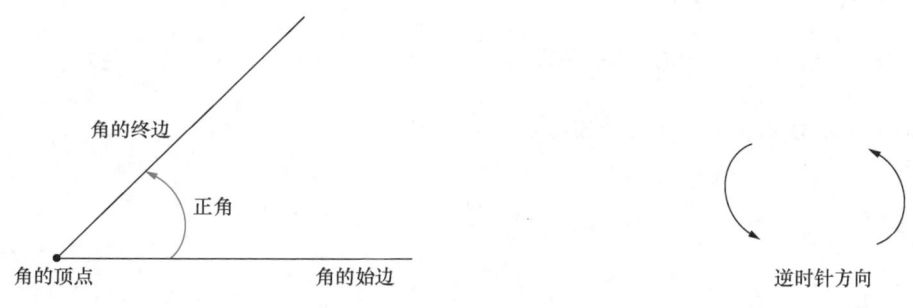

图 4-1 正角和逆时针方向

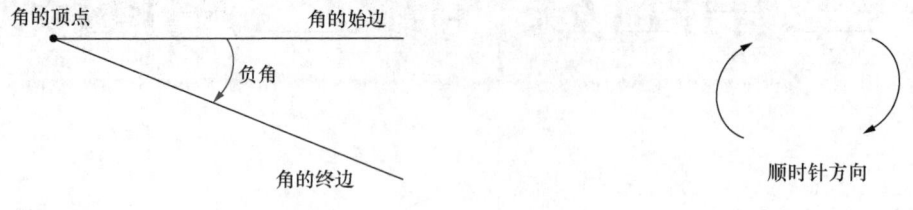

图 4-2 负角和顺时针方向

Ⅲ. 零角

如果一条射线没有做任何旋转，就称它形成了一个零角（zero angle），也就是说，角的始边与终边重合（coincide）。如果 α 是零角，那么 $\alpha=0°$。

Ⅳ. 象限角（quadrant angle）

如果角的顶点与原点重合，角的始边与 x 轴的正方向重合，那么角的终边落在第几象限内，这个角就叫做第几象限的角。

例如，$30°$，$-330°$ 都是第一象限的角；但是如果角的终边在坐标轴上，就认为这个角不属于任一象限。

所有与角 α 终边相同的角，连同角 α 在内，可以构成一个集合 $S=\{\beta|\beta=\alpha+k\cdot 360°, k\in \mathbf{Z}\}$。

第一、二、三、四象限的角可以分别表示如下：

$360°k<\alpha<360°k+90°$；

$360°k+90°<\alpha<360°k+180°$；

$360°k+180°<\alpha<360°k+270°$；

$360°k+270°<\alpha<360°k+360°$。

二 弧度制

Ⅰ. 定义

弧长（arc length）等于半径（radius）长的圆弧所对的圆心角（central angle）叫做 1 弧度的角．用"**弧度**"（radian）做单位来度量角的制度叫做**弧度制**（radian measure），弧度的单位符号是 rad，读作"弧度"．规定正角的弧度数为正数，负角的弧度数为负数，零角的弧度数为零．

Ⅱ．**角度制**（degree measure）与弧度制的**换算方法**（conversion method）

$360°=2\pi \text{rad}$，$180°=\pi \text{rad}$，

$1°=\dfrac{\pi}{180}\text{rad}\approx 0.01745\text{rad}$，$1\text{rad}\approx 57.296°$．

Ⅲ．弧长公式

$$|\alpha|=\dfrac{l}{r}\Rightarrow l=|\alpha|r$$

其中 l 是以角 α 作为圆心角时所对弧的长，r 是圆的半径．

例 把下面的角写成 $k\cdot 360°+\alpha$ 或者 $2\pi\cdot k+\alpha$ 的形式，并判断它们落在第几象限．

(1) $-1410°$　　(2) $\dfrac{390\pi}{7}$　　(3) $\dfrac{22}{3}\pi$　　(4) $-215°$

解：(1) $\because -1410°=-4\times 360°+30°$，与 $30°$ 的终边相同，

∴ $-1410°$ 在第一象限．

(2) $\because \dfrac{390\pi}{7}=55\dfrac{5}{7}\pi=56\pi-\dfrac{2}{7}\pi$，与 $-\dfrac{2}{7}\pi$ 的终边相同，

∴ $\dfrac{390\pi}{7}$ 在第四象限．

(3) $\because \dfrac{22}{3}\pi=\dfrac{4\pi}{3}+6\pi$，与 $\dfrac{4\pi}{3}$ 的终边相同，

∴ $\dfrac{22}{3}\pi$ 在第三象限．

(4) $\because -215°=-360°+145°$ 与 $145°$ 的终边相同，

∴ $-215°$ 在第二象限．

习题4.1

1. 选择题

(1) 已知 α 是锐角（acute angle），那么 2α 是（　　）.

(A) 第一象限　　　　　　(B) 第二象限

(C) 小于 $180°$ 的正角　　(D) 不大于直角的正角

(2) 已知 α 是钝角（obtuse angle），那么 $\dfrac{\alpha}{2}$ 是（　　）.

(A) 锐角　　　　　　　　(B) 第二象限

(C) 第一与第二象限角　　(D) 不小于直角的角

2. 把下列各角写成 $k \cdot 360°+\alpha$ 或者 $2\pi \cdot k+\alpha$ 的形式，并判断它们落在第几象限.

(1) $-\dfrac{25}{6}\pi$　　　　　　(2) $400°$

4.2　任意角的三角函数

设 α 是一个任意角，α 的终边上任意一点 P（除端点外）的坐标 (x, y)，它与原点的距离是 r ($r = \sqrt{|x|^2 + |y|^2} = \sqrt{x^2 + y^2} > 0$)，那么：

1. 比值（ratio） $\dfrac{y}{r}$ 叫做 α 的正弦（sine），记作 $\sin\alpha$，即 $\sin\alpha = \dfrac{y}{r}$；

2. 比值 $\dfrac{x}{r}$ 叫做 α 的余弦（cosine），记作 $\cos\alpha$，即 $\cos\alpha = \dfrac{x}{r}$；

3. 比值 $\dfrac{y}{x}$ 叫做 α 的正切（tangent），记作 $\tan\alpha$，即 $\tan\alpha = \dfrac{y}{x}$；

4. 比值 $\dfrac{x}{y}$ 叫做 α 的余切（cotangent），记作 $\cot\alpha = \dfrac{x}{y}$；

5. 比值 $\dfrac{r}{x}$ 叫做 α 的正割（secant），记作 $\sec\alpha = \dfrac{r}{x}$；

6. 比值 $\dfrac{r}{y}$ 叫做 α 的余割（cosecant），记作 $\csc\alpha = \dfrac{r}{y}$。

表格 4-1 给出常用特殊角的四个三角函数值．

表（table）4-1　特殊角的四个三角函数值

角 \ 三角函数	$\sin\alpha$	$\cos\alpha$	$\tan\alpha$	$\cot\alpha$
0°	0	1	0	无
30°	$\dfrac{1}{2}$	$\dfrac{\sqrt{3}}{2}$	$\dfrac{\sqrt{3}}{3}$	$\sqrt{3}$
45°	$\dfrac{\sqrt{2}}{2}$	$\dfrac{\sqrt{2}}{2}$	1	1
60°	$\dfrac{\sqrt{3}}{2}$	$\dfrac{1}{2}$	$\sqrt{3}$	$\dfrac{\sqrt{3}}{3}$

续表

三角函数 角	$\sin\alpha$	$\cos\alpha$	$\tan\alpha$	$\cot\alpha$
90°	1	0	无	0
120°	$\dfrac{\sqrt{3}}{2}$	$-\dfrac{1}{2}$	$-\sqrt{3}$	$-\dfrac{\sqrt{3}}{3}$
135°	$\dfrac{\sqrt{2}}{2}$	$-\dfrac{\sqrt{2}}{2}$	-1	-1
150°	$\dfrac{1}{2}$	$-\dfrac{\sqrt{3}}{2}$	$-\dfrac{\sqrt{3}}{3}$	$-\sqrt{3}$
180°	0	-1	0	无

例 1 已知角 α 的终边经过点 $P(-1,3)$，求 α 的六个三角函数值.

解：$\because x=-1$，$y=3$，$\therefore r=\sqrt{(-1)^2+3^2}=\sqrt{10}$.

于是 $\sin\alpha=\dfrac{y}{r}=\dfrac{3}{\sqrt{10}}=\dfrac{3\sqrt{10}}{10}$；

$\cos\alpha=\dfrac{x}{r}=-\dfrac{1}{\sqrt{10}}=-\dfrac{\sqrt{10}}{10}$；

$\tan\alpha=\dfrac{y}{x}=-3$；$\cot\alpha=\dfrac{x}{y}=-\dfrac{1}{3}$；

$\sec\alpha=\dfrac{r}{x}=-\sqrt{10}$；$\csc\alpha=\dfrac{r}{y}=\dfrac{\sqrt{10}}{3}$.

于是，由三角函数的定义和各象限内点的坐标的符号，我们可以得知：

表 4-2　四类象限角的三角函数值的符号

三角函数 角	$\sin\alpha$	$\cos\alpha$	$\tan\alpha$	$\cot\alpha$
第一象限	+	+	+	+
第二象限	+	−	−	−
第三象限	−	−	+	+
第四象限	−	+	−	−

由三角函数的定义还可以知道：终边相同的角的同一个三角函数的值相等. 由此得到一组公式：

$$\sin(\alpha + k \cdot 360°) = \sin\alpha$$
$$\cos(\alpha + k \cdot 360°) = \cos\alpha$$
$$\tan(\alpha + k \cdot 360°) = \tan\alpha \quad (k \in \mathbf{Z}) \quad \text{（公式一）}$$

例 2 不通过计算下列各式的值而指出下列三角函数值的正负符号.

(1) $\cos 200°$ (2) $\tan(-662°)$

解：(1) 因为 $200° = 180° + 20°$ 是第三象限角，所以 $\cos 200° < 0$；

(2) 因为 $\tan(-662°) = \tan(58° - 2 \times 360°) = \tan 58°$，而 $58°$ 是第一象限角，所以 $\tan(-662°) > 0$.

习题4.2

1. 若 $\sin\theta \cdot \cos\theta > 0$，则 θ 在（　　）.

（A）第一、二象限　　　　　　（B）第一、三象限

（C）第一、四象限　　　　　　（D）第二、四象限

2. 已知角 α 的终边经过下列点 $(-8, -6)$，求 α 的六个三角函数值.

3. 计算

(1) $5\sin 90° + 2\sin 0° - 3\sin 270° + 10\cos 180°$

(2) $7\cos 270° + 2\tan 0° + 8\cos 360°$

(3) $\cos\dfrac{\pi}{3} - \tan\dfrac{\pi}{4} + \dfrac{3}{4}\tan^2\dfrac{\pi}{6} - \sin\dfrac{\pi}{6} + \cos^2\dfrac{\pi}{6} + \sin\dfrac{3\pi}{2}$

(4) $\sin^4\dfrac{\pi}{4} - \cos^2\dfrac{\pi}{2} + 6\tan^3\dfrac{\pi}{4}$

4. 不通过计算下列各式的值而指出下列式子的符号.

(1) $\tan 153° \cdot \sin 333°$　　　　(2) $\dfrac{\tan 97°}{\cos 287°}$

(3) $\sin\dfrac{7\pi}{5} \cdot \cos\dfrac{4\pi}{5} \cdot \tan\dfrac{11\pi}{6}$　　　　(4) $\dfrac{\cos\dfrac{5\pi}{7} \cdot \tan\dfrac{11\pi}{7}}{\sin\dfrac{4\pi}{5}}$

4.3 同角三角函数的基本关系式

根据正弦、余弦、正切和余切的定义可以得出同一个角有下面的关系

$$\sin^2\alpha + \cos^2\alpha = 1$$

$$\frac{\sin\alpha}{\cos\alpha} = \tan\alpha$$

$$\tan\alpha \cdot \cot\alpha = 1$$

所以

$$\tan^2\alpha = \frac{\sin^2\alpha}{\cos^2\alpha} = \frac{1-\cos^2\alpha}{\cos^2\alpha} = \frac{1}{\cos^2\alpha} - 1$$

于是

$$\cos^2\alpha = \frac{1}{1+\tan^2\alpha}$$

例1 已知 $\sin\alpha = -\dfrac{4}{5}$，并且 α 是第三象限角，求 $\cos\alpha$，$\tan\alpha$，$\cot\alpha$ 的值.

解：因为 $\sin^2\alpha + \cos^2\alpha = 1$，

所以，$\cos^2\alpha = 1 - \sin^2\alpha = 1 - \left(\dfrac{4}{5}\right)^2 = \dfrac{9}{25}$.

又因为 α 是第三象限角，所以 $\cos\alpha < 0$.

于是，$\cos\alpha = -\sqrt{\dfrac{9}{25}} = -\dfrac{3}{5}$.

$$\tan\alpha = \frac{\sin\alpha}{\cos\alpha} = \left(-\frac{4}{5}\right) \times \left(-\frac{5}{3}\right) = \frac{4}{3},$$

$$\cot\alpha = \frac{1}{\tan\alpha} = \frac{3}{4}.$$

例 2 计算 $\sqrt{1-\sin^2 420°}$.

解： 原式 $=\sqrt{1-\sin^2(360°+60°)}=\sqrt{1-\sin^2 60°}=\cos 60°=\frac{1}{2}.$

习题4.3

1. 计算

（1）已知 $\sin\alpha = -\dfrac{\sqrt{3}}{2}$，且 α 为第四象限角，求 $\cos\alpha$，$\tan\alpha$，$\cot\alpha$ 的值.

（2）已知 $\cos\alpha = -\dfrac{5}{13}$，且 α 为第二象限角，求 $\sin\alpha$，$\tan\alpha$，$\cot\alpha$ 的值.

（3）已知 $\tan\alpha = -\dfrac{3}{4}$，求 $\sin\alpha$，$\cos\alpha$，$\cot\alpha$ 的值.

2. 已知 $\tan\alpha = \sqrt{3}$，$\pi < \alpha < \dfrac{3\pi}{2}$，求 $\cos\alpha - \sin\alpha$ 的值.

3. 已知 $\tan\alpha = 2$，求 $\dfrac{\sin\alpha + \cos\alpha}{\sin\alpha - \cos\alpha}$ 的值.

4. 若 $\tan\alpha = -\dfrac{4}{3}$，求 $2\sin^2\alpha + \sin\alpha\cos\alpha - 3\cos^2\alpha$ 的值.

4.4 诱导公式

假定 α 为任意角，则有

$$\sin(\pi+\alpha)=-\sin\alpha$$
$$\cos(\pi+\alpha)=-\cos\alpha$$
$$\tan(\pi+\alpha)=\tan\alpha$$
$$\cot(\pi+\alpha)=\cot\alpha \qquad \text{（公式二）}$$

$$\sin(-\alpha)=-\sin\alpha$$
$$\cos(-\alpha)=\cos\alpha$$
$$\tan(-\alpha)=-\tan\alpha$$
$$\cot(-\alpha)=-\cot\alpha \qquad \text{（公式三）}$$

我们利用公式一、公式二和公式三，可以推出 $\pi-\alpha$，$2\pi-\alpha$ 与 α 的三角函数之间的关系，即

$$\sin(\pi-\alpha)=\sin\alpha$$
$$\cos(\pi-\alpha)=-\cos\alpha$$
$$\tan(\pi-\alpha)=-\tan\alpha$$
$$\cot(\pi-\alpha)=-\cot\alpha \qquad \text{（公式四）}$$

$$\sin(2\pi-\alpha)=-\sin\alpha$$
$$\cos(2\pi-\alpha)=\cos\alpha$$
$$\tan(2\pi-\alpha)=-\tan\alpha$$
$$\cot(2\pi-\alpha)=-\cot\alpha \qquad \text{（公式五）}$$

公式一、二、三、四、五都叫做**诱导公式**（induction formula）.

例1 求下列三角函数的值.

(1) $\sin\dfrac{7\pi}{6}$ (2) $\sin\left(-\dfrac{\pi}{3}\right)$ (3) $\cos(-945°)$

解：(1) $\sin\dfrac{7\pi}{6}=\sin\left(\pi+\dfrac{\pi}{6}\right)=-\sin\dfrac{\pi}{6}=-\dfrac{1}{2}$.

(2) $\sin\left(-\dfrac{\pi}{3}\right)=-\sin\dfrac{\pi}{3}=-\dfrac{\sqrt{3}}{2}$.

(3) $\cos(-945°)=\cos945°=\cos(2\times360°+225°)=\cos225°$
$=\cos(180°+45°)=-\cos45°=-\dfrac{\sqrt{2}}{2}$.

例2 化简求值：$\dfrac{\cos(\pi+\alpha)\sin(\alpha+2\pi)}{\sin(-\alpha-\pi)\cos(-\pi-\alpha)}$

解：$\cos(\pi+\alpha)=-\cos\alpha$，$\sin(2\pi+\alpha)=\sin\alpha$，

$\sin(-\alpha-\pi)=\sin[-(\alpha+\pi)]=-\sin(\alpha+\pi)=\sin\alpha$，

$\cos(-\alpha-\pi)=\cos[-(\alpha+\pi)]=\cos(\alpha+\pi)=-\cos\alpha$，

所以，原式 $=\dfrac{-\cos\alpha\sin\alpha}{\sin\alpha(-\cos\alpha)}=1$.

习题4.4

1. 求下列三角函数值.

(1) $\cos 210°$ (2) $\cos\left(-\dfrac{\pi}{6}\right)$ (3) $\sin\left(-\dfrac{5\pi}{3}\right)$

(4) $\cos\left(-\dfrac{17\pi}{4}\right)$ (5) $\sin\left(-\dfrac{26\pi}{3}\right)$

2. 化简求值.

(1) $\sin(-1071°)\cdot\sin 99°+\sin(-171°)\cdot\sin(-261°)$

(2) $1+\sin(\alpha-2\pi)\cdot\sin(\pi+\alpha)-2\cos^2(-\alpha)$

4.5 正弦函数、余弦函数的图像和性质

一、正弦函数 $y=\sin x(x\in\mathbf{R})$ 图像性质

Ⅰ. 五点作图法

描五个关键点：$(0,0)$，$\left(\dfrac{\pi}{2},1\right)$，$(\pi,0)$，$\left(\dfrac{3\pi}{2},-1\right)$，$(2\pi,0)$，然后用光滑的曲线连起来得到图 4-3：

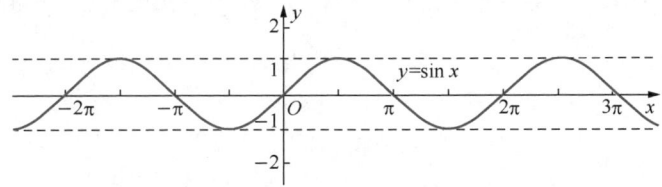

图 4-3 正弦函数图像

Ⅱ. 正弦函数图像的性质

1. 定义域

$$D_f=\mathbf{R}$$

2. 值域

$$V_f=[-1,1]$$

3. <u>周期性</u>（periodicity）

$$T=2\pi$$

一般地，对于函数 $f(x)$，如果存在一个非零常数 T，使得当 x 取定义域内

的每一个值时，都有 $f(x+T)=f(x)$，那么函数 $f(x)$ 就叫做<u>周期函数</u>（periodic function）．非零常数 T 叫做这个函数的<u>周期</u>（period）．

由诱导公式 $\sin(x+2k\pi)=\sin x$ $(k\in \mathbf{Z})$ 可知，正弦函数的周期是 $2k\pi(k\in \mathbf{Z}, k\neq 0)$，周期并不唯一．

对于一个周期函数 $f(x)$，如果在它所有的周期中存在一个最小的正数，那么这个最小正数就叫做 $f(x)$ 的<u>最小正周期</u>（minimal positive period）．以后我们说的周期是指"最小正周期"．

例如，2π 是正弦函数的所有周期中的最小正数，所以正弦函数的最小正周期是 2π．

正弦函数的图像称为<u>正弦曲线</u>（sine curve）．

4．奇偶性

由诱导公式 $\sin(-x)=-\sin x$ 可知，函数 $y=\sin x$ $(x\in \mathbf{R})$ 是奇函数，图像关于原点对称．

5．单调性

由正弦曲线可以看出：当 x 由 $-\dfrac{\pi}{2}$ 增大到 $\dfrac{\pi}{2}$ 时，曲线是上升的；当 x 由 $\dfrac{\pi}{2}$ 增大到 $\dfrac{3\pi}{2}$ 时，曲线是下降的．又因为正弦函数是周期函数，所以

当 $2k\pi-\dfrac{\pi}{2}\leqslant x\leqslant 2k\pi+\dfrac{\pi}{2}$ 时，$y=\sin x$ 是增函数．

当 $2k\pi+\dfrac{\pi}{2}\leqslant x\leqslant 2k\pi+\dfrac{3\pi}{2}$ 时，$y=\sin x$ 是减函数．

当 $x=\dfrac{\pi}{2}+2k\pi$ $(k\in \mathbf{Z})$ 时，$y=\sin x$ $(x\in \mathbf{R})$ 取得<u>最大值</u>（maximum）1，即，$y_{\max}=1$；

当 $x=-\dfrac{\pi}{2}+2k\pi$ $(k\in \mathbf{Z})$ 时，$y=\sin x$ $(x\in \mathbf{R})$ 取得<u>最小值</u>（minimum）-1，即，$y_{\min}=-1$．

二 余弦函数 $y=\cos x(x\in \mathbf{R})$ 图像性质

Ⅰ．五点作图法

描五个关键点：$(0,1)$，$\left(\dfrac{\pi}{2},0\right)$，$(\pi,-1)$，$\left(\dfrac{3\pi}{2},0\right)$，$(2\pi,1)$，然后用光滑的曲线连起来．得到图 4-4：

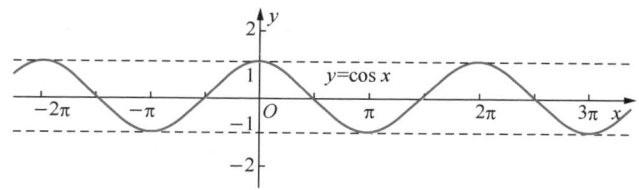

图 4-4 余弦函数图像

余弦函数的图像叫做<u>余弦曲线</u>（cosine curve）．

Ⅱ．余弦函数图像的性质

1. 定义域

$$D_f=\mathbf{R}$$

2. 值域

$$V_f=[-1,1]$$

3. 周期性：由诱导公式 $\cos(x+2\pi)=\cos x$ $(k\in \mathbf{Z})$ 可知

$$T=2\pi$$

4. 奇偶性

由诱导公式 $\cos(-x)=\cos x$ 可知，函数 $y=\cos x$ $(x\in \mathbf{R})$ 是偶函数，图像关于 y 轴对称．

5. 单调性

由余弦曲线可以看出：当 x 由 $-\pi$ 增大到 0 时，曲线是上升的；当 x 由 0 增大到 π 时，曲线是下降的．又因为余弦函数是周期函数，所以

> 当 $2k\pi-\pi \leqslant x \leqslant 2k\pi$ 时，$y=\cos x$ 是增函数．
> 当 $2k\pi \leqslant x \leqslant 2k\pi+\pi$ 时，$y=\cos x$ 是减函数．

当 $x=2k\pi$（$k\in \mathbf{Z}$）时，$y=\cos x$（$x\in \mathbf{R}$）取得最大值 1，即，$y_{\max}=1$；

当 $x=2k\pi+\pi$（$k\in \mathbf{Z}$）时，$y=\cos x$（$x\in \mathbf{R}$）取得最小值 -1，即，$y_{\min}=-1$．

例 1 当 x 取什么值时下列函数取得最大值？说出最大值是什么．

(1) $y=\cos x+1$（$x\in \mathbf{R}$）　　　　(2) $y=\sin 2x$（$x\in \mathbf{R}$）

解：(1) 当 $x=2k\pi$（$k\in \mathbf{Z}$）时，函数 $y=\cos x$ 取得最大值 1，这时函数 $y=\cos x+1$ 也取得最大值，此时，$y_{\max}=1+1=2$．

(2) 令 $z=2x$，那么当 $z=\dfrac{\pi}{2}+2k\pi$（$k\in \mathbf{Z}$）时，函数 $y=\sin z$，$z\in \mathbf{R}$ 取得最大值 1，即当 $x=\dfrac{\pi}{4}+k\pi$（$k\in \mathbf{Z}$）时，函数 $y=\sin 2x$ 也取得最大值 1，此时，$y_{\max}=1$．

> **结论**：函数 $y=A\sin(\omega x+\varphi)$ 和函数 $y=A\cos(\omega x+\varphi)$（其中 A，ω，φ 为常数，且 $A\neq 0$，$\omega>0$）的周期是 $T=\dfrac{2\pi}{|\omega|}$．

例 2 求下列函数的周期．

(1) $y=3\cos x$（$x\in \mathbf{R}$）　　　　(2) $y=\sin 2x$（$x\in \mathbf{R}$）

(3) $y=2\sin\left(\dfrac{1}{2}x-\dfrac{\pi}{6}\right)$（$x\in \mathbf{R}$）

解：(1) 函数 $y=3\cos x$（$x\in \mathbf{R}$）的周期是 2π．

(2) 函数 $y=\sin 2x$（$x\in \mathbf{R}$）的周期是 $T=\dfrac{2\pi}{2}=\pi$．

(3) 函数 $y=2\sin\left(\dfrac{1}{2}x-\dfrac{\pi}{6}\right)$（$x\in \mathbf{R}$）的周期是 $T=\dfrac{2\pi}{\dfrac{1}{2}}=4\pi$．

例3 不通过求值，比较每一组中三角函数值的大小.

(1) $\sin\left(-\dfrac{\pi}{17}\right)$, $\sin\left(-\dfrac{\pi}{9}\right)$ (2) $\cos\left(-\dfrac{22}{5}\pi\right)$, $\cos\left(-\dfrac{13}{6}\pi\right)$

解：(1) $\because -\dfrac{\pi}{2} < -\dfrac{\pi}{9} < -\dfrac{\pi}{17} < \dfrac{\pi}{2}$，且函数 $y=\sin x$ 在 $\left[-\dfrac{\pi}{2}, \dfrac{\pi}{2}\right]$ 上是增函数，

$$\therefore \sin\left(-\dfrac{\pi}{17}\right) > \sin\left(-\dfrac{\pi}{9}\right).$$

(2) 由诱导公式知 $\cos\left(-\dfrac{22}{5}\pi\right) = \cos\dfrac{22}{5}\pi = \cos\dfrac{2}{5}\pi$，

$\cos\left(-\dfrac{13}{6}\pi\right) = \cos\dfrac{13}{6}\pi = \cos\dfrac{1}{6}\pi$，

$\because 0 < \dfrac{1}{6}\pi < \dfrac{2}{5}\pi < \pi$，且函数 $y=\cos x$ 在 $[0, \pi]$ 上是减函数，

$\therefore \cos\dfrac{2}{5}\pi < \cos\dfrac{1}{6}\pi.$

$\therefore \cos\left(-\dfrac{22}{5}\pi\right) < \cos\left(-\dfrac{13}{6}\pi\right).$

习题4.5

1. 当 x 取什么值时下列函数取得最大值和最小值？请说出最大值和最小值分别是什么.

(1) $y=-5\sin x$ $(x\in \mathbf{R})$ 　　　　(2) $y=1-\dfrac{1}{2}\cos x$ $(x\in \mathbf{R})$

(3) $y=3\sin\left(2x+\dfrac{\pi}{3}\right)$ $(x\in \mathbf{R})$ 　　　　(4) $y=\dfrac{1}{2}\sin\left(\dfrac{1}{2}x+\dfrac{\pi}{4}\right)$ $(x\in \mathbf{R})$

2. 求下列函数的周期.

(1) $y=\dfrac{1}{2}\sin 5x$ $(x\in \mathbf{R})$ 　　　　(2) $y=3\sin\left(\dfrac{1}{2}x+\dfrac{\pi}{3}\right)$ $(x\in \mathbf{R})$

3. 选择题

(1) 函数 $y=-\dfrac{2}{3}\cos x$ 在 $[0, 2\pi]$ 上的单调性是（　　）.

(A) 在 $[0, \pi]$ 上是增函数，在 $[\pi, 2\pi]$ 上是减函数.

(B) 在 $\left[\dfrac{\pi}{2}, \dfrac{3\pi}{2}\right]$ 上是增函数，在 $\left[0, \dfrac{\pi}{2}\right]\cup\left[\dfrac{3\pi}{2}, 2\pi\right]$ 上是减函数.

(C) 在 $[\pi, 2\pi]$ 上是增函数，在 $[0, \pi]$ 上是减函数.

(D) 在 $\left[\dfrac{\pi}{2}, \dfrac{3\pi}{2}\right]$ 上是增函数，在 $[0, \pi]$ 上是减函数.

(2) 函数 $y=3\sin\dfrac{2}{5}x$ $(x\in \mathbf{R})$（　　）.

(A) 是奇函数 　　　　(B) 是偶函数

(C) 既不是奇函数也不是偶函数 　　　　(D) 有无奇偶性不能确定

4. 不通过求值，比较下列两个三角函数值的大小.

$\cos\left(-\dfrac{47}{10}\pi\right)$ 与 $\cos\left(-\dfrac{44}{9}\pi\right)$

5. 求下列函数的单调区间.

(1) $y=1+\sin x$ $(x\in \mathbf{R})$ 　　　　(2) $y=-\cos x$ $(x\in \mathbf{R})$

*6. 根据正弦函数、余弦函数的图像，写出下列不等式的解集.

(1) $\sin x \geqslant \dfrac{\sqrt{3}}{2}$ （$x \in \mathbf{R}$）   (2) $\sqrt{2}+2\cos x \geqslant 0$ （$x \in \mathbf{R}$）

*7. 求下列函数的定义域.

(1) $y = \dfrac{1}{1+\sin x}$ (2) $y = \dfrac{1}{1-\cos x}$

(3) $y = \sqrt{\cos x}$ (4) $y = \sqrt{-2\sin x}$

*4.6　函数 $y=A\sin(\omega x+\varphi)$ 的图像

例1　画出函数 $y=\sin x$，$y=2\sin x$（$x\in \mathbf{R}$），$y=\dfrac{1}{2}\sin x$（$x\in \mathbf{R}$）的简图.

解：根据五点作图法列表如下：

x	0	$\dfrac{\pi}{2}$	π	$\dfrac{3\pi}{2}$	2π
$\sin x$	0	1	0	-1	0
$2\sin x$	0	2	0	-2	0
$\dfrac{1}{2}\sin x$	0	$\dfrac{1}{2}$	0	$-\dfrac{1}{2}$	0

描点画图如下：

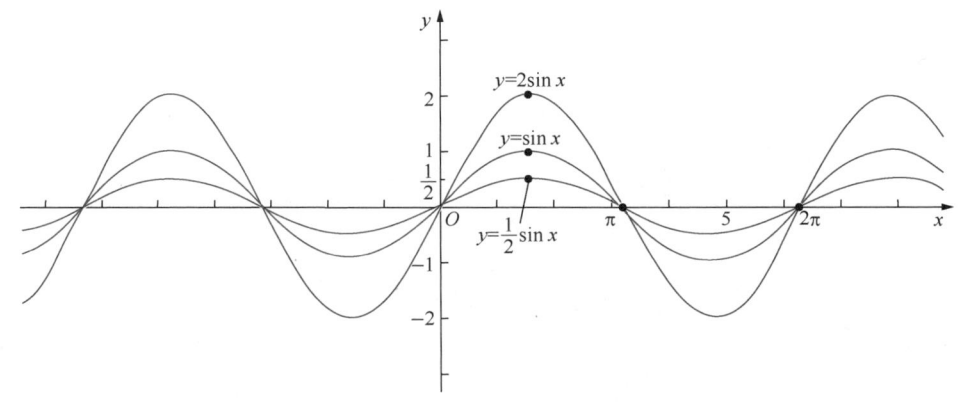

图 4-5　$y=A\sin x$ 的图像

从图 4-5 可以看出，对于同一个 x 值，函数 $y=2\sin x$（$x\in \mathbf{R}$）的图像上的点的<u>纵坐标</u>（ordinate）等于函数 $y=\sin x$（$x\in \mathbf{R}$）的图像上点的纵坐标的 2 倍. 因此，函数 $y=2\sin x$（$x\in \mathbf{R}$）的图像可以看成把正弦曲线上所有点的<u>横坐标</u>（abscissa）不变，纵坐标<u>伸长</u>（lengthen）到原来的 2 倍而得到的. 从而函

数 $y=2\sin x$ ($x\in\mathbf{R}$) 的值域是 $[-2, 2]$，最大值是 2，最小值是 -2.

类似地，函数 $y=\dfrac{1}{2}\sin x$（$x\in\mathbf{R}$）的图像可以看成把 $y=\sin x$（$x\in\mathbf{R}$）上所有点的横坐标不变，纵坐标<u>缩短</u>（shorten）到原来的 $\dfrac{1}{2}$ 倍而得到的，从而函数 $y=\dfrac{1}{2}\sin x$（$x\in\mathbf{R}$）的值域是 $\left[-\dfrac{1}{2}, \dfrac{1}{2}\right]$，最大值是 $\dfrac{1}{2}$，最小值是 $-\dfrac{1}{2}$.

> **结论**：函数 $y=A\sin x$（$x\in\mathbf{R}$）（其中 $A>0$ 且 $A\neq 1$）的图像，可以看作把正弦曲线上所有点的横坐标不变，纵坐标伸长（当 $A>1$ 时）或缩短（当 $0<A<1$ 时）到原来的 A 倍而得到的．函数 $y=A\sin x$（$x\in\mathbf{R}$）的值域是 $[-A, A]$，最大值是 A，最小值是 $-A$.

例2 画出函数 $y=\sin 2x$（$x\in\mathbf{R}$），$y=\sin\dfrac{1}{2}x$（$x\in\mathbf{R}$）的简图.

解：

x	0	$\dfrac{\pi}{4}$	$\dfrac{\pi}{2}$	$\dfrac{3\pi}{4}$	π
$2x$	0	$\dfrac{\pi}{2}$	π	$\dfrac{3\pi}{2}$	2π
$\sin 2x$	0	1	0	-1	0

x	0	π	2π	3π	4π
$\dfrac{1}{2}x$	0	$\dfrac{\pi}{2}$	π	$\dfrac{3\pi}{2}$	2π
$\sin\dfrac{1}{2}x$	0	1	0	-1	0

利用五点画图法进行描点画图（如下图 4-6）：

从图 4-6 可以看出，函数 $y=\sin 2x$（$x\in\mathbf{R}$）的图像，可以看作把正弦曲线上所有点的纵坐标不变，横坐标缩短到原来的 $\dfrac{1}{2}$ 倍而得到的．

类似地，函数 $y=\sin\dfrac{1}{2}x$（$x\in\mathbf{R}$）的图像，可以看作把正弦曲线上所有点

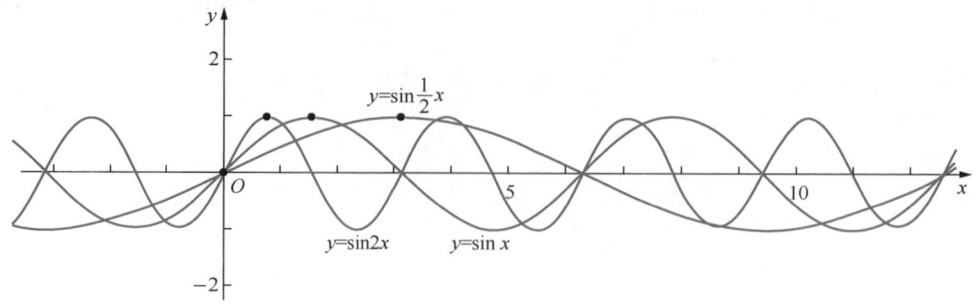

图 4-6　$y=\sin\omega x$ 的图像

的纵坐标不变，横坐标伸长到原来的 2 倍而得到的.

> **结论**：函数 $y=\sin\omega x$（$x\in\mathbf{R}$）（其中 $\omega>0$ 且 $\omega\neq 1$）的图像，可以看作把正弦曲线上所有点的纵坐标不变，横坐标缩短（当 $\omega>1$ 时）或伸长（当 $0<\omega<1$ 时）到原来的 $\dfrac{1}{\omega}$ 倍而得到.

例 3　画出函数 $y=\sin\left(x+\dfrac{\pi}{3}\right)$（$x\in\mathbf{R}$），$y=\sin\left(x-\dfrac{\pi}{4}\right)$（$x\in\mathbf{R}$）的简图.

解：略.

由于 $y=\cos x=\sin\left(x+\dfrac{\pi}{2}\right)$ 的图像可以看作是把正弦曲线上所有的点向左平移 $\dfrac{\pi}{2}$ 个单位长度而得到的. 通过比较，发现函数 $y=\sin\left(x+\dfrac{\pi}{3}\right)$（$x\in\mathbf{R}$）的图像可以看作把正弦曲线上所有的点向左平行移动 $\dfrac{\pi}{3}$ 个单位长度而得到的.

而函数 $y=\sin\left(x-\dfrac{\pi}{4}\right)$（$x\in\mathbf{R}$）的图像可以看作把正弦曲线上所有的点向右平行移动 $\dfrac{\pi}{4}$ 个单位长度而得到的.

一般地，函数 $y=\sin(x+\varphi)$（$x\in\mathbf{R}$）（其中 $\varphi\neq 0$）的图像可以看作把正弦曲线上所有的点向左（当 $\varphi>0$ 时）或向右（当 $\varphi<0$ 时）平行移动 $|\varphi|$ 个单位长度而得到的.

例 4 画出函数 $y=3\sin\left(2x+\dfrac{\pi}{3}\right)$ $(x\in\mathbf{R})$ 的简图.

解：根据五点画图法（如图 4 - 7）：

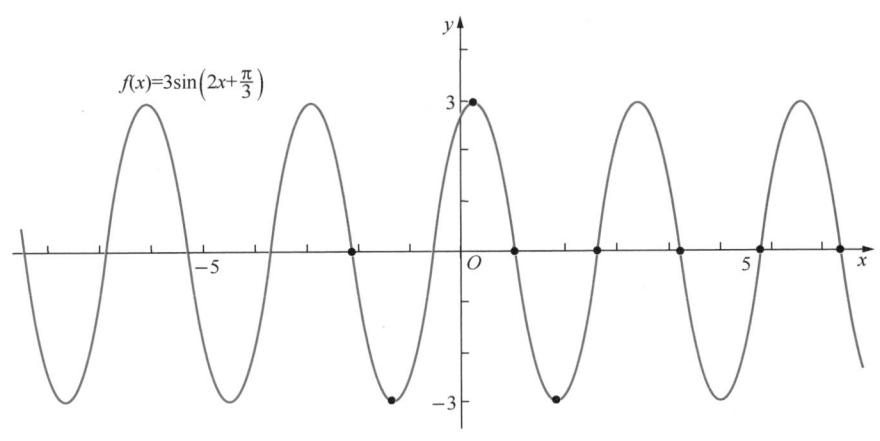

图 4 - 7　$y=A\sin(\omega x+\varphi)$

函数 $y=3\sin\left(2x+\dfrac{\pi}{3}\right)$ $(x\in\mathbf{R})$ 的图像，可以看作用下面的方法得到：先把正弦曲线上所有的点向左平移 $\dfrac{\pi}{3}$ 个单位长度，得到函数 $y=\sin\left(x+\dfrac{\pi}{3}\right)$ 的图像；然后再把后者所有点的纵坐标不变，横坐标缩短到原来的 $\dfrac{1}{2}$ 倍，得到函数 $y=\sin\left(2x+\dfrac{\pi}{3}\right)$ 的图像；再把所得图像上所有点的横坐标不变，纵坐标伸长到原来的 3 倍，从而得到函数 $y=3\sin\left(2x+\dfrac{\pi}{3}\right)$ $(x\in\mathbf{R})$ 的图像.

> **结论**：函数 $y=A\sin(\omega x+\varphi)(A>0，\omega>0)$ $(x\in\mathbf{R})$ 可以看做用下面的方法得到：
>
> 1. 把 $y=\sin x$ 的图像上的所有的点向左（$\varphi>0$）或向右（$\varphi<0$）平移 $|\varphi|$ 个单位，得到 $y=\sin(x+\varphi)$；　　　　　　　　　　　（先变 φ）
>
> 2. 把所得的 $y=\sin(x+\varphi)$ 图像各点的纵坐标不变，横坐标缩短（$\omega>1$）或伸长（$0<\omega<1$）到原来的 $\dfrac{1}{\omega}$ 倍，得到 $y=\sin(\omega x+\varphi)$；　　　（再变 ω）
>
> 3. 把所得的 $y=\sin(\omega x+\varphi)$ 的图像各点横坐标不变，纵坐标伸长（$A>1$）或缩短（$0<A<1$）到原来的 A 倍，就得到 $y=A\sin(\omega x+\varphi)$.　（最后变 A）

*注意：上述变化过程中第三步的顺序可以放在第一步，也可以放在第二步，变化的数据不变. 但如果第一步和第二步的顺序交换了，则平移变化的数据 φ 也会发生改变，具体地说，函数 $y=A\sin(\omega x+\varphi)(A>0，\omega>0)(x\in \mathbf{R})$ 也可以看做用下面的方法得到：

1. 把 $y=\sin x$ 的图像上的所有的点纵坐标不变，横坐标缩短（$\omega>1$）或伸长（$0<\omega<1$）到原来的 $\dfrac{1}{\omega}$ 倍，得到 $y=\sin(\omega x)$；　　　　　　　　　　（先变 ω）

2. 把 $y=\sin(\omega x)$ 的图像上的所有的点向左（$\varphi>0$）或向右（$\varphi<0$）平移 $\left|\dfrac{\varphi}{\omega}\right|$ 个单位，得到 $y=\sin(\omega x+\varphi)$；　　　　　　　　　　　　　　（再变 φ）

3. 把所得的 $y=\sin(\omega x+\varphi)$ 的图像各点横坐标不变，纵坐标伸长（$A>1$）或缩短（$0<A<1$）到原来的 A 倍，就得到 $y=A\sin(\omega x+\varphi)$.　　　（最后变 A）

举一个例子来说，$y=\sin\left(2x+\dfrac{\pi}{3}\right)$ 可以有两种方法由 $y=\sin x$ 变化得来（要注意每一种方法的变化的数据是不同的）.

第一种变化方法：

1. $y=\sin x \xrightarrow{\text{向左平移}\dfrac{\pi}{3}\text{个单位}} y=\sin\left(x+\dfrac{\pi}{3}\right)$，

2. $y=\sin\left(x+\dfrac{\pi}{3}\right) \xrightarrow{\text{纵坐标不变，横坐标变为原来的}\dfrac{1}{2}\text{倍}} y=\sin\left(2x+\dfrac{\pi}{3}\right)$；

第二种变化方法：

1. $y=\sin x \xrightarrow{\text{纵坐标不变，横坐标变为原来的}\dfrac{1}{2}\text{倍}} y=\sin 2x$，

2. $y=\sin 2x \xrightarrow{\text{向左平移}\dfrac{\pi}{6}\text{个单位}} y=\sin 2\left(x+\dfrac{\pi}{6}\right)=\sin\left(2x+\dfrac{\pi}{3}\right)$.

把上述知识运用到物理中，我们知道：

当函数 $y=A\sin(\omega x+\varphi)(A>0，\omega>0)$，$x\in[0，+\infty)$ 表示一个振动量时，A 就表示这个量振动时离开平衡位置的最大距离，通常把它叫做振动的**振幅**

（amplitude of vibration）；往复振动一次所需要的时间 $T=\dfrac{2\pi}{\omega}$，它叫做振动的周期；单位时间内往复振动的次数 $f=\dfrac{1}{T}=\dfrac{\omega}{2\pi}$，它叫做振动的<u>频率</u>（frequency）；$\omega x+\varphi$ 叫做<u>相位</u>（phase），$x=0$ 时 φ 叫做<u>初相</u>（initial phase）.

*习题4.6

1. 选择题

(1) 为了得到函数 $y = \cos\left(x + \dfrac{1}{3}\right)$ ($x \in \mathbf{R}$) 的图像，只需把余弦曲线上所有的点（　　）.

(A) 向左平移 $\dfrac{\pi}{3}$ 个单位长度 　　(B) 向右平移 $\dfrac{\pi}{3}$ 个单位长度

(C) 向左平移 $\dfrac{1}{3}$ 个单位长度 　　(D) 向右平移 $\dfrac{1}{3}$ 个单位长度

(2) 为了得到函数 $y = \cos\dfrac{x}{5}$ ($x \in \mathbf{R}$) 的图像，只需把余弦曲线上所有的点（　　）.

(A) 横坐标伸长到原来的 5 倍，纵坐标不变

(B) 横坐标缩短到原来的 $\dfrac{1}{5}$ 倍，纵坐标不变

(C) 纵坐标伸长到原来的 5 倍，横坐标不变

(D) 纵坐标缩短到原来的 $\dfrac{1}{5}$ 倍，横坐标不变

(3) 为了得到函数 $y = \dfrac{1}{4}\cos x$ ($x \in \mathbf{R}$) 的图像，只需把余弦曲线上所有的点的（　　）.

(A) 横坐标伸长到原来的 4 倍，纵坐标不变

(B) 横坐标缩短到原来的 $\dfrac{1}{4}$ 倍，纵坐标不变

(C) 纵坐标伸长到原来的 4 倍，横坐标不变

(D) 纵坐标缩短到原来的 $\dfrac{1}{4}$ 倍，横坐标不变

2. 说明下列函数的图像可以由正弦曲线经过怎样的变化得到.

(1) $y = 8\sin\left(\dfrac{x}{4} - \dfrac{\pi}{8}\right)$ 　　(2) $y = \dfrac{1}{3}\sin\left(3x + \dfrac{\pi}{7}\right)$

4.7 正切函数、余切函数的图像和性质

一 正切函数 $y=\tan x$ 的图像和性质

Ⅰ. 正切函数图像

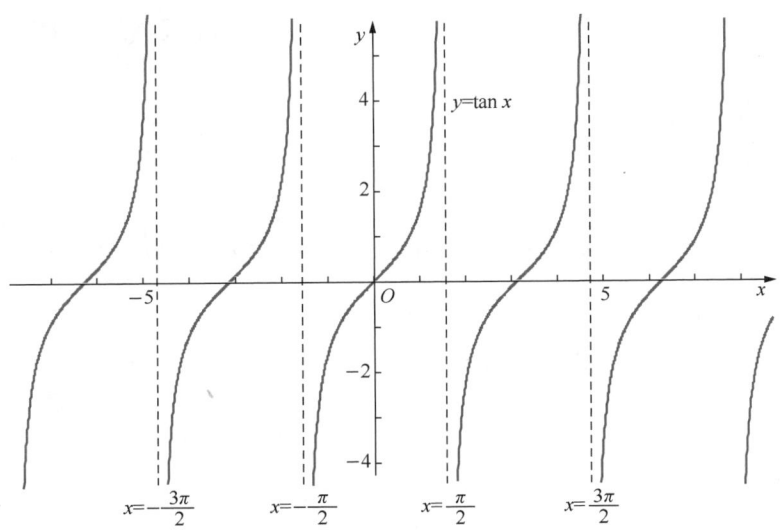

图 4-8 正切函数图像

Ⅱ. 正切函数性质

1. 定义域

正切函数的定义域是

$$D_f=\{x|x\neq \frac{\pi}{2}+k\pi, k\in \mathbf{Z}\}$$

2. 值域

如图 4-8 所示，$\tan x$ 可以取任何数值，但没有最大值、最小值. 因此，正

切函数的值域是

$$V_f=(-\infty,+\infty)$$

3. 周期性

利用诱导公式有 $\tan(x+\pi)=\tan x\,(x\neq\frac{\pi}{2}+k\pi,\,k\in\mathbf{Z})$，这说明正切函数是周期函数，并且

$$T=\pi$$

4. 奇偶性

从诱导公式 $\tan(-x)=-\tan x$ 知道正切函数是奇函数，正切曲线关于原点对称.

5. 单调性

$$y=\tan x \text{ 在 } -\frac{\pi}{2}+k\pi<x<\frac{\pi}{2}+k\pi\ (k\in\mathbf{Z})\text{ 内都是增函数}$$

二 余切函数 $y=\cot x$ 的图像和性质

Ⅰ．余切函数图像

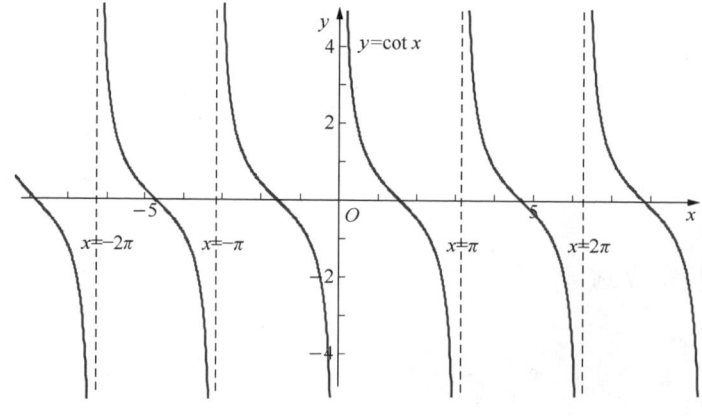

图 4-9　余切函数图像

Ⅱ. 余切函数性质

1. 定义域

余切函数的定义域是

$$D_f = \{x \mid x \neq k\pi, k \in \mathbf{Z}\}$$

2. 值域

如上图 4-9 所示，$\cot x$ 可以取任何数值，但没有最大值，最小值. 因此，余切函数的值域是

$$V_f = (-\infty, +\infty)$$

3. 周期性

利用诱导公式，我们有 $\cot(x+\pi) = \cot x (x \neq k\pi, k \in \mathbf{Z})$. 这说明，余切函数是周期函数，并且

$$T = \pi$$

4. 奇偶性

从诱导公式 $\cot(-x) = -\cot x$ 知道，余切函数是奇函数，余切曲线关于原点对称.

5. 单调性

$$y = \cot x \text{ 在 } k\pi < x < \pi + k\pi \ (k \in \mathbf{Z}) \text{ 内都是减函数}$$

例 求函数 $y = \tan\left(x + \dfrac{\pi}{4}\right)$ 的定义域.

解：令 $z = x + \dfrac{\pi}{4}$，那么函数 $y = \tan z$ 的定义域是 $\left\{z \mid z \neq \dfrac{\pi}{2} + k\pi, k \in \mathbf{Z}\right\}$，

由 $x + \dfrac{\pi}{4} = z = \dfrac{\pi}{2} + k\pi$，可得 $x = \dfrac{\pi}{2} + k\pi - \dfrac{\pi}{4} = \dfrac{\pi}{4} + k\pi$，

所以函数 $y = \tan\left(x + \dfrac{\pi}{4}\right)$ 的定义域是 $\left\{x \mid x \neq \dfrac{\pi}{4} + k\pi, k \in \mathbf{Z}\right\}$.

习题4.7

1. 求函数 $y=-\tan\left(x+\dfrac{\pi}{6}\right)+2$ 的定义域.

2. 求函数 $y=\tan\left(2x-\dfrac{\pi}{4}\right)$,$x\neq\dfrac{3\pi}{8}+\dfrac{k\pi}{2}$ $(k\in \mathbf{Z})$ 的周期.

3. 选择题

(1) 函数 $y=\tan\dfrac{x}{3}$,$x\neq\dfrac{3\pi}{2}+3k\pi$ $(k\in \mathbf{Z})$ 的周期是（　　）.

(A) $\dfrac{\pi}{3}$ (B) π (C) $\dfrac{2\pi}{3}$ (D) 3π

(2) 函数 $y=\tan\left(x+\dfrac{\pi}{5}\right)$,$x\neq\dfrac{3\pi}{10}+k\pi$ $(k\in \mathbf{Z})$（　　）.

(A) 是奇函数 (B) 是偶函数
(C) 既不是奇函数也不是偶函数 (D) 有无奇偶性不能确定

(3) 函数 $y=\tan x+\dfrac{\pi}{5}$,$x\neq\dfrac{\pi}{2}+k\pi$ $(k\in \mathbf{Z})$（　　）.

(A) 是奇函数 (B) 是偶函数
(C) 既不是奇函数也不是偶函数 (D) 有无奇偶性不能确定

*4.8　反三角函数

(inverse trigonometric function)

一　反正弦函数

Ⅰ．基本概念

正弦函数 $y=\sin x\left(x\in\left[-\dfrac{\pi}{2},\dfrac{\pi}{2}\right]\right)$ 的反函数叫做**反正弦函数**（inverse sine function），记作 $y=\arcsin x$，它的定义域是 $[-1,1]$，值域是 $\left[-\dfrac{\pi}{2},\dfrac{\pi}{2}\right]$.

Ⅱ．基本公式

$$\sin(\arcsin x)=x,\ x\in[-1,1]$$
$$\arcsin(\sin x)=x,\ x\in\left[-\dfrac{\pi}{2},\dfrac{\pi}{2}\right]$$

Ⅲ．图像和性质

反正弦函数 $y=\arcsin x$ 的图像就是正弦函数 $y=\sin x$ 在 $\left[-\dfrac{\pi}{2},\dfrac{\pi}{2}\right]$ 上的一段图像关于直线 $y=x$ 对称的图形（如下图 4-10）.

1. 反正弦函数在区间 $[-1,1]$ 上是增函数；

2. 对于任意的 $x\in[-1,1]$，有 $\arcsin(-x)=-\arcsin x$，所以反正弦函数是奇函数，$y=\arcsin x$ 的图像关于原点对称.

二 反余弦函数

Ⅰ. 基本概念

余弦函数 $y=\cos x$（$x\in[0,\pi]$）的反函数叫做**反余弦函数**（inverse cosine function），记作 $y=\arccos x$，它的定义域是 $[-1,1]$，值域是 $[0,\pi]$.

Ⅱ. 基本公式

$$\cos(\arccos x)=x,\ x\in[-1,1]$$
$$\arccos(\cos x)=x,\ x\in[0,\pi]$$

Ⅲ. 图像和性质

反余弦函数 $y=\arccos x$ 的图像就是余弦函数 $y=\cos x$ 在 $[0,\pi]$ 上的一段图像关于直线 $y=x$ 对称的图形（如图 4-11）.

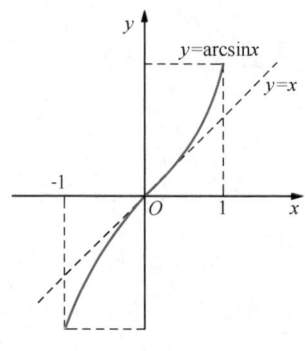

图 4-10　反正弦函数图像

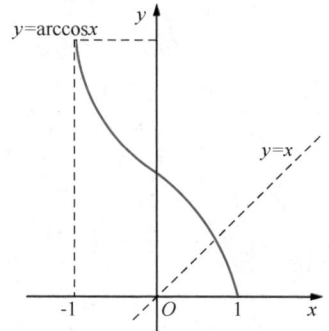

图 4-11　反余弦函数图像

1. 反余弦函数在区间 $[-1,1]$ 上是减函数，它既不是偶函数也不是奇函数；

2. 对应任意的 $x\in[-1,1]$，有 $\arccos(-x)=\pi-\arccos x$. 所以反余弦函数没有奇偶性.

三 反正切函数和反余切函数

Ⅰ．基本概念

正切函数 $y=\tan x$ $\left(x\in\left(-\dfrac{\pi}{2}, \dfrac{\pi}{2}\right)\right)$ 的反函数叫做反正切函数，记作 $y=\arctan x$，它的定义域是 $(-\infty, +\infty)$，值域是 $\left(-\dfrac{\pi}{2}, \dfrac{\pi}{2}\right)$；余切函数 $y=\cot x$ $(x\in(0, \pi))$ 的反函数叫做反余切函数，记作 $y=\operatorname{arccot} x$，它的定义域是 $(-\infty, +\infty)$，值域是 $(0, \pi)$．

Ⅱ．基本公式

$$\tan(\arctan x)=x, \quad x\in(-\infty, +\infty)$$
$$\cot(\operatorname{arccot} x)=x, \quad x\in(-\infty, +\infty)$$
$$\arctan(\tan x)=x, \quad x\in\left(-\dfrac{\pi}{2}, \dfrac{\pi}{2}\right)$$
$$\operatorname{arccot}(\cot x)=x, \quad x\in(0, \pi)$$

Ⅲ．图像和性质

反正切函数的图像如图 4-12，反余切函数的图像如图 4-13．

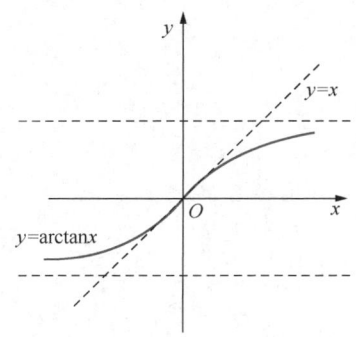

图 4-12　反正切函数图像

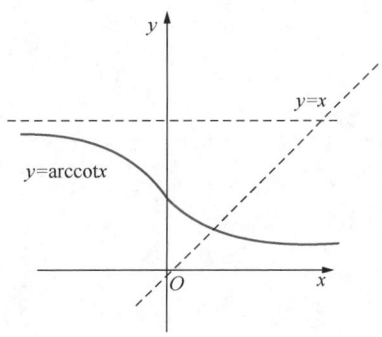

图 4-13　反余切函数图像

1. 反正切函数 $y=\arctan x$ 在区间 $(-\infty, +\infty)$ 上是增函数,反余切函数 $y=\text{arccot} x$ 在区间 $(-\infty, +\infty)$ 上是减函数.

2. 反正切函数 $y=\arctan x$ 是奇函数,即
$$\arctan(-x)=-\arctan x, \quad x\in(-\infty, +\infty).$$

3. 反余切函数有下列三角关系:$\text{arccot}(-x)=\pi-\text{arccot} x, x\in(-\infty, +\infty)$.

例 计算

(1) $\arcsin\left(-\dfrac{1}{2}\right)=-\arcsin\dfrac{1}{2}=-\dfrac{\pi}{6}$;

(2) $\arccos\left(-\dfrac{1}{2}\right)=\pi-\arccos\dfrac{1}{2}=\pi-\dfrac{\pi}{3}=\dfrac{2\pi}{3}$.

*习题4.8

计算

(1) $\arcsin \dfrac{1}{2} + \arccos \dfrac{1}{2} + \arctan\left(-\dfrac{1}{2}\right) + \arctan \dfrac{1}{2}$

(2) $\arctan(-1) + \arctan \sqrt{3}$

*4.9 已知三角函数值求角

已知一个角,可以求出它的三角函数值;反过来,已知一个三角函数值,也可以求出与它对应的角.

例 1 已知 $\sin x = \dfrac{\sqrt{2}}{2}$,求所有的角 x.

解:因为 $y = \sin x$ 的周期是 2π,所以只要在 $[0, 2\pi]$ 内找满足 $\sin x = \dfrac{\sqrt{2}}{2}$ 的在第一象限和第二象限的两个代表角,然后加上周期就可以了.

第一象限的代表角是 $\dfrac{\pi}{4}$,根据诱导公式(四)知第二象限的代表角是 $\pi - \dfrac{\pi}{4} = \dfrac{3\pi}{4}$,于是所求的 x 的两个代表角是 $x = \dfrac{\pi}{4}$ 或 $x = \dfrac{3\pi}{4}$.

所以,所有的角 x 是 $x = 2k\pi + \dfrac{\pi}{4}$,或 $x = 2k\pi + \dfrac{3\pi}{4}$ $(k \in \mathbf{Z})$.

例 2 已知 $\cos x = -\dfrac{\sqrt{3}}{2}$,求所有的角 x.

解:因为 $y = \cos x$ 的周期是 2π,所以只要在 $[0, 2\pi]$ 内找满足 $\cos x = -\dfrac{\sqrt{3}}{2} < 0$ 的在第二象限和第三象限的两个代表角即可.

第一象限里满足 $\cos x = \dfrac{\sqrt{3}}{2}$ 的代表角是 $\dfrac{\pi}{6}$,根据诱导公式(二)知道第三象限角满足条件 $\cos x = -\dfrac{\sqrt{3}}{2}$ 的代表角是 $\pi + \dfrac{\pi}{6} = \dfrac{7\pi}{6}$.

所以,所有的角 x 是 $x = 2k\pi + \dfrac{5\pi}{6}$,或 $x = 2k\pi + \dfrac{7\pi}{6}$ $(k \in \mathbf{Z})$.

例3 已知 $\tan x = \sqrt{3}$，求 x 的取值集合.

解：由 $\tan x = \sqrt{3} > 0$ 知：角 x 在第一象限或第三象限内.

在第一象限内，$\tan \dfrac{\pi}{3} = \sqrt{3}$；在第三象限内，由诱导公式（二）可知第三象限的代表角是 $x = \dfrac{\pi}{3} + \pi$. 这两个代表角正好相差 $y = \tan x$ 的一个周期 π.

所以，所求的角 x 是 $x = k\pi + \dfrac{\pi}{3}$ $(k \in \mathbf{Z})$.

例4 已知 $\cos \alpha = -\dfrac{1}{3}$，$\tan \beta = -3$，求所有的角 α, β.

解：因为 $y = \cos x$ 的周期是 2π，所以只要在 $[0, 2\pi]$ 内找满足 $\cos \alpha = -\dfrac{1}{3}$ 的在第二象限和第三象限的两个代表角 $\arccos\left(-\dfrac{1}{3}\right) = \pi - \arccos \dfrac{1}{3}$ 和 $\pi + \arccos \dfrac{1}{3}$，从而 $\alpha = 2k\pi + \pi \pm \arccos \dfrac{1}{3}$ $(k \in \mathbf{Z})$.

因为函数 $y = \tan x$ 的周期是 π，所以只需在 $\left[-\dfrac{\pi}{2}, \dfrac{\pi}{2}\right]$ 内找满足 $\tan \beta = -3$ 的一个代表角 $\arctan(-3) = -\arctan 3$，从而 $\beta = k\pi - \arctan 3$ $(k \in \mathbf{Z})$.

*习题4.9

1. 根据下列条件,求 $\triangle ABC$ 的内角 A.

   (1) $\sin A = \dfrac{1}{2}$ (2) $\cos A = \dfrac{\sqrt{2}}{2}$

2. 根据下列条件,求分别满足下列条件的所有角 x.

   (1) $\sin x = \dfrac{\sqrt{3}}{2}$ (2) $\tan x = 1$

*3. 求满足下面关系式的角 x 的集合.

$\cos(\pi - x) = -\dfrac{\sqrt{3}}{2},\ x \in [0, 2\pi]$

*4.10 解三角形

(solve triangles)

一 正弦定理 (law of sines)

$$\frac{a}{\sin A}=\frac{b}{\sin B}=\frac{c}{\sin C}=2R$$

其中 a，b，c 分别是三个内角 A，B，C 所对的边的边长，R 是 $\triangle ABC$ 的外接圆的半径．

二 余弦定理 (law of cosines)

$$a^2=b^2+c^2-2bc\cos A,\ b^2=a^2+c^2-2ac\cos B,\ c^2=a^2+b^2-2ab\cos C$$

或者

$$\cos A=\frac{b^2+c^2-a^2}{2bc},\ \cos B=\frac{a^2+c^2-b^2}{2ac},\ \cos C=\frac{a^2+b^2-c^2}{2ab}$$

其中 a，b，c 分别是三个内角 A，B，C 所对的边的边长．

例 在 $\triangle ABC$ 中，已知 $a=\sqrt{3}$，$b=\sqrt{2}$，$B=45°$，求 A，C 和 c．

解：由正弦定理得：$\sin A=\dfrac{a\sin B}{b}=\dfrac{\sqrt{3}\sin 45°}{\sqrt{2}}=\dfrac{\sqrt{3}}{2}$，

∵ A 是三角形的内角，

∴ $A=60°$ 或 $120°$．

当 $A=60°$ 时 $C=75°$，此时，

$c=\dfrac{b\sin C}{\sin B}=\dfrac{\sqrt{2}\sin 75°}{\sin 45°}=\dfrac{\sqrt{2}}{\frac{1}{\sqrt{2}}}\sin(45°+30°)$

$$=2\sin45°\cos30°+2\cos45°\sin30°=\frac{\sqrt{6}+\sqrt{2}}{2};$$

当 $A=120°$ 时 $C=15°$，此时，

$$c=\frac{b\sin C}{\sin B}=\frac{\sqrt{2}\sin15°}{\sin45°}=\frac{\sqrt{2}}{\frac{1}{\sqrt{2}}}\sin(45°-30°).$$

$$=2\sin45°\cos30°-2\cos45°\sin30°=\frac{\sqrt{6}-\sqrt{2}}{2}$$

三 三角形的面积公式

$$S=\frac{1}{2}ab\sin C=\frac{1}{2}bc\sin A=\frac{1}{2}ac\sin B$$

*习题4.10

1. （2000年来华留学生水平考试）在△ABC中，已知$AB=5$，$AC=\sqrt{13}$，$BC=6$，则BC边上的中线$AM=$（　　）.

   (A) 3　　　(B) $\sqrt{10}$　　　(C) $2\sqrt{3}$　　　(D) 4

2. （2005～2006学年外国留学生预科结业考试试题）在△ABC中，若$BC:CA:AB=5:6:7$，则$\cos A=$（　　）.

   (A) $\dfrac{5}{6}$　　　(B) $\dfrac{2}{3}$　　　(C) $\dfrac{5}{7}$　　　(D) $\dfrac{6}{7}$

3. 在△ABC中，若$BC:CA=5:6$，$\angle A=30°$，则$\sin B=$（　　）.

参考复习题

1. 已知$\cos\varphi=\dfrac{1}{4}$，求$\sin\varphi$，$\tan\varphi$.

2. 已知$\tan\alpha=3$，计算：

   (1) $\dfrac{4\sin\alpha-2\cos\alpha}{5\cos\alpha+3\sin\alpha}$　　　(2) $\sin\alpha\cos\alpha$　　　(3) $(\sin\alpha-\cos\alpha)^2$

3. 选择题

   (1) α是第三象限角，$\tan\alpha=2$，则$\cos\alpha$的值为（　　）.

   (A) $\dfrac{\sqrt{5}}{5}$　　　(B) $\sqrt{5}$　　　(C) $-\dfrac{\sqrt{5}}{5}$　　　(D) $-\sqrt{5}$

   (2) α是第二象限角，$\sin\alpha=\dfrac{4}{5}$，则$\tan\alpha$的值为（　　）.

   (A) $-\dfrac{4}{3}$　　　(B) $-\dfrac{3}{4}$　　　(C) $\dfrac{3}{4}$　　　(D) $\dfrac{4}{3}$

   (3) $\sin 600°=$（　　）.

   (A) $\dfrac{1}{2}$　　　(B) $-\dfrac{1}{2}$　　　(C) $\dfrac{\sqrt{3}}{2}$　　　(D) $-\dfrac{\sqrt{3}}{2}$

(4) $\tan 300° + \cot 405° = ($).

(A) $1+\sqrt{3}$　　(B) $1-\sqrt{3}$　　(C) $-1-\sqrt{3}$　　(D) $-1+\sqrt{3}$

(5) 下列函数中是偶函数的是（　　）.

(A) $y = \cos(x+1)$　　　　(B) $y = 3^x$

(C) $y = (x-1)^2$　　　　(D) $y = \sin^2 x$

(6) 已知 $y = \sin\left(\omega x + \dfrac{\pi}{4}\right)$ 的最小正周期为 $\dfrac{2}{3}\pi$，则 $|\omega| = ($).

(A) 3　　(B) 3π　　(C) $\dfrac{4}{3}$　　(D) $\dfrac{3}{2}$

(7) 设 $0 < a < \dfrac{1}{2}$，则下列式子正确的是（　　）.

(A) $\log_a(1-a) > 1$　　　　(B) $\cos(1+a) < \cos(1-a)$

(C) $\dfrac{1}{a} < 2$　　　　(D) $(1-a)^{10} < a^{10}$

4. 求下列函数的定义域

(1) $y = \dfrac{1}{1-\tan x}$　　　　*(2) $y = \dfrac{\lg\cos\left(2x - \dfrac{\pi}{3}\right)}{\tan x - 1}$

5. 当 x 取什么值时，函数 $y = \sqrt{2} + 2\sin x$（$x \in \mathbf{R}$）取得最大值和最小值？并说出最大值和最小值分别是多少.

5 两角和与差的三角函数

5.1 两角和与差的三角函数

一 两角和的余弦公式（cosine formula for the sum of two angles）

$$\cos(\alpha+\beta)=\cos\alpha\cos\beta-\sin\alpha\sin\beta \qquad C_{(\alpha+\beta)}$$

这个公式对于任意的角 α，β 都成立，简记为 $C_{(\alpha+\beta)}$.

在公式 $C_{(\alpha+\beta)}$ 中用 $-\beta$ 代替 β 就得到 $C_{(\alpha-\beta)}$

$$\cos(\alpha-\beta)=\cos\alpha\cos\beta+\sin\alpha\sin\beta \qquad C_{(\alpha-\beta)}$$

运用 $C_{(\alpha-\beta)}$ 又可以得到，

$$\cos\left(\frac{\pi}{2}-\alpha\right)=\sin\alpha$$

$$\sin\left(\frac{\pi}{2}-\alpha\right)=\cos\alpha$$

成立.

二 两角和的正弦公式（sine formula for the sum of two angles）

$$\sin(\alpha+\beta)=\sin\alpha\cos\beta+\cos\alpha\sin\beta \qquad S_{(\alpha+\beta)}$$

用 $-\beta$ 代替 β 就得到

$$\sin(\alpha-\beta)=\sin\alpha\cos\beta-\cos\alpha\sin\beta \qquad S_{(\alpha-\beta)}$$

三 两角和的正切公式（tangent formula for the sum of two angles）

当 $\cos(\alpha+\beta)\neq 0$ 时，将公式 $S_{(\alpha+\beta)}$，$C_{(\alpha+\beta)}$ 的两边分别相除，就有

$$\tan(\alpha+\beta)=\frac{\sin\alpha\cos\beta+\cos\alpha\sin\beta}{\cos\alpha\cos\beta-\sin\alpha\sin\beta}$$

如果 $\cos\alpha\cos\beta\neq 0$，可以将分子、分母都除以 $\cos\alpha\cos\beta$，从而得到

$$\tan(\alpha+\beta)=\frac{\tan\alpha+\tan\beta}{1-\tan\alpha\tan\beta} \qquad T_{(\alpha+\beta)}$$

类似地，也有

$$\tan(\alpha-\beta)=\frac{\tan\alpha-\tan\beta}{1+\tan\alpha\tan\beta} \qquad T_{(\alpha-\beta)}$$

例1 不使用计算器，也不查表，计算 $\cos 105°$.

解：$\cos 105°=\cos(60°+45°)$
$\qquad =\cos 60°\cos 45°-\sin 60°\sin 45°$
$\qquad =\dfrac{1}{2}\times\dfrac{\sqrt{2}}{2}-\dfrac{\sqrt{3}}{2}\times\dfrac{\sqrt{2}}{2}=\dfrac{\sqrt{2}-\sqrt{6}}{4}.$

例2 已知 $\sin\alpha=\dfrac{1}{3}$，$\alpha\in\left(\dfrac{\pi}{2},\pi\right)$，$\cos\beta=\dfrac{3}{5}$，$\beta\in\left(\dfrac{3\pi}{2},2\pi\right)$，求 $\cos(\alpha+\beta)$.

解：$\because \sin\alpha=\dfrac{1}{3}$，$\alpha\in\left(\dfrac{\pi}{2},\pi\right)$，$\therefore \cos\alpha=-\dfrac{2\sqrt{2}}{3}$，

$\because \cos\beta=\dfrac{3}{5}$，$\beta\in\left(\dfrac{3\pi}{2},2\pi\right)$，$\therefore \sin\beta=-\dfrac{4}{5}$，

$\cos(\alpha+\beta)=\cos\alpha\cos\beta-\sin\alpha\sin\beta$，

$\therefore \cos(\alpha+\beta)=\left(-\dfrac{2\sqrt{2}}{3}\right)\times\dfrac{3}{5}-\dfrac{1}{3}\times\left(-\dfrac{4}{5}\right)=\dfrac{4-6\sqrt{2}}{15}.$

例3 求函数 $y=a\sin x+b\cos x$（$x\in\mathbf{R}$）的最大值和最小值.

解：$y=a\sin x+b\cos x=\sqrt{a^2+b^2}\left(\dfrac{a}{\sqrt{a^2+b^2}}\sin x+\dfrac{b}{\sqrt{a^2+b^2}}\cos x\right)$，

设 $\cos\varphi = \dfrac{a}{\sqrt{a^2+b^2}}$，$\sin\varphi = \dfrac{b}{\sqrt{a^2+b^2}}$，则

$$y = \sqrt{a^2+b^2}(\sin x\cos\varphi + \cos x\sin\varphi) = \sqrt{a^2+b^2}\sin(x+\varphi) \quad (x\in\mathbf{R}),$$

所以

$$y_{\max} = \sqrt{a^2+b^2}, \qquad y_{\min} = -\sqrt{a^2+b^2}$$

例4 求函数 $y = \sin x + \sqrt{3}\cos x$ $\left(x\in\left[0, \dfrac{\pi}{2}\right]\right)$ 的最大值和最小值.

解：$y = \sin x + \sqrt{3}\cos x = 2\left(\dfrac{1}{2}\sin x + \dfrac{\sqrt{3}}{2}\cos x\right) = 2\sin\left(x+\dfrac{\pi}{3}\right)$ $\left(x\in\left[0, \dfrac{\pi}{2}\right]\right)$.

当 $x\in\left[0, \dfrac{\pi}{2}\right]$ 时，$x+\dfrac{\pi}{3}\in\left[\dfrac{\pi}{3}, \dfrac{5\pi}{6}\right]$，所以当 $x+\dfrac{\pi}{3}=\dfrac{\pi}{2}$ 时，$y_{\max}=2$；

所以当 $x+\dfrac{\pi}{3}=\dfrac{5\pi}{6}$ 时，$\sin\left(x+\dfrac{\pi}{3}\right)=\dfrac{1}{2}$，$y_{\min}=1$.

习题5.1

1. 已知 $\sin\alpha=\dfrac{15}{17}$，$\cos\beta=-\dfrac{5}{13}$，且 α，β 都是第二象限角，求 $\sin(\alpha+\beta)$，$\cos(\alpha-\beta)$，$\tan(\alpha+\beta)$.

2. 计算

（1）已知 $\tan\theta=\dfrac{1}{2}$，$\tan\varphi=\dfrac{1}{3}$，且 θ，φ 都是锐角，求 $\theta+\varphi$.

（2）已知 $\tan\alpha=2$，$\tan\beta=3$，且 α，β 都是锐角，求 $\alpha+\beta$.

3. 已知 $\cos(\alpha-\beta)=\dfrac{4}{5}$，$\cos(\alpha+\beta)=-\dfrac{11}{14}$，且 α，$\beta\in\left(0,\dfrac{\pi}{2}\right)$，求 $\cos2\beta$ 的值.

4. 当 x 取什么数值时，下列函数达到最大值和最小值？最大值和最小值分别是什么？

$$y=\sin x+\cos x \quad (x\in \mathbf{R})$$

5.2 二倍角公式

当 $\alpha=\beta$ 时，由上一节的三个两角和的公式可以得到<u>二倍角公式</u>（double-angle formula）：

$$\sin 2\alpha = \sin(\alpha+\alpha) = 2\sin\alpha\cos\alpha \quad (\alpha\text{ 为任意角}) \quad (S_{2\alpha})$$

$$\cos 2\alpha = \cos(\alpha+\alpha) = \cos^2\alpha - \sin^2\alpha$$

$$= 2\cos^2\alpha - 1$$

$$= 1 - 2\sin^2\alpha \quad (\alpha\text{ 为任意角}) \quad (C_{2\alpha})$$

$$\tan 2\alpha = \frac{2\tan\alpha}{1-\tan^2\alpha} \quad \left(\alpha\neq\frac{k\pi}{2}+\frac{\pi}{4},\ \alpha\neq k\pi+\frac{\pi}{2}\right) \quad (T_{2\alpha})$$

例 1 计算

(1) $\cos^4 15° - \sin^4 15°$；

(2) $\dfrac{1}{1-\tan\alpha} - \dfrac{1}{1+\tan\alpha}$；

(3) $1+2\cos^2\theta - \cos 2\theta$.

解：(1) $\cos^4 15° - \sin^4 15° = (\cos^2 15° - \sin^2 15°)(\cos^2 15° + \sin^2 15°) = \cos 30°$

$$= \frac{\sqrt{3}}{2};$$

(2) $\dfrac{1}{1-\tan\alpha} - \dfrac{1}{1+\tan\alpha} = \dfrac{2\tan\alpha}{1-\tan^2\alpha} = \tan 2\alpha$；

(3) $1+2\cos^2\theta - \cos 2\theta = 1+2\cos^2\theta - 2\cos^2\theta + 1 = 2$.

例 2 若 $\tan\theta=3$，求 $\sin 2\theta - \cos 2\theta$ 的值.

解：$\sin 2\theta - \cos 2\theta = \dfrac{2\sin\cos\theta + \sin^2\theta - \cos^2\theta}{\sin^2\theta + \cos^2\theta}$

$$=\frac{2\tan\theta+\tan^2\theta-1}{1+\tan^2\theta}=\frac{7}{5}.$$

例 3 已知函数 $y=\sin^2 x+2\sin x\cos x+3\cos^2 x$ ($x\in\mathbf{R}$)，问：

(1) 函数的最小正周期是什么？

(2) 函数在什么区间上是增函数？

(3) 函数的最大值和最小值是什么？

解：$y=\sin^2 x+2\sin x\cos x+3\cos^2 x$

$=(\sin^2 x+\cos^2 x)+2\sin x\cos x+2\cos^2 x$

$=1+\sin 2x+2\cos^2 x+(1-1)$

$=2+\sin 2x+2\cos^2 x-1$

$=2+\sin 2x+\cos 2x$

$=2+\sqrt{2}\sin\left(2x+\dfrac{\pi}{4}\right),$

所以，(1) 函数的最小正周期是 $T=\dfrac{2\pi}{2}=\pi$；

(2) 当 $2k\pi-\dfrac{\pi}{2}\leqslant 2x+\dfrac{\pi}{4}\leqslant 2k\pi+\dfrac{\pi}{2}$ 时，即，当 $k\pi-\dfrac{3\pi}{8}\leqslant x\leqslant k\pi+\dfrac{\pi}{8}$ 时，函数是增函数；

(3) $y=\sin^2 x+2\sin x\cos x+3\cos^2 x$ ($x\in\mathbf{R}$) 的最大值是 $2+\sqrt{2}$，最小值是 $2-\sqrt{2}$.

习题5.2

1. 已知 $\cos\theta = -\dfrac{3}{5}$，且 $\pi < \theta < \dfrac{3\pi}{2}$，求 $\cos 2\theta$，$\sin 2\theta$，$\tan 2\theta$ 的值.

2. 选择题

(1) 若 $\dfrac{\pi}{2} < \theta < \pi$，且 $\cos\theta = -\dfrac{3}{5}$，则 $\sin\left(\theta + \dfrac{\pi}{3}\right) = ($ $)$.

(A) $\dfrac{-4 - 3\sqrt{3}}{10}$ (B) $\dfrac{4 - 3\sqrt{3}}{10}$

(C) $\dfrac{-4 + 3\sqrt{3}}{10}$ (D) $\dfrac{4 + 3\sqrt{3}}{10}$

(2) 若 $\sin 2\alpha < 0$，$\cos\alpha - \sin\alpha < 0$，则 α 在第（   ）象限.

(A) 一   (B) 二   (C) 三   (D) 四

(3) $y = \left(\sin\dfrac{x}{3} + \cos\dfrac{x}{3}\right)^2$ 的最小正周期是（   ）.

(A) 3π (B) 2π (C) 3 (D) 6π

3. 化简 $\dfrac{\sqrt{1+\sin\alpha}}{\sqrt{1-\sin\alpha}} - \dfrac{\sqrt{1-\sin\alpha}}{\sqrt{1+\sin\alpha}}$，其中 α 是第二象限角.

5.3 半角公式

∵ $\alpha = 2 \cdot \dfrac{\alpha}{2}$,

∴ $\cos\alpha = 1 - 2\sin^2\dfrac{\alpha}{2} = 2\cos^2\dfrac{\alpha}{2} - 1$,

∴ $\sin^2\dfrac{\alpha}{2} = \dfrac{1-\cos\alpha}{2}$；$\cos^2\dfrac{\alpha}{2} = \dfrac{1+\cos\alpha}{2}$,

$$\therefore \sin\dfrac{\alpha}{2} = \pm\sqrt{\dfrac{1-\cos\alpha}{2}} \tag{1}$$

$$\cos\dfrac{\alpha}{2} = \pm\sqrt{\dfrac{1+\cos\alpha}{2}} \tag{2}$$

$\dfrac{(1)}{(2)}$ 得

$$\tan\dfrac{\alpha}{2} = \pm\sqrt{\dfrac{1-\cos\alpha}{1+\cos\alpha}} \tag{3}$$

公式 (1)(2)(3) 叫做**半角公式** (half-angle formula). 根号前的 "±" 由角 "$\dfrac{\alpha}{2}$" 所在象限来确定, 如果没有给定角的范围, "±" 应保留.

$$\tan\dfrac{\alpha}{2} = \dfrac{\sin\dfrac{\alpha}{2}}{\cos\dfrac{\alpha}{2}} = \dfrac{2\sin\dfrac{\alpha}{2}\cos\dfrac{\alpha}{2}}{2\cos^2\dfrac{\alpha}{2}} = \dfrac{\sin\alpha}{1+\cos\alpha} \tag{4}$$

$$\tan\dfrac{\alpha}{2} = \dfrac{\sin\dfrac{\alpha}{2}}{\cos\dfrac{\alpha}{2}} = \dfrac{2\sin^2\dfrac{\alpha}{2}}{2\sin\dfrac{\alpha}{2}\cos\dfrac{\alpha}{2}} = \dfrac{1-\cos\alpha}{\sin\alpha} \tag{5}$$

例 不使用计算器,也不查表,计算下列各式的值.

(1) $\tan\dfrac{\pi}{8}$;　　(2) $\tan 15° + \cot 15°$.

解:(1) 根据公式(5)得到 $\tan\dfrac{\pi}{8} = \dfrac{1-\cos\dfrac{\pi}{4}}{\sin\dfrac{\pi}{4}} = \dfrac{2-\sqrt{2}}{\sqrt{2}} = \sqrt{2}-1$;

(2) $\tan 15° + \cot 15° = \dfrac{\sin 30°}{1+\cos 30°} + \dfrac{1+\cos 30°}{\sin 30°} = 4$.

习题5.3

1. 已知 $\sin A = -\dfrac{3}{5}$，$\pi < A < \dfrac{3}{2}\pi$，求 $\sin\dfrac{A}{2}$，$\cos\dfrac{A}{2}$ 的值.

2. 若 $270° < \alpha < 360°$，化简：$\dfrac{(1+\sin\alpha+\cos\alpha)\left(\sin\dfrac{\alpha}{2}-\cos\dfrac{\alpha}{2}\right)}{\sqrt{2+2\cos\alpha}}$.

5.4 三角函数的积化和差以及和差化积公式

一 积化和差公式（product-to-sum formula）

$$\sin\alpha\cos\beta = \frac{1}{2}[\sin(\alpha+\beta) + \sin(\alpha-\beta)]$$

$$\cos\alpha\sin\beta = \frac{1}{2}[\sin(\alpha+\beta) - \sin(\alpha-\beta)]$$

$$\cos\alpha\cos\beta = \frac{1}{2}[\cos(\alpha+\beta) + \cos(\alpha-\beta)]$$

$$\sin\alpha\sin\beta = -\frac{1}{2}[\cos(\alpha+\beta) - \cos(\alpha-\beta)]$$

二 和差化积公式（sum-to-product formula）

$$\sin x + \sin y = 2\sin\frac{x+y}{2}\cos\frac{x-y}{2}$$

$$\sin x - \sin y = 2\cos\frac{x+y}{2}\sin\frac{x-y}{2}$$

$$\cos x + \cos y = 2\cos\frac{x+y}{2}\cos\frac{x-y}{2}$$

$$\cos x - \cos y = -2\sin\frac{x+y}{2}\sin\frac{x-y}{2}$$

例 1 不使用计算器，也不查表，计算下列各式的值.

（1）$\cos 44°\sin 14° - \sin 44°\cos 14°$；

（2）$\dfrac{\tan 1°\cot 209° + 1}{\cot 29° + \tan 179°}$.

解：（1）$\cos 44°\sin 14° - \sin 44°\cos 14° = \sin(14° - 44°) = -\sin 30° = -\dfrac{1}{2}$；

(2) $\dfrac{\tan 1° \cot 209° + 1}{\cot 29° + \tan 179°} = \dfrac{\tan 1° \tan 61° + 1}{\tan 61° - \tan 1°} = \dfrac{1}{\tan 60°} = \dfrac{\sqrt{3}}{3}.$

例 2 求 $f(x) = 6\cos^2 x + 6\sin x \cos x - 4\cos\left(x + \dfrac{\pi}{4}\right)\cos\left(\dfrac{\pi}{4} - x\right)$ 的值域.

解： $f(x) = 6\cos^2 x - 3 + 3\sin 2x - 4\cos\left(x + \dfrac{\pi}{4}\right)\sin\left(x + \dfrac{\pi}{4}\right) + 3$

$\qquad = 3\cos 2x + 3\sin 2x - 2\sin\left(2x + \dfrac{\pi}{2}\right) + 3$

$\qquad = 3\cos 2x + 3\sin 2x - 2\cos 2x + 3$

$\qquad = \cos 2x + 3\sin 2x + 3$

$\qquad = \sqrt{10}\sin(2x + \theta) + 3,$

其中 $\sin\theta = \dfrac{\sqrt{10}}{10}$，$\cos\theta = \dfrac{3\sqrt{10}}{10}$，

∵ $\sin(2x + \theta) \in [-1, 1]$，

∴ $f(x)$ 的值域是 $[3 - \sqrt{10}, 3 + \sqrt{10}]$.

习题5.4

1. 计算 $\cos40°\cos80°+\cos80°\cos160°+\cos160°\cos40°$.

2. 已知 $\sin(A+B)=\dfrac{3}{5}$，$\sin(A-B)=-\dfrac{4}{5}$，计算 $1-\dfrac{1}{4}\sin^2 2A-\sin^2 B-\cos^4 A$.

参考复习题

1. 选择题

(1) $\tan70°+\tan50°-\sqrt{3}\tan50°\tan70°=$（　　）.

(A) $\sqrt{3}$　　　(B) $\dfrac{\sqrt{3}}{3}$　　　(C) $-\dfrac{\sqrt{3}}{3}$　　　(D) $-\sqrt{3}$

(2) 若 $\dfrac{\sin(\alpha+\beta)}{\sin(\alpha-\beta)}=\dfrac{m}{n}$，则 $\dfrac{\tan\beta}{\tan\alpha}=$（　　）.

(A) $\dfrac{m-n}{m+n}$　　(B) $\dfrac{m+n}{m-n}$　　(C) $\dfrac{n-m}{m+n}$　　(D) $\dfrac{m+n}{n-m}$

(3) 若 $\sin\alpha=\dfrac{4}{5}$，且 α 是第二象限角，则 2α 是（　　）.

(A) 第一象限角　　　　　　(B) 第二象限角
(C) 第三象限角　　　　　　(D) 第四象限角

(4) 下列函数中，以 π 为最小正周期的函数是（　　）.

(A) $y=\sin^2 2x$　　　　　(B) $y=\sin 2x\ (x\in(-\infty,0])$
(C) $y=\tan 2x\ (x\in(-2\pi,2\pi))$　(D) $y=\cos^2 x-2$

(5) 若 $f(\tan x)=\sin 2x$，则 $f\left(\dfrac{\pi}{6}\right)=$（　　）.

(A) $\dfrac{\sqrt{3}}{2}$　　(B) $\dfrac{\sqrt{3}}{4}$　　(C) $\dfrac{12\pi}{36+\pi^2}$　　(D) $\dfrac{\sqrt{3}}{3}$

(6) 函数 $y=\cos^2 x+\sin x\cos x$ 的最大值是（　　）.

(A) 2　　　　(B) $\dfrac{3}{2}$　　　　(C) $\dfrac{1+2\sqrt{2}}{2}$　　　　(D) $\dfrac{1+\sqrt{2}}{2}$

(7) 已知 $\sin\alpha+\cos\alpha=\dfrac{1}{5}$，$\sin\alpha-\cos\alpha=\dfrac{7}{5}$，则 $\tan\alpha$ 的值为（　　）.

(A) $-\dfrac{4}{3}$　　　　(B) $-\dfrac{3}{4}$　　　　(C) 1　　　　(D) -1

2. 已知锐角 α 满足条件 $\tan\alpha=\dfrac{1}{2}$，计算 $\dfrac{\sin 2\alpha\cos\alpha-\sin\alpha}{\sin 2\alpha\cos\alpha}$.

3. 已知角 α 满足条件 $\tan\left(\alpha+\dfrac{\pi}{4}\right)=-\dfrac{1}{2}$，计算 $\dfrac{2\cos\alpha(\sin\alpha-\cos\alpha)}{1+\tan\alpha}$.

6 数列

6.1 数列

按照一定顺序排成的一列数叫做<u>数列</u>（sequence of numbers）．数列中的每一个数都叫做这个数列的<u>项</u>（term），每一项按照顺序分别叫做这个数列的第 1 项，第 2 项，……，第 n 项，……

数列的一般形式可以写成

$$a_1, a_2, a_3, \cdots, a_n, \cdots$$

其中 a_n 是数列的第 n 项，我们把上面的数列简记为 $\{a_n\}$．如果数列 $\{a_n\}$ 的第 n 项 a_n 与 n 之间的关系可以用一个公式来表示，那么这个公式就叫做这个数列的<u>通项公式</u>（general term formula）．

如果一个数列的项数是有限的，那么这个数列叫做<u>有限数列</u>（finite sequence），如果一个数列的项数是无限的，那么这个数列叫做<u>无限数列</u>（infinite sequence）．

例 1 写出下面数列的一个通项公式，使它的前 4 项分别是下列各数：

(1) 2，4，6，8；

(2) 15，25，35，45；

(3) $-\dfrac{1}{1\times 2}$，$\dfrac{1}{2\times 3}$，$-\dfrac{1}{3\times 4}$，$\dfrac{1}{4\times 5}$．

解：(1) 这个数列的前 4 项 2，4，6，8 都是序号的 2 倍，所以它的一个通项公式是 $a_n = 2n$；

(2) 这个数列的前 4 项 15，25，35，45 都<u>除以</u>（be divided by）5 以后的结果是 3，5，7，9，所以它的通项公式是 $a_n = 5(2n+1)$；

(3) 这个数列的前 4 项 $-\dfrac{1}{1\times 2}$,$\dfrac{1}{2\times 3}$,$-\dfrac{1}{3\times 4}$,$\dfrac{1}{4\times 5}$ 的绝对值都等于序号与序号加 1 的积的倒数,且奇数项是负的,偶数项是正的,所以它的通项公式是 $a_n=\dfrac{(-1)^n}{n(n+1)}$.

如果已知数列 $\{a_n\}$ 的第 1 项(或前几项),且任一项 a_n 与它的前一项 a_{n-1}(或前几项)间的关系可以用一个公式来表示,那么这个公式就叫做这个数列的<u>递推公式</u>(recurrence formula).

例 2 已知数列 $\{a_n\}$ 的第 1 项是 1,以后的各项由公式 $a_n=1+\dfrac{1}{a_{n-1}}$ 给出,写出这个数列的前 4 项.

解: $a_1=1$,

$a_2=1+\dfrac{1}{a_1}=1+\dfrac{1}{1}=2$,

$a_3=1+\dfrac{1}{a_2}=1+\dfrac{1}{2}=\dfrac{3}{2}$,

$a_4=1+\dfrac{1}{a_3}=1+\dfrac{2}{3}=\dfrac{5}{3}$.

习题6.1

1. 写出下面数列的一个通项公式，使它的前4项分别是下列各数.

   (1) $-4,\ 7,\ -10,\ 13,\ \cdots$

   (2) $\dfrac{1}{2\times 1},\ -\dfrac{1}{2^2\times 2},\ \dfrac{1}{2^3\times 3},\ -\dfrac{1}{2^4\times 4}$

2. 已知数列 $\{a_n\}$ 的第1项是1，第2项是2，以后各项由 $a_n=2(a_{n-1}-a_{n-2})$ ($n\geqslant 3$) 给出，写出这个数列的前5项.

6.2 等差数列

一 等差数列的定义

一般地，如果一个数列 $\{a_n\}$ 满足 $a_n - a_{n-1} = $ 常数（$n \geq 2$），那么这个数列叫做<u>等差数列</u>（arithmetic progression 或 arithmetic series），这个常数叫做等差数列的<u>公差</u>（common difference），公差通常用字母 d 表示.

二 等差数列的通项公式

如果等差数列 $\{a_n\}$ 的第 1 项是 a_1，公差是 d，那么可以根据等差数列的定义得到：

$$a_2 - a_1 = d,$$
$$a_3 - a_2 = d,$$
$$a_4 - a_3 = d,$$
$$\cdots$$
$$a_n - a_{n-1} = d,$$

将上面（$n-1$）个等式相加得到

$$a_n = a_1 + (n-1)d$$

这就是等差数列的通项公式.

例1 在等差数列 $\{a_n\}$ 中，已知 $a_5 = 10$，$a_{12} = 31$，求 a_1 和 d.

解： 由题意可知：$\begin{cases} a_1 + 4d = 10, & (1) \\ a_1 + 11d = 31, & (2) \end{cases}$

(2)-(1) 得到：$7d = 21 \Rightarrow d = 3$，

$a_1 = 10 - 4d = 10 - 4 \times 3 = -2$,

所以，$a_1 = -2$，$d = 3$.

三 等差中项

如果在 a 与 b 中间插入一个数 A，使 a，A，b 是一个等差数列中的三项，那么 A 应满足 $A - a = b - A$，所以，$A = \dfrac{a+b}{2}$. 如果 a，A，b 成等差数列，那么 $A = \dfrac{a+b}{2}$ 叫做 a 与 b 的<u>等差中项</u>（arithmetic mean）. 反过来，如果 $A = \dfrac{a+b}{2}$，那么 $2A = a+b$，$A - a = b - A$，即 a，A，b 是一个等差数列中的三项.

四 等差数列的前 n 项和公式

设等差数列 $\{a_n\}$ 的前 n 项和为 S_n，即

$$S_n = a_1 + a_2 + \cdots + a_n$$

根据等差数列的通项公式，上式可以写成

$$S_n = a_1 + a_2 + a_3 \cdots + a_{n-1} + a_n, \tag{3}$$

再把项的次序反过来，S_n 又可以写成

$$S_n = a_n + a_{n-1} + \cdots + a_3 + a_2 + a_1, \tag{4}$$

把（3）和（4）的两边分别相加，得

$$2S_n = \overbrace{(a_1 + a_n) + (a_1 + a_n) + \cdots + (a_1 + a_n)}^{n\text{个}} = n(a_1 + a_n),$$

由此得到

$$S_n = \dfrac{n(a_1 + a_n)}{2} \tag{5}$$

因为 $a_n = a_1 + (n-1)d$，所以上面的公式也可以写成

$$S_n = na_1 + \dfrac{n(n-1)}{2}d \tag{6}$$

（5）和（6）都叫做等差数列$\{a_n\}$的<u>前 n 项和公式</u>（formula for the sum of the first n items）.

例 2　已知一个等差数列的前 10 项的和是 310，前 20 项的和是 1220，求前 n 项和的公式.

解：由题意可知 $S_{10}=310$，$S_{20}=1220$，

将它们代入公式 $S_n=na_1+\dfrac{n(n-1)}{2}$，得到

$$\begin{cases} 10a_1+45d=310, & \quad(7) \\ 20a_1+190d=1220, & \quad(8) \end{cases}$$

（8）－（7）×2 得到　$100d=600 \Rightarrow d=6$，

所以 $10a_1=310-45\times 6=310-270=40 \Rightarrow a_1=4$.

所以 $S_n=4n+\dfrac{n(n-1)}{2}\times 6=3n^2+n$.

习题6.2

1. 在等差数列 $\{a_n\}$ 中,

(1) 已知 $a_5=-1$, $a_8=2$, 求 a_1 与 d.

(2) 已知 $a_1+a_6=12$, $a_4=7$, 求 a_9.

2. 求下列各题中的等差中项.

(1) $1+\sqrt{5}$ 与 $1-\sqrt{5}$ (2) $(a+b)^2$ 与 $(a-b)^2$

3. 已知有三个数,它们是等差数列中的三项,它们的和是9,它们的平方和是29,求这三个数.

4. 计算

(1) 已知等差数列 $\{a_n\}$ 满足 $d=-1$, $S_{10}=45$, 求 a_1 及 a_{10}.

(2) 已知等差数列 $\{a_n\}$ 满足 $d=\dfrac{1}{2}$, $a_{17}=10$, 求 a_1 及 S_{17}.

5. 一个等差数列的第2项与第9项的和等于2,即 $a_2+a_9=2$, 第7项的值等于7,求最小的项数 n, 使得这个等差数列前 n 项的和大于0.

6.3 等比数列

一 等比数列的定义

一般地，如果一个数列 $\{a_n\}$ 满足 $\dfrac{a_n}{a_{n-1}}=$ 常数（$n \geqslant 2$），那么这个数列就叫做<u>等比数列</u>（geometric progression 或 geometric series），这个常数叫做等比数列的<u>公比</u>（common ratio），公比通常用字母 q 表示（$q \neq 0$）.

二 等比数列的通项公式

因为在一个等比数列 $\{a_n\}$ 里，从第 2 项起，每一项与它的前一项的比都等于公比 q，所以有

$$\frac{a_2}{a_1}=q,$$

$$\frac{a_3}{a_2}=q,$$

$$\frac{a_4}{a_3}=q,$$

$$\cdots$$

$$\frac{a_n}{a_{n-1}}=q,$$

将上面（$n-1$）个等式相乘得到

$$a_n = a_1 \cdot q^{n-1}$$

其中，a_1，q 都不是 0，这就是等比数列 $\{a_n\}$ 的通项公式.

例1 一个等比数列的第 3 项与第 4 项分别是 12 与 18，求它的第 1 项与第 2 项．

解：设这个等比数列的第 1 项是 a_1，公比是 q，那么

$$\begin{cases} a_1 q^2 = 12, & (1) \\ a_1 q^3 = 18, & (2) \end{cases}$$

$\dfrac{(2)}{(1)}$ 得到 $q = \dfrac{3}{2}$，所以，$a_1 = \dfrac{12}{q^2} = 12 \times \dfrac{4}{9} = \dfrac{16}{3}$．

解得 $a_1 = \dfrac{16}{3}$，$q = \dfrac{3}{2}$．

因此 $a_2 = a_1 \cdot q = \dfrac{16}{3} \times \dfrac{3}{2} = 8$．

三 等比中项

如果在 a 与 b 中间插入一个数 G，使 a，G，b 是一个等比数列中的三项，那么 G 叫做 a 与 b 的<u>等比中项</u>（geometric mean）．

如果 G 是 a，b 的等比中项，那么 $\dfrac{G}{a} = \dfrac{b}{G}$，即 $G^2 = ab$，因此

$$G = \pm\sqrt{ab}$$

反过来，如果 a，b 同号，$G = \sqrt{ab}$ 或 $G = -\sqrt{ab}$，即 $G^2 = ab$，那么 G 是 a，b 的等比中项．

例如，± 4 是 2 和 8 的等比中项．

四 等比数列前 n 项和公式

一般地，设等比数列 a_1，a_2，a_3，$\cdots$，a_n，$\cdots$，它的前 n 项和是

$$S_n = a_1 + a_2 + a_3 + \cdots + a_n.$$

根据等比数列的通项公式，上式可写成

$$S_n = a_1 + a_1 q + a_1 q^2 + \cdots + a_1 q^{n-1}. \qquad (1)$$

(1) 的两边乘 q 得，

$$qS_n = a_1q + a_1q^2 + a_1q^3 + \cdots + a_1q^n. \qquad (2)$$

(1) 的两边分别减去 (2) 的两边，得

$$(1-q)S_n = a_1 - a_1q^n$$

由此得到

当 $q \neq 1$ 时，等比数列 $\{a_n\}$ 的前 n 项和的公式

$$S_n = \frac{a_1(1-q^n)}{1-q}$$

注意：上述求和的方法称为"错位相减法"。当一个数列 $\{c_n\}$ 可以看做是一个等差数列 $\{a_n\}$ 和一个等比数列 $\{b_n\}$ 的乘积时，即 $c_n = a_n \cdot b_n$，求 $\{c_n\}$ 的前 n 项和时就可以用"错位相减法"。例如 $c_n = 2n \cdot 3^n$，要想求数列 $\{c_n\}$ 的前 n 项和就要用"错位相减法"。

因为 $a_1q^n = (a_1q^{n-1})q = a_nq$。所以上面的公式还可以写成

$$S_n = \frac{a_1 - a_nq}{1-q} \qquad (q \neq 1)$$

当 $q = 1$ 时，$S_n = na_1$。

例 2 求和：$S_n = (2^2 - 4) + (2^3 - 6) + \cdots + (2^n - 2n)$。

解：$S_n = (2 - 2) + (2^2 - 4) + (2^3 - 6) + \cdots + (2^n - 2n)$

$= (2 + 2^2 + 2^3 + \cdots 2^n) - (2 + 4 + 6 + \cdots + 2n)$，

前一部分可以看作是等比数列 $b_n = 2^n$ 的前 n 项和 S'_n，后一部分可以看作是等差数列 $c_n = 2n$ 的前 n 项和 S''_n，所以 $S_n = S'_n - S''_n$。

其中，$S'_n = \frac{2(1-2^n)}{1-2} = 2(2^n - 1)$；

$S''_n = 2 + 4 + 6 + \cdots + 2n = n(n+1)$。

所以，$S_n = 2(2^n - 1) - n(n+1) = 2^{n+1} - n^2 - n - 2$。

注意：求等比数列的前 n 项和时，一定要考虑公比是否是 1，如果判断不出来就一定要分两种情况来讨论。

例3 已知 $a_n = \left(\dfrac{1}{2}\right)^n + 7n - 10$，求它的前 n 项和 S_n.

解：$S_n = \left[\dfrac{1}{2} + \left(\dfrac{1}{2}\right)^2 + \left(\dfrac{1}{2}\right)^3 + \cdots + \left(\dfrac{1}{2}\right)^n\right] + 7(1 + 2 + 3 + \cdots + n) - 10n$

$= \dfrac{\dfrac{1}{2}\left[1 - \left(\dfrac{1}{2}\right)^n\right]}{1 - \dfrac{1}{2}} + 7\dfrac{n(n+1)}{2} - 10n$

$= 1 - \left(\dfrac{1}{2}\right)^n + \dfrac{7n(n+1)}{2} - 10n.$

习题6.3

1. 在等比数列 $\{a_n\}$ 中，$a_2=18$，$a_4=8$，求 a_1 与 q.

2. 若 a，b，c 是实数，则 $b^2=ac$ 是 a，b，c 构成等比数列的（　　）条件.

（A）充分非必要　　　　　　　　（B）必要非充分

（C）充要　　　　　　　　　　　（D）既不充分也不必要

3. 求下列各组数的等比中项.

（1）$1+\sqrt{5}$ 与 $\sqrt{5}-1$；

（2）$(a+b)^2$ 与 $(a-b)^2$.

4. 已知三个数是等比数列中的三项，并且它们的和是 21，它们的积是 216，求这三个数.

5. 在等比数列 $\{a_n\}$ 中，

（1）已知 $q=2$，$S_4=30$，求 a_1 与 a_4.

（2）已知 $a_2=3$，$S_3=9$，求 a_1 与 q.

6.4 数列的极限和四则运算

一 数列极限的定义

一般地，如果当项数 n 无限增大时，无穷数列 $\{a_n\}$ 的项 a_n 无限地接近某个常数 a（即 $|a_n-a|$ 无限地接近于 0），那么就说数列 $\{a_n\}$ 以 a 为**极限**（limit），或者说 a 是数列 $\{a_n\}$ 的极限，记作" $\lim\limits_{n\to\infty}a_n=a$ "，读作" n 无限增大时，a_n 的极限是 a ".

例1 写出它们的极限.

(1) $1, \dfrac{1}{8}, \dfrac{1}{27}, \cdots, \dfrac{1}{n^3}, \cdots$；

(2) $6.5, 6.95, 6.995, \cdots, 7-\dfrac{5}{10^n}, \cdots$；

(3) $-\dfrac{1}{2}, \dfrac{1}{4}, -\dfrac{1}{8}, \cdots, \dfrac{1}{(-2)^n}, \cdots$.

解：(1) 当 n 无限增大时，$\dfrac{1}{n^3}$ 无限地接近 0，因此，数列 $\left\{\dfrac{1}{n^3}\right\}$ 的极限是 0；

(2) 当 n 无限增大时，$7-\dfrac{5}{10^n}$ 无限地接近于 7，因此，数列 $\left\{7-\dfrac{5}{10^n}\right\}$ 的极限是 7；

(3) 数列 $\left\{\dfrac{1}{(-2)^n}\right\}$ 的项正负交错，并且当 n 无限增大时，$\dfrac{1}{(-2)^n}$ 无限地趋近于 0，因此，数列 $\left\{\dfrac{1}{(-2)^n}\right\}$ 的极限是 0.

例2 求常数列 $-1, -1, \cdots, -1, \cdots$ 的极限.

解：这个无穷数列的各项都是 -1，当项数 n 无限增大时，数列的项 a_n 始终保持同一个值 -1，因此 $\lim\limits_{n\to\infty}(-1)=-1$.

一般地，任何一个常数数列的极限都是这个常数本身，即

$$\lim_{n\to\infty}(C)=C \quad (C\text{ 是常数})$$

$$\text{如果}|a|<1\text{，那么}\lim_{n\to\infty}a^n=0$$

二　极限的四则运算 (four arithmetic operations on limits of sequences)

如果 $\lim\limits_{n\to\infty}a_n=a$，$\lim\limits_{n\to\infty}b_n=b$，那么

$$\lim_{n\to\infty}(a_n\pm b_n)=a\pm b$$

$$\lim_{n\to\infty}(a_n\cdot b_n)=a\cdot b$$

$$\lim_{n\to\infty}\frac{a_n}{b_n}=\frac{a}{b}\quad(b\neq 0)$$

特别地，如果 C 是常数，那么 $\lim\limits_{n\to\infty}(C\cdot a_n)=\lim\limits_{n\to\infty}C\cdot\lim\limits_{n\to\infty}a_n=C\cdot a$.

例3 求下列极限.

(1) $\lim\limits_{n\to\infty}\left(\dfrac{1}{n^2}+\dfrac{2}{n}\right)$ 　　　　(2) $\lim\limits_{n\to\infty}\dfrac{3n-2}{n}$

(3) $\lim\limits_{n\to\infty}\dfrac{2n^2+n}{3n^2+2}$ 　　　　(4) $\lim\limits_{n\to\infty}\dfrac{3n^2+n}{2n^4-n^2}$

解：(1) $\lim\limits_{n\to\infty}\left(\dfrac{1}{n^2}+\dfrac{2}{n}\right)=\lim\limits_{n\to\infty}\dfrac{1}{n^2}+\lim\limits_{n\to\infty}\dfrac{2}{n}=0+0=0$.

(2) $\lim\limits_{n\to\infty}\dfrac{3n-2}{n}=\lim\limits_{n\to\infty}\left(3-\dfrac{2}{n}\right)=\lim\limits_{n\to\infty}3-\lim\limits_{n\to\infty}\dfrac{2}{n}=3-0=3$.

(3) 当 n 无限增大时，分式 $\dfrac{2n^2+n}{3n^2+2}$ 中的分子、分母都无限增大（没有极限），上面的极限运算法则不能直接运用，为此，我们将分式中的分子、分母都除以 n^2，得

$$\lim_{n\to\infty}\frac{2n^2+n}{3n^2+2}=\lim_{n\to\infty}\frac{2+\dfrac{1}{n}}{3+\dfrac{2}{n}}=\frac{\lim\limits_{n\to\infty}\left(2+\dfrac{1}{n}\right)}{\lim\limits_{n\to\infty}\left(3+\dfrac{2}{n}\right)}=\frac{\lim\limits_{n\to\infty}2+\lim\limits_{n\to\infty}\dfrac{1}{n}}{\lim\limits_{n\to\infty}3+\lim\limits_{n\to\infty}\dfrac{2}{n}}=\frac{2+0}{3+0}=\frac{2}{3}.$$

(4) 将分子、分母同除以 n^4，得

$$\lim_{n\to\infty}\frac{3n^2+n}{2n^4-n^2}=\lim_{n\to\infty}\frac{\frac{3}{n}+\frac{1}{n^3}}{2-\frac{1}{n^2}}=\frac{\lim_{n\to\infty}\left(\frac{3}{n}+\frac{1}{n^3}\right)}{\lim_{n\to\infty}\left(2-\frac{1}{n^2}\right)}=\frac{0+0}{2-0}=0.$$

例 4 求极限 $\lim\limits_{n\to\infty}\dfrac{1+2+3+\cdots+n}{n^2}$.

[**分析**] 当 n 无限增大时，$\dfrac{1+2+3+\cdots+n}{n^2}$ 的分子中含无限多项，而"和的极限等于极限的和"只能用于有限多项相加，因此，需要先计算出 $1+2+3+\cdots+n$，然后再运用极限的运算法则求极限.

解：$\lim\limits_{n\to\infty}\dfrac{1+2+3+\cdots+n}{n^2}=\lim\limits_{n\to\infty}\dfrac{\frac{1}{2}n(n+1)}{n^2}=\lim\limits_{n\to\infty}\dfrac{n+1}{2n}=\dfrac{1}{2}.$

习题6.4

1. 求数列 $\left\{\dfrac{2^n+1}{2^n}\right\}$ 的极限.

2. 求下列极限.

(1) $\lim\limits_{n\to\infty}\left(\dfrac{4}{n}+2\right)$

(2) $\lim\limits_{n\to\infty}\dfrac{3n^3-2n^2+6n}{n^3}$

(3) $\lim\limits_{n\to\infty}\left(\dfrac{2}{n}+\dfrac{6n-1}{3n}\right)$

(4) $\lim\limits_{n\to\infty}\dfrac{n^2-n+1}{n^3-1}$

(5) $\lim\limits_{n\to\infty}\dfrac{1^2+2^2+\cdots+n^2}{n^3}$ （提示：$1^2+2^2+\cdots+n^2=\dfrac{1}{6}n(n+1)(2n+1)$）

(6) $\lim\limits_{n\to\infty}\dfrac{1+2+4+\cdots+2^n}{2^n}$

参考复习题

1. 选择题

(1) 下列各组数中，三个数是等差数列的是（　　）.

(A) $\dfrac{1}{2}$，$\dfrac{1}{3}$，$\dfrac{1}{4}$ 　　　　　　(B) $\lg 2$，$\lg 4$，$\lg 8$

(C) 8^2，8^4，8^8 　　　　　　　　(D) 2，$-2\sqrt{2}$，4

(2) 已知数列 $\{a_n\}$ 满足 $a_{n+1}=a_n+\lg 2$，且 $a_1=1$，则 $\{a_n\}$ 的通项公式为（　　）.

(A) $a_n=1+(n-1)\lg n$ 　　　　　(B) $a_n=1+\lg n$

(C) $a_n=1+(n-1)\lg 2$ 　　　　　(D) $a_n=1+n\lg 2$

(3) 在等差数列 $\{a_n\}$ 中，已知 $a_1+a_2+a_3+a_4+a_5=15$，则 $a_3=$（　　）.

(A) 6 　　　　(B) 5 　　　　(C) 4 　　　　(D) 3

(4) 设数列 $\{a_n\}$ 的前 n 项和为 S_n, 若已知 $S_n = 5n^2 - n$, 则 $a_6 + a_7 + a_8 + a_9 + a_{10} = ($).

(A) 250　　(B) 270　　(C) 370　　(D) 490

(5) 设等差数列 $\{a_n\}$ 的公差为 d, 如果它的前 n 项和 $S_n = -n^2$, 则 ( ).

(A) $a_n = 2n - 1$, $d = -2$　　(B) $a_n = 2n - 1$, $d = 2$

(C) $a_n = -2n + 1$, $d = -2$　　(D) $a_n = -2n + 1$, $d = 2$

(6) 已知 $\{a_n\}$ 为等差数列, 且 $a_3 + a_{11} = 20$, 则 $a_6 + a_7 + a_8 = ($).

(A) 20　　(B) 40　　(C) 60　　(D) 30

(7) (2000年北京市高考题) 已知等差数列 $\{a_n\}$ 满足 $a_1 + a_2 + a_3 + \cdots + a_{101} = 0$, 则 ( ).

(A) $a_1 + a_{101} > 0$　　(B) $a_1 + a_{100} < 0$

(C) $a_3 + a_{99} = 0$　　(D) $a_{51} = 51$

(8) 已知 $\{a_n\}$ 是等比数列, 且 $a_n > 0$, $a_2 a_4 + 2 a_3 a_5 + a_4 a_6 = 25$, 则 $a_3 + a_5 = ($).

(A) 5　　(B) 10　　(C) 15　　(D) 20

(9) 已知 $\{a_n\}$ 是等比数列, $S_n = 36$, $S_{2n} = 54$, 则 $S_{3n} = ($).

(A) 63　　(B) 68　　(C) 76　　(D) 89

(10) 设 α, β 是方程 $x^2 + 28x + 36 = 0$ 的两个根, 则 α, β 的等差中项和等比中项分别是 ( )

(A) 14, 6　　　　(B) $-14, \pm 6$

(C) 14, 36　　　　(D) $-14, \pm 36$

2. 等差数列 $\{a_n\}$ 的公差 $d = \dfrac{1}{2}$, 且 $a_1 + a_3 + a_5 + \cdots + a_{99} = 60$, 求 $a_1 + a_2 + a_3 + \cdots + a_{99} + a_{100}$.

3. 求通项为 $a_n = \dfrac{n}{2^n}$ 的数列的前 n 项和.

4. 等差数列的三个正数的和等于 15，并且这三个数分别加上 1，3，9 后又成等比数列，求这三个数.

5. 求下列极限.

(1) $\lim\limits_{n\to\infty}\dfrac{3n^2+2n+1}{-2n^2+n}$

(2) $\lim\limits_{n\to\infty}\dfrac{n^2-2n-1}{n^3-3n^2+2n-1}$

6. $\{a_n\}$ 是一个首项为 $a_1\neq 0$，公差为 d 的等差数列，且 S_n 是前 n 项和，求 $\lim\limits_{n\to\infty}\dfrac{na_n}{S_n}$.

7 复 数

*7.1 复数的概念

一 复数的相关概念

数 i 叫做**虚数单位**（imaginary unit），它满足：$i^2=-1$，形如 $a+bi$，$(a, b\in \mathbf{R})$ 的数，叫做**复数**（complex number）.

全体复数所组成的集合叫做**复数集**（set of all complex numbers），一般用字母 $\mathbf{C}$ 表示，即复数集 $\mathbf{C}=\{z|z=a+bi, a, b\in \mathbf{R}\}$.

复数常用小字字母 z 表示，如 $z=a+bi$ $(a, b\in \mathbf{R})$，把复数表示成 $a+bi$ 的形式，叫做**复数的代数形式**（algebraic form of a complex number）.

对于复数 $z=a+bi$ $(a, b\in \mathbf{R})$

1. 当 $b=0$ 时，就是实数；

2. 当 $b\neq 0$ 时，叫做**虚数**（imaginary number）；

3. 当 $a=0$，$b\neq 0$ 时，叫做**纯虚数**（purely imaginary number）.

a，b 分别叫做复数 $z=a+bi$ 的**实部**（real part）与**虚部**（imaginary part）. 记作：$R(z)=a$，$I(z)=b$.

显然，实数集 $\mathbf{R}$ 是复数集 $\mathbf{C}$ 的真子集，即 $\mathbf{R}\subsetneq \mathbf{C}$.

$$\text{复数}(a+bi)\begin{cases}\text{实数}(b=0)\begin{cases}\text{有理数}\begin{cases}\text{整数}\\\text{分数}\end{cases}\\\text{无理数}\begin{cases}\text{正无理数}\\\text{负无理数}\end{cases}\end{cases}\\\text{虚数}(b\neq 0)\begin{cases}\text{纯虚数}(a=0)\\\text{非纯虚数}(a\neq 0)\end{cases}\end{cases}$$

例 实数 m 取什么值时，复数 $z=m+1+(m-1)$i 是（1）实数？（2）虚数？（3）纯虚数？

解：（1）当 $m-1=0$，即 $m=1$ 时，复数 z 是实数；

（2）当 $m-1\neq 0$，即 $m\neq 1$ 时，复数 z 是虚数；

（3）当 $m+1=0$，且 $m-1\neq 0$ 时，即 $m=-1$ 时，复数 z 是纯虚数.

二 复数的相等

如果两个复数 $a+bi$ 与 $c+di$ 的实部与虚部分别相等，我们就说这两个复数相等，记作 $a+bi=c+di$ $(a, b, c, d\in \mathbf{R})$.

$$a+bi=0 \Leftrightarrow a=0, b=0$$
$$a+bi=c+di \Leftrightarrow a=c, b=d$$

注意：两个复数只能说相等或不相等，而不能比较大小.

从复数相等的定义，我们知道，任何一个复数 $z=a+bi$ 都可以由一个有序实数对 (a, b) 唯一确定；我们还知道，有序实数对 (a, b) 与平面直角坐标系中的点是一一对应的. 因此，我们可以建立复数集与平面直角坐标系中的点集之间的一一对应.

建立了直角坐标系来表示复数的平面叫做<u>复平面</u>（complex plane），x 轴叫做<u>实轴</u>（real axis），y 轴除去原点的部分叫做<u>虚轴</u>（imaginary axis）. （因为原点表示实数 0，原点不在虚轴上.）

*习题7.1

1. 填空

(1) 如果复数 $(m^2-3m-4)+(m^2-5m-6)\mathrm{i}\ (m\in \mathbf{R})$ 是实数，则 $m=$ _____.

(2) 如果复数 $(m+2)+(m^2+m-6)\mathrm{i}\ (m\in \mathbf{R})$ 是纯虚数，则 $m=$ _____.

2. 已知 $7-15i=7(3x-4)-5(y+7)\mathrm{i}$，求实数 x，y 的值.

3. 已知集合 $M=\{1,\ 2,\ (m^2-3m-1)+(m^2-5m-6)\mathrm{i}\}$，$N=\{-1,\ 3\}$，且 $M\cap N=\{3\}$，求实数 m 的值.

*7.2 复数的加法与减法

一 复数的加法法则

设 $z_1 = a+bi$，$z_2 = c+di$ 是任意两个复数，那么它们的和定义为

$$(a+bi)+(c+di)=(a+c)+(b+d)i$$

二 复数的减法法则

复数的减法就是把复数的实部与实部，虚部与虚部分别相减，即

$$(a+bi)-(c+di)=(a-c)+(b-d)i$$

复数 $z=a+bi$ 的**模**（norm），记作 $|z|$ 或 $|a+bi|$，一般用 r 表示．它的计算公式是

$$|z|=|a+bi|=r=\sqrt{a^2+b^2}$$

注意：1. 两个相等的向量表示同一个复数，但它们的终点不一定表示同一个复数；

2. $z=0 \Leftrightarrow a=b=0 \Leftrightarrow |z|=0$；

3. $z_1=z_2 \Rightarrow |z_1|=|z_2|$，反之不对；

4. 复数的模与实数绝对值一样，也是非负实数，因而复数的模是可以比较大小的．

三 共轭复数的加减运算

$a-bi$ 叫做复数 $a+bi$ 的<u>共轭复数</u>（conjugate complex number），z 的共轭复数记作"$\bar{z}$"，读作"z 的共轭"．

$$\overline{z_1 \pm z_2} = \overline{z_1} \pm \overline{z_2}$$

特别有

$$z + \overline{z} = 2R(z), \quad z - \overline{z} = 2I(z)i$$

例 已知复数 z_1，z_2 满足 $|z_1| = |z_2| = 1$，且 $z_1 + z_2 = i$，求 z_1，z_2 的值．

解： 由 $z_1 + z_2 = i$ 为纯虚数，可设

$z_1 = a + bi$，$z_2 = -a + (1-b)i$ $(a, b \in \mathbf{R})$，

$\because |z_1| = |z_2| = 1$，$\therefore a^2 + b^2 = 1 = a^2 + (1-b)^2$，

$\therefore b = \dfrac{1}{2}$，$a = \pm \dfrac{\sqrt{3}}{2}$，

$\therefore z_1 = \dfrac{\sqrt{3}}{2} + \dfrac{1}{2}i$，$z_2 = -\dfrac{\sqrt{3}}{2} + \dfrac{1}{2}i$，

或 $z_1 = -\dfrac{\sqrt{3}}{2} + \dfrac{1}{2}i$，$z_2 = \dfrac{\sqrt{3}}{2} + \dfrac{1}{2}i$．

*7.3 复数的乘法与除法

一 复数的乘法法则

设 $z_1 = a+bi$，$z_2 = c+di$ 是任意两个复数，那么它们的积

$$(a+bi)(c+di) = ac+bci+adi+bdi^2 = (ac-bd)+(bc+ad)i$$

对任何 z_1, z_2, $z_3 \in \mathbf{C}$，有

$$z_1 \cdot z_2 = z_2 \cdot z_1 \qquad \text{(交换律 commutative law)}$$
$$(z_1 \cdot z_2) \cdot z_3 = z_1 \cdot (z_2 \cdot z_3) \qquad \text{(结合律 associative law)}$$
$$z_1 \cdot (z_2 + z_3) = z_1 \cdot z_2 + z_1 \cdot z_3 \qquad \text{(分配律 distributive law)}$$

根据复数的乘法法则，对于任何复数 $z = a+bi$，有

$$(a+bi)(a-bi) = a^2+b^2+(ab-ab)i = a^2+b^2,$$

即

$$z \cdot \bar{z} = |z|^2 = |\bar{z}|^2$$

二 复数的除法法则

$$\frac{a+bi}{c+di} = \frac{(a+bi)(c-di)}{(c+di)(c-di)} = \frac{(ac+bd)+(bc-ad)i}{c^2+d^2}$$
$$= \frac{ac+bd}{c^2+d^2} + \frac{bc-ad}{c^2+d^2}i \qquad (c+di \neq 0)$$

由于 $c+di \neq 0$，所以 $c^2+d^2 \neq 0$，所以商（quotient）$\dfrac{a+bi}{c+di}$ 是一个唯一确定的复数.

三 复数模的乘、除法运算性质

$$|z_1 \cdot z_2| = |z_1| \cdot |z_2|, \quad \left|\frac{z_1}{z_2}\right| = \frac{|z_1|}{|z_2|}$$

四 共轭复数的乘、除法运算性质

$$\overline{z_1 \cdot z_2} = \overline{z_1} \cdot \overline{z_2}, \quad \overline{\left(\frac{z_1}{z_2}\right)} = \frac{\overline{z_1}}{\overline{z_2}}$$

*复习参考题

1. 选择题

(1) 复数 $a+bi$ 与 $c+di$ 的积是实数的充要条件是（　　）.

(A) $ad+bc=0$ (B) $ac+bd=0$

(C) $ac=bd$ (D) $ad=bc$

(2) 如果 $z=a^2+a-2+(a^2-3a+2)i$ 为纯虚数，那么实数 a 的值（　　）.

(A) 1   (B) 2   (C) -2 (D) 1 或 -2

(3)（2005~2006 学年外国留学生预科结业考试试题）若实数 a 和 b 使得 $\dfrac{a}{3-i}+\dfrac{b}{4+i}=\dfrac{7}{1+13i}$，则 a 和 b 分别是（　　）.

(A) $a=3, b=4$ (B) $a=3, b=-4$

(C) $a=-3, b=-4$ (D) $a=-3, b=4$

2. 求适合下列方程的 x 与 y（$x, y \in \mathbf{R}$）的值.

(1) $(1+2i)x+(3-10i)y=5-6i$

(2) $x^2+xi+2-3i=y^2+yi+9-2i$

3. 已知 $z_1=5+10i$，$z_2=3-4i$，$\dfrac{1}{z}=\dfrac{1}{z_1}+\dfrac{1}{z_2}$，求 z.

8 排列、组合和二项式定理

*8.1 加法原理和乘法原理

一 加法原理

问题 1：已知从城市甲到城市乙，可以乘飞机，也可以乘火车，还可以乘轮船．如果在一天中，飞机有 3 次航班，火车有 6 个班次，轮船有 1 个班次，那么在一天中乘坐这些交通工具从城市甲到城市乙地，共有多少种不同的走法？

答：共有 3+6+1=10 种不同的走法．

这个问题可以总结为下面的一个基本原理——**加法原理**（addition principle）（也叫**分类计数原理** classification counting principle）．

加法原理：如果完成一件事，有 n 类办法，在第 1 类办法中，有 m_1 种不同的方法，在第 2 类办法中有 m_2 种不同的方法……在第 n 类办法中有 m_n 种不同的方法，那么完成这件事共有

$$N=m_1+m_2+\cdots+m_n$$

种不同的方法．

(**Addition principle.** If we know that we can find n classes of different methods to complete one piece of work and that there are m_1 different kinds of methods in the 1st class, m_2 different kinds of methods in the 2nd class and m_n different kinds of methods in the nth class, then we can find $N=m_1+m_2+\ldots+m_n$ different kinds of methods in total to complete this work.)

二 乘法原理

问题 2：如果从城市甲必须途径城市乙才能到达城市丙，从城市甲到城市乙的道路有 3 条，从城市乙到城市丙的道路有 2 条，那么从城市甲到城市丙，共有多少种不同的走法？

答：共有 $3\times 2=6$ 种不同的走法.

这个问题也可以总结为另一个基本原理——<u>乘法原理</u>（multiplication principle）（也叫<u>分步计数原理</u> step-by-step counting principle）.

<u>**乘法原理**：如果完成一件事，需要分成 n 个步骤，做第 1 步有 m_1 种不同的方法，做第 2 步有 m_2 种不同的方法……做第 n 步有 m_n 种不同的方法，那么完成这件事共有 $N=m_1\times m_2\times\cdots\times m_n$ 种不同的方法.</u>

（**Multiplication principle.** If we know that we should take n steps to complete one piece of work and that there are m_1 different kinds of methods in the 1st step, m_2 different kinds of methods in the 2nd step and m_n different kinds of methods in the nth step, then we can find $N=m_1\times m_2\times\ldots\times m_n$ different kinds of methods in total to complete this work.）

<u>加法原理和乘法原理的用途是计算完成一件事的所有不同的方法种数．不同的是：一个与分类有关，一个与分步有关.</u>（The difference between these two basic principles is that one relates to classes, while the other relates to steps.）

进行分类时，要求各类办法彼此之间是相互排斥的，不论哪一类办法中的哪一种方法，都能单独完成这件事．进行分步时各步要求相互独立.

例 1 如果一个班里有 15 名男生和 10 名女生，

（1）要从班里任意选取一名同学，那么一共有多少种不同的取法？

（2）要从班里任意选取一名男同学和一名女同学，那么共有多少种不同的取法？

解：（1）从班里任意选取一名同学，可以有两类办法：第一类办法是从 15

名男生中选取，有 15 种方法；第二类办法是从 10 名女生中选取，有 10 种方法．所以根据加法原理，共有 15+10=25 种不同的取法．

（2）从班级里选取 1 名男生和 1 名女生，需要分成两个步骤完成：第一步选取 1 名男生，有 15 种方法；第二步选取 1 名女生，有 10 种方法．所以根据乘法原理，一共有 15×10=150 种不同的取法．

例 2 由数字 0，1，2，3，4 可以组成多少个不同的三位整数？（数字允许重复）

解：要组成一个三位数，需要分成三个步骤：第一步，从 1~4 这 4 个数字中任选一个数字放在百位上，有 4 种选法；第二步，由于数字允许重复，可以从 0~4 这 5 个数字中任选一个数字放在十位上，有 5 种选法；第三步，个位上的数字也可以从 0~4 这 5 个数字中任选一个，有 5 种选法．根据乘法原理，可以有 4×5×5=100 个不同的三位整数．

例 3 已知有甲、乙两只口袋，甲袋中装有 4 个不同的红色球，乙袋中装有 5 个不同的绿色球，

（1）如果一个人要从两个口袋中任取一个球，共有多少种不同的取法？

（2）如果一个人要从两个口袋中各取一个球，共有多少种不同的取法？

解：（1）要从两个口袋里任意取一个球，有两类不同的取法：第一类方法是从甲袋中取一个红色球，有 4 种不同的取法；第二类方法是从乙袋中取一个绿色球，有 5 种不同的取法．由加法原理得到：共有 4+5=9 种不同的取法．

（2）一个人要从两个口袋中各取一个球，可以分为两个步骤：第一步先从甲袋中取一个红色的球，有 4 种不同取法；第二步再从乙袋中取一个绿色的球，有 5 种不同取法，由乘法原理得到：共有 4×5=20 种不同的取法．

*习题8.1

1. 在数字 10～99 中，个位数字小于十位数字的共有多少个？

2. 在数字 100～999 中，有且只有两个数字相同的数共有多少个？

3. 一个小组有 10 人，每人至少会英语和德语中的一门，其中 8 人会英语，5 人会德语，

   (1) 如果要从中任意选出一个会外语的人，一共有多少种不同的选法？

   (2) 如果要从中选出会英语和会德语的各 1 人，一共有多少种不同的选法？

4. 展开乘积 $(a_1+a_2+a_3)(b_1+b_2+b_3+b_4)(c_1+c_2+c_3+c_4+c_5)$ 后共有多少项？

*8.2 排列和排列数

一 引例

如果有红、黄、绿三面不同颜色的旗子,按照从高到低的不同顺序同时升起表示不同的信号(signal),那么这样总共可以表示出多少种不同的信号?

首先,确定最高位置的旗子,在红、黄、绿这三面旗子中任取一个,有 3 种方法;

其次,确定中间位置的旗子,当最高位置确定之后,中间位置的旗子只能从剩余下的两面旗中去取,有 2 种方法;

再次,确定最低位置的旗子,只能从剩下的旗子中选择,有 1 种取法.

根据乘法原理,用红、黄、绿这三面旗子同时升起可以表示 $3\times2\times1=6$ 种不同的信号.

二 排列的有关概念

一般地,从 n 个不同的元素中,任取 m($m\leqslant n$)个元素,按照一定的顺序排成一列,叫做从 n 个不同的元素中取出 m 个不同元素的一个<u>排列</u>(permutation 或 arrangement).

所以,两个排列相同,当且仅当两个排列的元素和元素的顺序完全相同.

从 n 个不同元素中取出 m($m\leqslant n$)个元素的所有排列的个数,叫做从 n 个不同元素中取出 m 个不同元素的<u>排列数</u>(number of permutations),用符号 A_n^m 表示,其中,

$$A_n^m=n(n-1)(n-2)\cdots(n-m+1)$$

这里，n，$m \in \mathbf{N}^*$，并且 $m \leqslant n$，这个公式叫做排列数公式．

例如，$A_6^2 = 6 \times 5 = 30$，$A_8^3 = 8 \times 7 \times 6 = 336$．

n 个不同元素全部取出的一个排列，叫做 n 个不同元素的一个全排列，这时在排列数公式中，$m = n$，即

$$A_n^n = n \cdot (n-1) \cdot (n-2) \cdots 3 \cdot 2 \cdot 1$$

正整数 1 到 n 的连乘积，叫做 n 的**阶乘**（factorial），用"$n!$"表示，读作"n 的阶乘"．所以 n 个不同元素的全排列数公式可以写成

$$A_n^n = n!$$

排列数公式还可以写成

$$A_n^m = \frac{n!}{(n-m)!}$$

规定 $0! = 1$．

例1 （1）有 5 本不同的书，从中任意选出 3 本送给 3 名同学，每人各 1 本，共有多少种不同的送法？

（2）有 5 种不同的书，要选 3 本送给 3 名同学，每人各 1 本，共有多少种不同的送法？

解：（1）（注意：5 本书是不可以重复的）从 5 本不同的书中选出 3 本分别送给 3 名同学，对应于从 5 个元素中任取 3 个元素的一个排列，因此不同送法的种数是 $A_5^3 = 5 \times 4 \times 3 = 60$．

（2）（注意：5 种书里每一种书是可以重复的）由于有 5 种不同的书，送给每个同学的 1 本书都有 5 种不同的选购方法，因此根据乘法原理，送给 3 名同学每人各 1 本书的不同方法种数是 $5 \times 5 \times 5 = 125$．

例2 从 0 到 9 这 10 个数字，可以组成多少个没有重复数字的三位数？

解：方法一 由于在没有重复数字的三位数中，百位上的数字不能为 0，可根据所带的这个附加条件将组成没有重复数字的三位数看作是分两步完成：第一步选百位上的数字，它可从 1 到 9 这 9 个数字中任选 1 个，有 A_9^1 种选法；

第二步选十位和个位上的数字，它可从剩余的9个数字中任选2个，而且是有顺序的，所以有 A_9^2 种选法，那么根据乘法原理，可以组成 $A_9^1 \cdot A_9^2 = 9 \times 9 \times 8 = 648$ 个没有重复数字的三位数.

方法二 从0到9这10个数字中任取3个数字的排列数为 A_{10}^3，其中0在第一位的排列数是 A_9^2，因此，它们的差就是用这10个数字组成的没有重复的三位数的个数，所以可以组成 $A_{10}^3 - A_9^2 = 10 \times 9 \times 8 - 9 \times 8 = 648$ 个没有重复数字的三位数.

*习题8.2

1. 计算

(1) $5A_5^3 + 4A_4^2$　　　　　　(2) $A_4^1 + A_4^2 + A_4^3 + A_4^4$

2. 用0、1、2、3、4、5、6七个数字可以组成多少个没有重复数字的下列数?

(1) 四位偶数　　　　　　(2) 比30000大的五位偶数

3. 从0、1、2、3、4、5、6这七个数字中,任取三个不同的数字分别作为一元二次函数 $y = ax^2 + bx + c$ 的系数 a,b,c,那么一共可以组成多少个不同的函数表达式?

4. 7名同学站成一排,以下情况各有多少种不同排法?

(1) 甲在正中间位置　　　　　　(2) 甲、乙必在两端位置

(3) 甲、乙必须挨着　　　　　　(4) 甲不在左端

(5) 甲、乙两人不相邻

*8.3 组合和组合数

一 组合

从 n 个不同元素中任取 m（$m \leqslant n$）个元素并成一组叫做从 n 个不同元素中取出 m 个元素的一个<u>组合</u>（combination）.

从排列组合的定义可以知道，排列与元素的顺序有关，而组合与元素的顺序无关.

例如，已知 a，b，c，d 这 4 个元素，每次取出 2 个元素的所有组合有：ab，ac，ad，bc，bd，cd.

二 组合数公式

从 n 个不同元素中取出 m（$m \leqslant n$）个元素的所有组合的个数，叫做从 n 个不同元素中取出 m 个元素的<u>组合数</u>（number of combinations），用 "C_n^m" 表示. 例如，从 7 个苹果中任意取出 3 个苹果的取法数是 C_7^3.

从 n 个不同元素中取出 m 个元素的组合数 C_n^m 为

$$C_n^m = \frac{A_n^m}{A_m^m} = \frac{n(n-1)(n-2)\cdots(n-m+1)}{m!}$$

所以，C_n^m 也可以写为

$$C_n^m = \frac{n!}{m!(n-m)!}$$

这里，n，$m \in \mathbf{N}^*$，并且 $m \leqslant n$，这个公式叫做组合数公式.

例1 计算 (1) C_7^4；(2) C_{10}^7.

解：(1) $C_7^4 = \dfrac{7\times 6\times 5\times 4}{4!} = 35$；

(2) $C_{10}^7 = \dfrac{10!}{7!\ 3!} = \dfrac{10\times 9\times 8}{3!} = 120$.

例2 从4名男同学和6名女同学中选出7人排成一排，

(1) 如果要选出3名男同学和4名女同学，共有多少种排法？

(2) 如果要选出3名男同学和4名女同学，且4名女同学必须排在一起，共有多少种排法？

(3) 如果要选出3名男同学和4名女同学，且3名男同学必须站在中间，共有多少种排法？

解：(1) 第一步，从4名男同学中选出3人，有 C_4^3 种方法；第二步，从6名女同学中选出4人，有 C_6^4 种方法. 根据乘法原理，选出7人共有 $C_4^3 \cdot C_6^4$ 种选法. 第三步，把每次选出的7个人进行全排列，每一次都有 A_7^7 种方法. 因此根据乘法原理，共有 $C_4^3 \cdot C_6^4 \cdot A_7^7 = 4\times 15\times 7! = 302400$ 种排法.

(2) 先选取7人，然后再将7人排列. 由(1)知，选出3名男同学和4名女同学有 $C_4^3 \cdot C_6^4$ 种方法，把每次选出的7个人进行排列时，由于4名女同学必须排在一起，可先将她们看成一个整体，作为一个元素与3名男同学进行排列，这样一共有4个元素，他们的全排列数是 A_4^4，然后将4名女同学进行全排列，4名女同学共有 A_4^4 种排列方法. 所以根据乘法原理，把上面所有的数字相乘得到所求的排法种数是 $C_4^3 \cdot C_6^4 \cdot A_4^4 \cdot A_4^4 = 4\times 15\times 24\times 24 = 34560$.

(3) **方法一** 分两步：第一步，排中间位置的3名男同学：先从4名男同学中选出3人来，有 C_4^3 种选法，由于3名男同学必须站在中间，有 A_3^3 种排法，这一步一共有 $C_4^3 \cdot A_3^3$ 种排列法；第二步，排其他位置的女生：先从6名女同学中选4名，有 C_6^4 种选法，然后把女同学分在两侧有 A_4^4 种排法，这一步一共有 $C_6^4 \cdot A_4^4$ 种排列法. 所以根据乘法原理，把上面所有的数字相乘得到所求的排法种数是 $(C_4^3 \cdot A_3^3)\cdot(C_6^4 \cdot A_4^4) = 4\times 15\times 6\times 24 = 8640$.

方法二 从4名男同学中选出3人进行排列，有 A_4^3 种方法；从6名女同学中选出 4 人进行排列，有 A_6^4 种方法，根据乘法原理，所求的排法种数是 $A_4^3 \cdot A_6^4 = 8640$.

三 组合数的两个性质

性质 1

$$C_n^m = C_n^{n-m}$$

为使上面的公式在 $m = n$ 时也成立，我们规定 $C_n^0 = 1$.

性质 2

$$C_{n+1}^m = C_n^m + C_n^{m-1}$$

*习题8.3

1. 计算

   (1) C_{200}^{197}

   (2) $C_{n+1}^{n} \cdot C_{n}^{n-2}$

2. 在 a，b，c，d，e，f 这六个字母中，每次取 4 个进行排列，若每 4 个排列都包括 a，b，且 a 在 b 前，一共有多少种排列方法？

3. 从 5 名男生和 4 名女生中选出 4 人去参加比赛，

   (1) 如果选出的 4 人中男生和女生各选 2 人，那么有多少种选法？

   (2) 如果男生中的甲与女生中的乙必须在内，那么有多少种选法？

   (3) 如果男生中的甲与女生中的乙至少要有 1 人在内，那么有多少种选法？

   (4) 如果选出的 4 人中必须既有男生又有女生，那么有多少种选法？

4. 从 1，3，5，7，9 中任取 3 个数字，从 2，4，6，8 中任取 2 个数字，一共可以组成多少个没有重复数字的五位数？

*8.4 二项式定理

一 二项式定理

一般地，对于任意正整数 n，

$$(a+b)^n = C_n^0 a^n + C_n^1 a^{n-1}b + \cdots + C_n^r a^{n-r}b^r + \cdots + C_n^n b^n$$

这个公式所表示的定理叫做<u>二项式定理</u>（binomial theorem）. 等号右边的 $n+1$ 项<u>多项式</u>（polynomial）叫做 $(a+b)^n$ 的<u>二项展开式</u>（binomial expansion），其中每一项的系数 C_n^r（$r=0, 1, \cdots, n$）叫做<u>二项式系数</u>（binomial coefficient），$C_n^r a^{n-r}b^r$ 叫做二项展开式的通项，用 T_{r+1} 表示（即，展开式的第 $r+1$ 项）：

$$T_{r+1} = C_n^r a^{n-r} b^r$$

例 1 展开 $\left(\sqrt{x} - \dfrac{1}{\sqrt{x}}\right)^4$.

解： $\left(\sqrt{x} - \dfrac{1}{\sqrt{x}}\right)^4 = \left(\dfrac{x-1}{\sqrt{x}}\right)^4 = \dfrac{1}{x^2}(x-1)^4$

$= \dfrac{1}{x^2}(x^4 - C_4^1 x^3 + C_4^2 x^2 - C_4^3 x + C_4^4) = x^2 - 4x + 6 - \dfrac{4}{x} + \dfrac{1}{x^2}$.

例 2 求 $(x+a)^{12}$ 的展开式中的<u>倒数第 4 项</u>（the 4th term from the last）.

解： $(x+a)^{12}$ 的展开式共有 13 项，所以倒数第 4 项是它的第 10 项，展开式的第 10 项是 $T_{9+1} = C_{12}^9 x^{12-9} a^9 = C_{12}^3 x^3 a^9 = 220 x^3 a^9$.

例 3 求 $\left(x - \dfrac{1}{x}\right)^9$ 的展开式中 x^5 的系数和二项式系数.

解： $\left(x - \dfrac{1}{x}\right)^9$ 的展开式的通项是 $C_9^r x^{9-r} \left(-\dfrac{1}{x}\right)^r = (-1)^r C_9^r x^{9-2r}$，

根据题意，得 $9-2r=5$，即 $r=2$，

因此，x^5 的系数是 $(-1)^2 C_9^2 = 36$，二项式系数是 $C_9^2 = 36$.

二 二项式系数的和

已知 $(1+x)^n = 1 + C_n^1 x + C_n^2 x^2 + \cdots + C_n^r x^r + \cdots + x^n$，令 $x=1$，则

$$1 + C_n^1 + C_n^2 + \cdots + C_n^r + \cdots + C_n^n = 2^n$$

这就是说，$(a+b)^n$ 的展开式的各个二项式系数的和等于 2^n.

*习题8.4

1. (1)（2005～2006学年外国留学生预科结业试题）求 $\left(\sqrt[4]{x}-\dfrac{3}{\sqrt{x}}\right)^{10}$ 的展开式中 x 的系数.

(2)（2005年清华大学外国留学生本科入学试题）求 $\left(x^3-\dfrac{2}{\sqrt{x}}\right)^7$ 的展开式中的常数项.

2. 计算
$$2^n - C_n^1 \cdot 2^{n-1} + C_n^2 \cdot 2^{n-2} + \cdots + (-1)^{n-1} C_n^{n-1} \cdot 2 + (-1)^n$$

*复习参考题

1. 选择题

(1) 5个人分4张同样的电影票，每人至多发1张，而且票必须发完，那么不同发法的种数是（　　）.

(A) 5^4　　　　　　　　　　　(B) 4^5

(C) $5\times 4\times 3\times 2$　　　　　(D) $\dfrac{5\times 4\times 3\times 2}{4!}$

(2) 5名同学参加同时进行的4场不同的比赛，每名同学可自由选择参加其中的1场比赛，那么不同选法的种数是（　　）.

(A) 5^4　　　　　　　　　　　(B) 4^5

(C) $5\times 4\times 3\times 2$　　　　　(D) $\dfrac{5\times 4\times 3\times 2}{4!}$

(3) $(1+x)^{2n}$ 的展开式中，系数最大的项是（　　）.

(A) 第 $\dfrac{n}{2}+1$ 项　　　　　(B) 第 n 项

(C) 第 $n+1$ 项　　　　　　　　(D) 第 n 项与第 $n+1$ 项

2. 已知 $\dfrac{1}{C_5^m} - \dfrac{1}{C_6^m} = \dfrac{7}{10 \cdot C_7^m}$，求 m.

3. 100 件产品中有 97 件合格品，3 件不合格品，从中任意选取 5 件进行检查.

(1) 抽出的 5 件都是合格品的选取法有多少种？

(2) 抽出的 5 件恰好有 2 件是不合格品的选取法有多少种？

(3) 抽出的 5 件至少有 2 件是不合格品的选取法有多少种？

4. 求 $(1+x+x^2)(1-x)^{10}$ 展开式中 x^4 的系数.

第二部分

平面解析几何

1 平面向量及其运算

1.1 平面向量的线性运算

一 平面向量

在一个平面里的既有大小又有方向的量叫做平面向量（vector）；只有大小没有方向的量叫做数量（scalar）.

我们常用带箭头（arrow）的线段（line segment）来表示向量，线段的长短表示向量的大小，箭头的方向表示向量的方向.

有方向的线段叫做有向线段（directed line segment）（如图 1-1），以 A 为起点，以 B 为终点的有向线段记作 $\overrightarrow{AB}$，起点写在终点前面.

向量可以用有向线段表示，也可以用字母 a，b，c 表示，或者用向量的起点和终点的字母表示，例如 $\overrightarrow{AB}$，$\overrightarrow{BC}$.

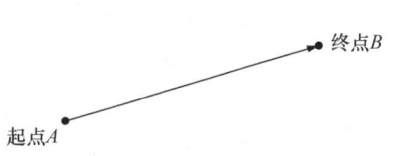

图 1-1 向量的表示

有向线段 $\overrightarrow{AB}$ 的长度叫做向量 $\overrightarrow{AB}$ 的模（norm），记作 $|\overrightarrow{AB}|$，读作"向量 $\overrightarrow{AB}$ 的模". 长度为 0 的向量叫做零向量（zero vector），记作 **0**. 长度等于 1 的向量叫做单位向量（unit vector）.

二 向量的关系

1. **平行**（parallel）**和共线**（collinear）：方向相同或相反的非零向量叫做平行向量（parallel vectors）（如下图 1-2），记作：$a // b // c$，读作"向量 a 平行于向量 b 平行于向量 c".

规定：零向量与任何一个向量平行.

任意两个平行的向量都可以平移（translate）到同一条直线上，所以平行向量也叫共线向量（collinear vectors）.

2. **垂直**：如果向量 a 和 b 的方向互相垂直，那么就说它们是垂直向量（perpendicular vectors），记作 $a \perp b$，读作"向量 a 垂直于向量 b".

3. **相等**：如果向量 a 和 b 的长度相等且方向相同，那么 a 和 b 是相等向量（equal vectors），记作"$a = b$"，读作"向量 a 等于向量 b".

根据向量相等的定义，我们知道：任意两个相等的非零向量都可以用同一个有向线段表示，而与有向线段的起点无关（be independent of the starting point）. 所以，两个长度相等且方向相同的有向线段，不论它们的位置在哪里，都可以表示同一个向量.

如图 1-3，在 □ABCD 中，$\overrightarrow{AB} = \overrightarrow{DC}$，$\overrightarrow{AD} = \overrightarrow{BC}$，$\overrightarrow{AB} // \overrightarrow{CD}$，$\overrightarrow{AD} // \overrightarrow{CB}$.

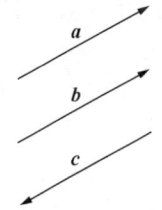

图 1-2 平行向量

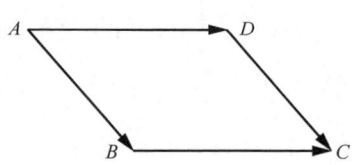

图 1-3 向量的平行和相等

三 向量的加法（addition of vectors）

如下图 1-4，一个质点（particle）从 A 点经过 B 点位移（displace）到 C 点的结果和从 A 点直接位移到 C 点的结果相同，即 $\overrightarrow{AB} + \overrightarrow{BC} = \overrightarrow{AC}$，向量 $\overrightarrow{AC}$ 叫做向量 $\overrightarrow{AB}$ 和向量 $\overrightarrow{BC}$ 的和.

我们用 $2a$ 表示 $a+a$，即，$a+a=2a$，可以继续下去：$2a+a=3a$，…

四 向量的减法（subtraction of vectors）

与向量 $\overrightarrow{AB}$ 大小相等、方向相反的向量叫做 $\overrightarrow{AB}$ 的负向量，记作 $-\overrightarrow{AB}$，所以有 $\overrightarrow{AB} + (-\overrightarrow{AB}) = \mathbf{0}$.

定义向量的加法为：$b - a = b + (-a)$. 所以我们可以用 $-2a$ 表示 $-a-a$，

即，$-a-a=-2a$，也可以继续下去：$-2a-a=-3a$，…

向量加、减法的作图——"三角形法则"

1. 向量的加法的作图方法

让$\overrightarrow{AB}$，$\overrightarrow{BC}$两个向量首尾相连，从最初的起点A指向最后的终点C，$\overrightarrow{AC}$就是$\overrightarrow{AB}+\overrightarrow{BC}$（见图1-4）.

2. 向量的减法的作图方法

让$\overrightarrow{AB}$，$\overrightarrow{AC}$两个向量具有相同的起点，从减向量的终点B指向被减向量的终点C，$\overrightarrow{BC}$就是$\overrightarrow{AC}-\overrightarrow{AB}$（见图1-5）.

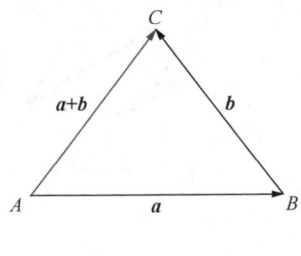

图1-4　向量的加法

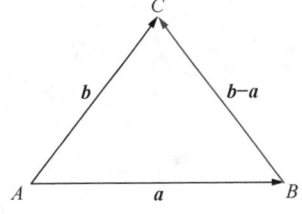

图1-5　向量的减法

五　向量的数乘（multiplication of a vector by a scalar）

规定实数k与向量a的乘积是一个向量，记作$k\boldsymbol{a}$，它的长度和方向规定如下：

1. （长度）$|k\boldsymbol{a}|=|k|\cdot|\boldsymbol{a}|$，

2. （方向）当$k>0$时，$k\boldsymbol{a}$方向与$\boldsymbol{a}$的方向相同；当$k<0$时，$k\boldsymbol{a}$方向与$\boldsymbol{a}$的方向相反.

向量的数乘运算满足下面的运算规律：

$$\lambda(\mu \boldsymbol{a})=(\lambda\mu)\boldsymbol{a} \quad (\lambda,\mu\in\mathbf{R})$$
$$(\lambda+\mu)\boldsymbol{a}=\lambda\boldsymbol{a}+\mu\boldsymbol{a}$$
$$\lambda(\boldsymbol{a}+\boldsymbol{b})=\lambda\boldsymbol{a}+\lambda\boldsymbol{b}$$

非零向量$\boldsymbol{a}$，$\boldsymbol{b}$共线$\Leftrightarrow$存在唯一一个实数λ使得$\boldsymbol{b}=\lambda\boldsymbol{a}$.

例1 已知向量 a，b，求作向量 $a+b$.

作法：如图1-6，在平面内取一点 O，作 $\overrightarrow{OA}=a$ 和 $\overrightarrow{AB}=b$，则在 $\triangle OAB$ 中根据三角形法则知道 $\overrightarrow{OB}=a+b$.

或者采用"<u>平行四边形法则</u>（parallelogram law）"：

作 $\overrightarrow{OA}=a$，$\overrightarrow{AB}=b$，以 OA，AB 为<u>邻边</u>（adjacent side）作 $\square OABC$，那么平行四边形的对角线 $\overrightarrow{OB}=a+b$（如图1-6）.

例2 如图1-7，在<u>正六边形</u>（regular hexagon）中，若 $\overrightarrow{OA}=a$，$\overrightarrow{OE}=b$，求 $\overrightarrow{OB}$、$\overrightarrow{OC}$、$\overrightarrow{OD}$（用向量 a，b 表示）.

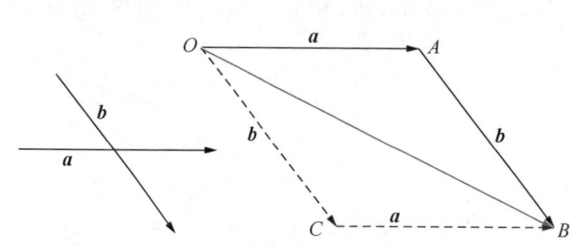

图1-6 作图图示

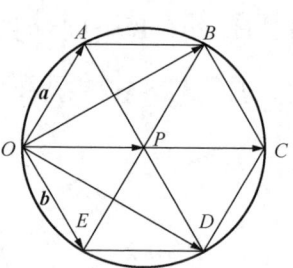

图1-7 例2的图示

解：设正六边形中心为 P，则

$$\overrightarrow{OP}=\overrightarrow{OA}+\overrightarrow{AP}=\overrightarrow{OA}+\overrightarrow{OE}=a+b;$$

$$\overrightarrow{OB}=\overrightarrow{OA}+\overrightarrow{AB}=\overrightarrow{OA}+\overrightarrow{OP}=\overrightarrow{OA}+(a+b)$$

$$=a+(a+b)=2a+b;$$

$$\overrightarrow{OC}=\overrightarrow{OP}+\overrightarrow{PC}=2\overrightarrow{OP}=2(a+b);$$

$$\overrightarrow{OD}=\overrightarrow{OP}+\overrightarrow{PD}=\overrightarrow{OP}+\overrightarrow{OE}=(a+b)+b=a+2b.$$

例3 设 a，b 是两个不共线的向量，已知 $\overrightarrow{AB}=a+xb$，$\overrightarrow{CB}=a+2b$，$\overrightarrow{CD}=2a-b$，如果 A，B，D 三点共线，求 x 的值.

解：$\overrightarrow{BD}=\overrightarrow{CD}-\overrightarrow{CB}=2a-b-a-2b=a-3b$.

∵ A，B，D 三点共线，

∴ 向量 $\overrightarrow{AB}$，$\overrightarrow{BD}$ 平行.

∴ 存在 λ 使 $\overrightarrow{AB}=\lambda\overrightarrow{BD}$，即 $a+xb=\lambda(a-3b)$，

∴ $\begin{cases}\lambda=1,\\ x=-3\lambda,\end{cases}$ ∴ $x=-3$.

习题1.1

1. $\vec{AB}+\vec{BC}+\vec{CD}=$

2. $\vec{AB}-\vec{AC}+\vec{BD}=$

3. 在图1-3中，已知$\vec{AD}=a$，$\vec{DC}=b$，求$\vec{AC}$、$\vec{CB}$、$\vec{CD}$、$\vec{DB}$（用向量a，b表示）.

1.2 平面向量的正交分解

(orthogonal decomposition of the vectors on a plane)

■ 一 共面向量定理

如果 e_1，e_2 是同一个平面内的两个不平行的向量，那么对于这个平面内的任意向量 a，<u>有且只有一对实数</u>（have one and only one pair of real numbers）λ_1，λ_2 使得 $a=\lambda_1 e_1+\lambda_2 e_2$.

■ 二 向量的坐标

在平面直角坐标系中，分别取与 x 轴和 y 轴方向相同的两个相互垂直的单位向量 i，j，由共面向量定理可知，有且只有一对实数 λ，μ 使得

$$a = \lambda i + \mu j,$$

这样，平面内的任意一个向量 a 都可以由实数对 (λ, μ) 唯一确定，我们把<u>有序数对</u>（ordered pair）(λ, μ) 叫做向量 a 的<u>坐标</u>（coordinate），记作

$$a = (\lambda, \mu),$$

其中，λ 叫做 a 在 x 轴上的坐标，μ 叫做 a 在 y 轴上的坐标. 显然，$i=(1, 0)$，$j=(0, 1)$，$\mathbf{0}=(0, 0)$.

例1 在直角坐标系中，已知三个点的坐标是 $A(-7, 2)$，$B(12, -1)$，$C(1, -3)$，求向量 $\overrightarrow{OA}$、$\overrightarrow{OB}$、$\overrightarrow{OC}$ 的坐标.

解：因为 $\overrightarrow{OA}=-7i+2j$，$\overrightarrow{OB}=12i-j$，$\overrightarrow{OC}=i-3j$，

所以 $\overrightarrow{OA}=(-7, 2)$，$\overrightarrow{OB}=(12, -1)$，$\overrightarrow{OC}=(1, -3)$.

■ 三 平面向量的坐标运算

已知 $a=(x_1, y_1)$，$b=(x_2, y_2)$，则

$$a+b=(x_1\boldsymbol{i}+y_1\boldsymbol{j})+(x_2\boldsymbol{i}+y_2\boldsymbol{j})=(x_1+x_2)\boldsymbol{i}+(y_1+y_2)\boldsymbol{j},$$

即：$a+b=(x_1+x_2, y_1+y_2)$，

同理：$a-b=(x_1-x_2, y_1-y_2)$，$\lambda a=(\lambda x_1, \lambda y_1)$，

所以有：

$$a\pm b=(x_1\pm x_2, y_1\pm y_2)$$
$$\lambda a=(\lambda x_1, \lambda y_1)$$

例2 已知三个力 $F_1(-1, 7)$，$F_2(2, -9)$，$F_3(x, y)$ 的合力满足条件 $F_1+F_2+F_3=0$，求 F_3 的坐标.

解：由条件 $F_1+F_2+F_3=0$ 得：

即：$\begin{cases} -1+2+x=0, \\ 7-9+y=0, \end{cases}$ $\therefore \begin{cases} x=-1, \\ y=2, \end{cases}$

$\therefore F_3(-1, 2)$.

*四 向量的复数表示

在直角坐标系内，因为任何一个向量总可以通过平移，把向量的起点平移到原点，这样，任何一个复数 $z=a+bi$ 和平面内一点 $Z(a, b)$ 对应，任何一点 $Z(a, b)$ 又可以和以原点为起点、以点 $Z(a, b)$ 为终点的向量 $\overrightarrow{OZ}$ 对应，这些对应都是一一对应，复数、平面上的点和向量的关系如图 1-8 所示：

向量 $\overrightarrow{OZ}$ 的模也就是有向线段 $\overrightarrow{OZ}$ 的长度 $|\overrightarrow{OZ}|$.

注意：两个相等的向量表示同一个复数，但它们的终点却不一定表示同一个复数，因为起点不一定相同.

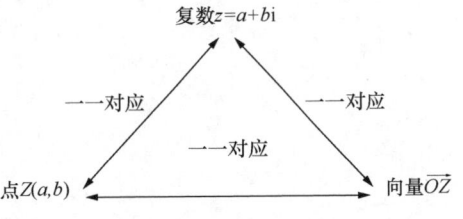

图 1-8 向量、复数和坐标系中的点的关系

例3 已知一个复数的实部是 $\sqrt{3}$，模是 2，求这个复数，并在复平面上用向量把它表示出来.

解：设复数是 $z=\sqrt{3}+bi$，$(b\in \mathbf{R})$，

因为已知 $|z|=2$，

所以有 $\sqrt{(\sqrt{3})^2+b^2}=2$，

∴ $b=\pm 1$，

从而，所求的复数是

$$z_1=\sqrt{3}+\mathrm{i}, \quad z_2=\sqrt{3}-\mathrm{i}.$$

若用向量表示，则如图 1-9：

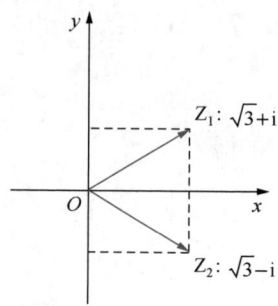

图 1-9　例 3 的图示

习题1.2

1. 已知平面上三个点的坐标分别是 $A(2,1)$,$B(1,3)$,$C(3,4)$,求点 D 的坐标使这四个点能够构成平行四边形四个顶点.

*2. 复数 $z=(a^2-2a+3)-\left(a^2-a+\dfrac{1}{2}\right)i\ (a\in \mathbf{R})$ 在复平面内的对应点位于第几象限?

1.3 向量共线的坐标表示

已知向量 $a=(x_1, y_1)$，$b=(x_2, y_2)$，a，b 是非零向量，由第一节的知识知道：

a，b 共线 $\Leftrightarrow$ 存在唯一一个非零的实数 λ 使得

$$b=\lambda a,$$

如果用坐标表示，可以写成

$$(x_2, y_2)=\lambda(x_1, y_1)=(\lambda x_1, \lambda y_1),$$

或者 $\dfrac{x_2}{x_1}=\dfrac{y_2}{y_1}=\lambda$，

消去 λ 得：$x_1 y_2 - x_2 y_1 = 0$.

从而向量共线的充要条件是：

> $a // b \Leftrightarrow b=\lambda a \Leftrightarrow \dfrac{x_1}{x_2}=\dfrac{y_1}{y_2} \Leftrightarrow x_1 y_2 - x_2 y_1 = 0$
>
> 其中 $a=(x_1, y_1)$，$b=(x_2, y_2)$ 是非零向量

例1 已知向量 $a=(-4, x)$ 与 $b=(-x, 4)$ 平行且方向相反，求 x.

解：$\because a=(-4, x)$ 与 $b=(-x, 4)$ 共线，

$\therefore \dfrac{-4}{-x}=\dfrac{x}{4}$，

$\therefore x^2=16 \Rightarrow x=\pm 4$，

$\because a$ 与 b 方向相反，$\quad \therefore x=-4$.

例2 已知点 $A(-1, -1)$，$B(1, 3)$，$C(1, 5)$，$D(2, 7)$，那么向量 $\overrightarrow{AB}$ 与 $\overrightarrow{CD}$ 平行吗？直线 AB 与直线 CD 平行吗？

解：$\because \overrightarrow{AB}=\overrightarrow{OB}-\overrightarrow{OA}=(1, 3)-(-1, -1)=(2, 4)$，

$\vec{CD} = \vec{OD} - \vec{OC} = (2-1, 7-5) = (1, 2)$,

又上面的计算知道 $\vec{AB} = 2\vec{CD}$,

∴ $\vec{AB} // \vec{CD}$.

又 $\vec{AC} = \vec{OC} - \vec{OA} = (1-(-1), 5-(-1)) = (2, 6)$, $\vec{AB} = (2, 4)$,

∵ $2 \times 4 - 2 \times 6 \neq 0$,

∴ $\vec{AC}$ 与 $\vec{AB}$ 不平行,

∴ A、B、C 三点不共线.

∴ 直线 AB 与直线 CD 不重合.

∴ $AB // CD$.

习题1.3

1. 若 $M(3,-2)$，$N(-5,-1)$ 且 $\overrightarrow{MP}=\dfrac{1}{2}\overrightarrow{MN}$，求 P 点的坐标.

2. 若 $A(0,1)$，$B(1,2)$，$C(3,4)$，则 $\overrightarrow{AB}-2\overrightarrow{BC}=$ _____.

1.4　向量的数量积

一　向量的数量积

已知两个非零向量 a，b，我们把数量 $|a|\cdot|b|\cos\theta$ 叫做向量 a，b 的数量积或内积（inner product），记作 $a\cdot b$，读作"向量 a 和向量 b 的内积"或者"向量 a 点乘向量 b"，即

$$a\cdot b=|a|\cdot|b|\cos\theta$$

其中，θ 是向量 a，b 的夹角，$|a|\cdot\cos\theta$ 叫做 a 在 b 方向上的投影（projection），$|b|\cdot\cos\theta$ 叫做 b 在 a 方向上的投影．向量 a，b 的夹角是指把向量 a，b 的起点放在一起时向量 a 和向量 b 形成的角．所以向量 a，b 的夹角取值范围是 $0°\leqslant\theta\leqslant180°$，具体定义情况见图 1-10.

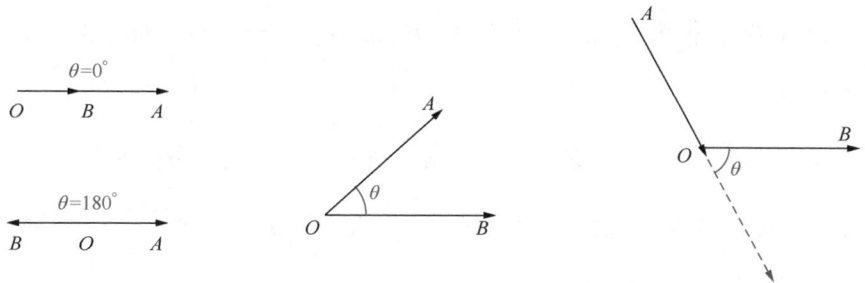

图 1-10　向量的夹角

见下图 1-11，$OB_1=|b|\cdot\cos\theta$ 就是向量 b 在 a 方向上的投影，实线表示正值，虚线表示负值．

注意：投影是一个数量，投影的值可正、可负，也可以是零．当 θ 是锐角时投影是正值；当 θ 是钝角时投影是负值；当 θ 是直角（right angle）时投影是 0．

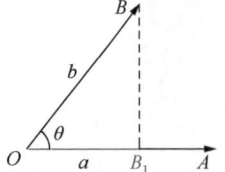 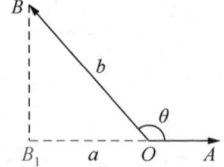 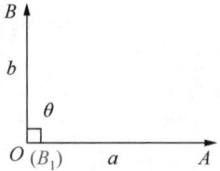

图 1-11 向量的投影

二 向量的数量积的性质

$$a \cdot b = b \cdot a$$
$$\lambda(a \cdot b) = (\lambda a) \cdot b = a \cdot (\lambda b)$$
$$(a+b) \cdot c = a \cdot c + b \cdot c$$

设 a，b 是两个非零向量，则

1. $a \perp b \Leftrightarrow a \cdot b = 0$；

2. 当 $a = b$ 时，$a \cdot a = |a|^2$ 或者 $|a| = \sqrt{a \cdot a}$；

3. 由内积计算公式得到 $\cos\theta = \dfrac{a \cdot b}{|a||b|}$，从而可以计算出向量的夹角.

例 1 已知两个非零向量 a，b，且 $(a+3b) \perp (7a-5b)$，$(a-4b) \perp (7a-2b)$，求 a，b 的夹角.

解： 由 $(a+3b) \cdot (7a-5b) = 0 \Rightarrow 7|a|^2 + 16 a \cdot b - 15|b|^2 = 0$，　　　(1)

$(a-4b) \cdot (7a-2b) = 0 \Rightarrow 7|a|^2 - 30 a \cdot b + 8|b|^2 = 0$，　　　(2)

两式相减：$2 a \cdot b = |b|^2$，

代入 (1) 或 (2) 得：$|a|^2 = |b|^2$.

设 a，b 的夹角为 θ，则 $\cos\theta = \dfrac{a \cdot b}{|a||b|} = \dfrac{|b|^2}{2|b|^2} = \dfrac{1}{2}$，

∴ $\theta = 60°$.

三 两个向量内积的坐标表示

设 $a = (x_1, y_1)$，$b = (x_2, y_2)$，则

$$\boldsymbol{a} \cdot \boldsymbol{b} = x_1 x_2 + y_1 y_2$$

四 长度、角度、垂直的坐标表示

1. $\boldsymbol{a} = (x, y) \Rightarrow |\boldsymbol{a}| = \sqrt{x^2 + y^2}$；所以，若已知两点 $A(x_1, y_1)$，$B(x_2, y_2)$，则可以得到平面上两点之间的距离是 $|\overrightarrow{AB}| = \sqrt{(x_1-x_2)^2 + (y_1-y_2)^2}$；

2. $\cos\theta = \dfrac{\boldsymbol{a} \cdot \boldsymbol{b}}{|\boldsymbol{a}||\boldsymbol{b}|} = \dfrac{x_1 x_2 + y_1 y_2}{\sqrt{x_1^2+y_1^2}\sqrt{x_2^2+y_2^2}}$；

3. 因为 $\boldsymbol{a} \perp \boldsymbol{b} \Leftrightarrow \boldsymbol{a} \cdot \boldsymbol{b} = 0$，所以得到向量垂直的充要条件：$\boldsymbol{a} \perp \boldsymbol{b} \Leftrightarrow x_1 x_2 + y_1 y_2 = 0$.

例 2 在 $\triangle ABC$ 中，$\overrightarrow{AB} = (2, -4)$，$\overrightarrow{AC} = (1, x)$，且 $\triangle ABC$ 有一个内角 (internal angle) 是直角，求 x 的值.

解：由已知得到 $\overrightarrow{BC} = \overrightarrow{AC} - \overrightarrow{AB} = (1-2, x+4) = (-1, x+4)$.

当 A 是直角时，$\overrightarrow{AB} \cdot \overrightarrow{AC} = 0$，即，$2 \times 1 - 4x = 0$

$\therefore x = \dfrac{1}{2}$；

当 B 是直角时，$\overrightarrow{AB} \cdot \overrightarrow{BC} = 0$，即，$2 \times (-1) - 4(x+4) = 0$，

$\therefore x = -\dfrac{9}{2}$；

当 C 是直角时，$\overrightarrow{AC} \cdot \overrightarrow{BC} = 0$，即，$(1, x) \cdot (-1, x+4) = 0$
$\Rightarrow x^2 + 4x - 1 = 0$，

$\therefore x = -2 \pm \sqrt{5}$.

习题1.4

1. 判断下列各题的结论是否正确.

（1）若 $a \neq 0$，则对任一非零向量 b，有 $a \cdot b \neq 0$. （　　）

（2）若 $a \neq 0$，$a \cdot b = 0$，则 $b = 0$. （　　）

（3）若 $a \cdot b = a \cdot c$，则 $b = c$. （　　）

（4）对任意向量 a，有 $a \cdot a = |a|^2$. （　　）

2. 已知 $|a| = 1$，$|b| = 4$，$a \cdot b = -4$，求 $|a+b|$，$|a-b|$ 和 a，b 的夹角.

*1.5 平面向量共线的应用——线段的定比分点

设 P_1，P_2 是直线 l 上的两点，P 是 l 上不同于 P_1，P_2 的任一点，如果存在实数 λ，使 $\overrightarrow{P_1P}=\lambda\overrightarrow{PP_2}$，那么 λ 叫做点 P 分 $\overrightarrow{P_1P_2}$ 所成的比（ratio of $\overrightarrow{P_1P_2}$ divided by P）.

定比分点坐标公式：

若点 $P_1(x_1，y_1)$，$P_2(x_2，y_2)$，λ 为实数，且 $\overrightarrow{P_1P}=\lambda\overrightarrow{PP_2}$，则点 P 的坐标为

$$\left(\frac{x_1+\lambda x_2}{1+\lambda}，\frac{y_1+\lambda y_2}{1+\lambda}\right)(\lambda\neq -1)$$

证明： 设 $P_1(x_1，y_1)$，$P_2(x_2，y_2)$，点 P 坐标为 $(x，y)$，$\overrightarrow{P_1P}=\lambda\overrightarrow{PP_2}$，由向量的坐标运算

$$\overrightarrow{P_1P}=(x-x_1，y-y_1)，\overrightarrow{PP_2}=(x_2-x，y_2-y)，$$

$\because \overrightarrow{P_1P}=\lambda\overrightarrow{PP_2}$，

$\therefore (x-x_1，y-y_1)=\lambda(x_2-x，y_2-y)$，

$\therefore \begin{cases} x-x_1=\lambda(x_2-x)， \\ y-y_1=\lambda(y_2-y)， \end{cases}$

$\Rightarrow \begin{cases} x=\dfrac{x_1+\lambda x_2}{1+\lambda}. \\ y=\dfrac{y_1+\lambda y_2}{1+\lambda}. \end{cases}$

注意： 点 P 分 $\overrightarrow{P_2P_1}$ 所成的比与点 P 分 $\overrightarrow{P_1P_2}$ 所成的比是两个不同的比. 点 P 的位置与 λ 的范围的关系：

特别地，当 $\lambda=1$ 时，有 $\overrightarrow{P_1P}=\overrightarrow{PP_2}$，即点 P 是线段 P_1P_2 的中点，它的坐标为

$$\left(\frac{x_1+x_2}{2}, \frac{y_1+y_2}{2}\right)$$

这叫做**中点**（midpoint）坐标公式.

1. 若 $\lambda>0$，则点 P 是线段 P_1P_2 的**内分点**（internal point of division）；

2. 若 $\lambda<0$，则点 P 是线段 P_1P_2 的**外分点**（external point of division）.

*例   已知三点 $A(0,8)$，$B(-4,0)$，$C(5,-3)$，D 点内分 $\overrightarrow{AB}$ 的比为 $1:3$，E 点在 BC 边上，且使 $\triangle BDE$ 的面积是 $\triangle ABC$ 面积的一半，求 DE 中点的坐标.

解：由已知有 $\overrightarrow{AD}=\frac{1}{3}\overrightarrow{DB}$，则得 $\frac{|\overrightarrow{DB}|}{|\overrightarrow{AB}|}=\frac{3}{4}$，

又 $\frac{S_{\triangle BDE}}{S_{\triangle ABC}}=\frac{1}{2}$，而 $S_{\triangle BDE}=\frac{1}{2}|\overrightarrow{DB}|\cdot|\overrightarrow{BE}|\cdot\sin\angle DBE$，

$S_{\triangle ABC}=\frac{1}{2}|\overrightarrow{AB}|\cdot|\overrightarrow{BC}|\cdot\sin\angle ABC$，且 $\sin\angle DBE=\sin\angle ABC$，

$\therefore \frac{|\overrightarrow{DB}|\cdot|\overrightarrow{BE}|}{|\overrightarrow{AB}|\cdot|\overrightarrow{BC}|}=\frac{1}{2}$，即得：$\frac{|\overrightarrow{BE}|}{|\overrightarrow{BC}|}=\frac{2}{3}$，

又点 E 在边 BC 上，所以 $\frac{|\overrightarrow{BE}|}{|\overrightarrow{EC}|}=2$，$\therefore$ 点 E 分 $\overrightarrow{BC}$ 成比 $\lambda=2$.

由定比分点坐标公式有

$$\begin{cases} x_E=\dfrac{-4+2\times 5}{1+2}=2, \\ y_E=\dfrac{0+2\times(-3)}{1+2}=-2, \end{cases}$$

即 $E(2,-2)$，

又由 $\begin{cases} x_D=\dfrac{0+\frac{1}{3}\times(-4)}{1+\frac{1}{3}}=-1, \\ y_D=\dfrac{8}{1+\frac{1}{3}}=6, \end{cases}$ 有 $D(-1,6)$，

记线段 DE 的中点为 $M(x, y)$，则

$\begin{cases} x = \dfrac{2+(-1)}{2} = \dfrac{1}{2}, \\ y = \dfrac{-2+6}{2} = 2, \end{cases}$ 即，DE 的中点是 $M\left(\dfrac{1}{2}, 2\right).$

*习题1.5

1. 选择题

(1) 已知点 A 分有向线段 $\overrightarrow{BC}$ 的比是 2，则在下列结论中错误的是（　　）.

(A) 点 C 分 $\overrightarrow{AB}$ 的比是 $-\dfrac{1}{3}$　　(B) 点 C 分 $\overrightarrow{BA}$ 的比是 -3

(C) 点 B 分 $\overrightarrow{AC}$ 的比是 $-\dfrac{2}{3}$　　(D) 点 A 分 $\overrightarrow{CB}$ 的比是 2

(2) 已知两点 $P_1(-1,-6)$，$P_2(3,0)$，点 $P\left(-\dfrac{7}{3}, y\right)$ 分有向线段 $\overrightarrow{P_1P_2}$ 所成的比为 λ，则 λ，y 的值为（　　）.

(A) $-\dfrac{1}{4}$，8　　(B) $\dfrac{1}{4}$，-8　　(C) $-\dfrac{1}{4}$，-8　　(D) 4，$\dfrac{1}{8}$

2. 填空题

(1) 已知点 $A(x,2)$，$B(5,1)$，$C(-4,2x)$ 在同一条直线上，那么 $x=$ _____.

(2) 已知 M 为 $\triangle ABC$ 边 AB 上的一点，且 $S_{\triangle AMC}=\dfrac{1}{8}S_{\triangle ABC}$，则 M 分 $\overrightarrow{AB}$ 所成的比为 _____.

3. 已知点 $A(-2,-3)$，点 $B(4,1)$，延长 AB 到 P，使 $|\overrightarrow{AP}|=3|\overrightarrow{PB}|$，求点 P 的坐标.

参考复习题

1. $\triangle ABC$ 中，$\overrightarrow{AB}=\boldsymbol{c}$，$\overrightarrow{BC}=\boldsymbol{a}$，$\overrightarrow{CA}=\boldsymbol{b}$，下列结论中不正确的是（　　）.

(A) 若 $\boldsymbol{a}\cdot\boldsymbol{b}<0$，则 $\triangle ABC$ 为钝角三角形（obtuse triangle）.

(B) 若 $\boldsymbol{a}\cdot\boldsymbol{b}=0$，则 $\triangle ABC$ 为直角三角形（right-angled triangle）.

(C) 若 $\boldsymbol{a}\cdot\boldsymbol{b}=\boldsymbol{b}\cdot\boldsymbol{c}$，则 $\triangle ABC$ 为等腰三角形（isosceles triangle）.

(D) 若 $\boldsymbol{c}\cdot(\boldsymbol{a}+\boldsymbol{b}+\boldsymbol{c})=0$，则 $\triangle ABC$ 为正三角形（regular triangle）.

2. a，b 都是非零向量，则 $|a+b|=|a-b|$ 是 $a \perp b$ 的（　　）.

(A) 充分不必要条件　　　(B) 必要不充分条件

(C) 充要条件　　　　　　(D) 既不充分也不必要条件

3. 已知向量 a，b 的夹角为 $\dfrac{\pi}{4}$，$|a|=\sqrt{2}$，$|b|=1$，求 $|a+b \cdot |a-b|$ 的值.

4. □ABCD 中，$\overrightarrow{AB}=a$，$\overrightarrow{BC}=b$，$\overrightarrow{CD}=c$，$\overrightarrow{DA}=d$，且 $a \cdot b = c \cdot b$，问 □ABCD 是什么图形？

5. 已知 $|a|=2\sqrt{3}$，$|b|=2$，a 与 b 的夹角为 $30°$，求 $|a+b|$.

2 直线

2.1 直线的倾斜角和斜率

一 直线方程的概念

如果以一个二元一次方程的解为坐标的点都是某条直线上的点，反过来，这条直线上的点的坐标都是这个方程的解，那么这个方程就叫做这条<u>直线的方程</u>（equation of a straight line）.

二 直线的倾斜角和斜率

在平面直角坐标系中，对于一条与 x 轴相交的直线，如果把 x 轴正方向绕着交点按逆时针方向旋转到和直线重合时所转的最小正角记为 α，那么 α 就叫做直线的<u>倾斜角</u>（angle of inclination）. 规定：l 与 x 轴平行时，倾斜角为 $0°$. 根据定义，我们知道倾斜角的取值范围是 $0° \leqslant \alpha < 180°$.

如果一条直线的倾斜角 α 不是 $90°$，那么 $\tan\alpha$ 叫做这条直线的<u>斜率</u>（slope 或 gradient），常用 k 表示. 倾斜角是 $90°$ 的直线没有斜率.

例1 直线 l_1 的倾斜角 $\alpha_1 = 30°$，直线 l_2 的倾斜角 $\alpha_2 = 135°$，求 l_1 和 l_2 的斜率.

解：l_1 的斜率 $k_1 = \tan\alpha_1 = \tan 30° = \dfrac{\sqrt{3}}{3}$，

l_2 的斜率 $k_2 = \tan\alpha_2 = \tan 135° = -1$.

经过两点 $P_1(x_1, y_1)$，$P_2(x_2, y_2)$ 的直线的斜率公式：

$$k = \dfrac{y_2 - y_1}{x_2 - x_1} \quad (x_1 \neq x_2)$$

例 2 求经过 $A(-3,1)$,$B(-1,3)$ 两点的直线的斜率和倾斜角.

解:斜率 $k=\tan\alpha=\dfrac{3-1}{-1-(-3)}=1$,

所以倾斜角 $\alpha=45°$.

习题2.1

1. 直线 l_1 经过原点和点（0，-4），则 l_1 的倾斜角是（   ）；直线 l_2 经过原点和点（-1，0），则 l_2 的倾斜角是（   ）.

2. 过点 $A(-2, x)$，$B(x, 4)$ 的直线的斜率等于 $\dfrac{1}{2}$，则 x 的值为（   ）.

3. 已知三角形的顶点 A（0，1），B（-1，2），C（-5，x），BC 的中点是 D，当 AD 的斜率是 1 时，求 x 的值和 $|AD|$ 的长.

4. 已知两点 $A(-2, 1)$，$B(1, 0)$，过原点的直线 l 与线段 AB 相交，

(1) 求直线 l 的斜率 k 的取值范围.

*(2) 求直线 l 的倾斜角 α 的取值范围（用反正切函数表示）.

2.2 直线方程的五种形式

一 直线方程的点斜式

问题1：已知直线 l 经过点 $P(x_0, y_0)$，且斜率是 k，如何求直线的方程？

结论：
$$y - y_0 = k(x - x_0)$$

这叫做直线方程的<u>点斜式</u>（point-slope form）.

特殊情况：直线的斜率 $k=0$ 时，直线方程是 $y=y_0$；当斜率不存在时，直线方程是 $x=x_0$.

问题2：平面上的所有直线是否都可以用点斜式表示？

答：不能，因为垂直于 x 轴的直线的斜率可能不存在.

二 直线方程的斜截式

问题3：已知直线 l 经过点 $P(0, b)$，并且它的斜率是 k，求直线 l 的方程.

结论：根据直线的点斜式方程可以得到直线 l 的方程是：
$$y = kx + b$$

这种形式的直线方程称为直线的<u>斜截式</u>（slope-intercept form），b 称为直线在 y 轴上的<u>截距</u>（intercept）.

三 直线方程的两点式

问题4：已知直线 l 上有两点 $A(x_1, y_1)$，$B(x_2, y_2)$（$x_1 \neq x_2$），求直线 l 的方程.

首先利用直线的斜率公式求出斜率，然后利用点斜式写出直线方程是：

$$y - y_1 = \frac{y_2 - y_1}{x_2 - x_1}(x - x_1),$$

由 $y - y_1 = \frac{y_2 - y_1}{x_2 - x_1}(x - x_1)$ 可以得到

$$\frac{y - y_1}{y_2 - y_1} = \frac{x - x_1}{x_2 - x_1}$$

由于这个方程是由直线上两点确定的，所以叫做直线方程的<u>两点式</u>（two-point form）.

注意：倾斜角是 0° 或 90° 的直线不能用两点式公式表示.

四 直线方程的截距式

定义：直线与 x 轴交于一点 $(a, 0)$ 那么称 a 是直线在 x 轴上的截距；直线与 y 轴交于一点 $(0, b)$，那么称 b 是直线在 y 轴上的截距.

经过点 $A(a, 0)$，$B(0, b)$ $(a, b$ 均不为 $0)$ 的直线方程为 $y = -\frac{b}{a}x + b$，将其变形为：

$$\frac{x}{a} + \frac{y}{b} = 1$$

以上直线方程是由直线在 x 轴和 y 轴上的截距确定的，所以叫做直线方程的<u>截距式</u>（intercept form）.

五 直线方程的一般式

点斜式、斜截式、两点式、截距式四种直线方程形式都可化成下面的形式

$$Ax + By + C = 0 \quad (\text{其中 } A, B, C \text{ 是常数}, A, B \text{ 不全为 } 0)$$

这种形式的直线方程叫做直线方程的<u>一般式</u>（general form）.

问题 5：方程 $Ax + By + C = 0$（A, B 不全为 0）总表示直线吗？

讨论：(1) 若 $B \neq 0$，方程可化为 $y = -\frac{A}{B}x - \frac{C}{B}$，它是直线方程的斜截式，表示斜率是 $-\frac{A}{B}$，在 y 轴上的截距是 $-\frac{C}{B}$ 的直线；

(2) 若 $B=0$，方程 $Ax+By+C=0$ 变成 $Ax+C=0$. 由于 A，B 不全为 0，所以 $A\neq 0$，则方程变为 $x=-\dfrac{C}{A}$，表示垂直于 x 轴的直线，即斜率不存在的直线.

结论：当 A、B 不全为 0 时，方程 $Ax+By+C=0$ 总表示一条直线，并且它可以表示平面内的任何一条直线，不管直线是否有斜率.

例1 求过两点 $A(0,1)$，$B(1,0)$ 的直线的方程和斜率.

解：由方程的截距式可以知道直线的方程是 $x+y=1$，斜率是 -1.

例2 直线 l 经过点 $(1,0)$，而且它的倾斜角是直线 $x-y=3\sqrt{3}$ 的倾斜角的 2 倍，求直线 l 的方程.

解：直线 $x-y=3\sqrt{3}$ 的倾斜角是 $\alpha=\dfrac{\pi}{4}$，

∴直线 l 的倾斜角为 $2\alpha=\dfrac{\pi}{2}$，

∴直线 l 的方程是 $x=1$.

例3 由下列各条件，写出直线的方程，并且化成一般式.

(1) 斜率是 1，经过点 $A(1,6)$；

(2) 经过两点 $P_1(-1,3)$，$P_2(2,9)$.

解：(1) 根据点斜式，直线方程是 $y-6=x-1$，它的一般式是 $x-y+5=0$.

(2) 要求的直线的斜率是 $k=\dfrac{9-3}{2-(-1)}=2$，所以要求的直线方程是 $y-3=2(x+1)$，它的一般式是 $2x-y+5=0$.

例4 过点 $P(2,1)$ 作直线 l 交 x，y 正半轴于 A，B 两点，当 $|PA|\cdot|PB|$ 取到最小值时，求直线 l 的方程.

解：设直线 l 的方程为：$y-1=k(x-2)$，$(k\neq 0)$.

令 $y=0$，解得 $x=2-\dfrac{1}{k}$；令 $x=0$，解得 $y=1-2k$.

∴$A\left(2-\dfrac{1}{k},0\right)$，$B(0,1-2k)$，

∴$|PA|=\sqrt{\left(2-\dfrac{1}{k}-2\right)^2+1^2}=\sqrt{1+\dfrac{1}{k^2}}$，

$$|PB|=\sqrt{2^2+(1-2k-1)^2}$$
$$=\sqrt{4+4k^2},$$
$$|PA|\cdot|PB|=\sqrt{\left(1+\frac{1}{k^2}\right)(4+4k^2)}$$
$$=\sqrt{8+4\left(k^2+\frac{1}{k^2}\right)}\geqslant\sqrt{8+4\times2}=4,$$

当且仅当 $k^2=1$ 即 $k=\pm1$ 时，$|PA|\cdot|PB|$ 取到最小值.

又根据题意 $k<0$，$\therefore k=-1$.

所以直线 l 的方程为：$x+y-3=0$.

*例 5 （2000 年来华留学生水平考试试题）设直线 l 过点 $(2,1)$，与 x, y 轴的正半轴分别交于 A、B 两点，若 $\triangle AOB$ 的面积达到最小值，则 l 的斜率 $k=$（　　），面积的最小值是（　　）.

解：方法一　利用基本不等式

设 l 的点斜式方程为：$y-1=k(x-2)$，即 $y=kx+(1-2k)$，

所以，$A\left(\dfrac{2k-1}{k},0\right)$，$B(0,1-2k)$.

又 A，B 位于 x，y 轴的正半轴，所以有

$$\begin{cases}1-2k>0,\\ \dfrac{2k-1}{k}>0,\end{cases}\quad\text{即 }k<0.$$

$$S_{\triangle AOB}=\frac{1}{2}(1-2k)\left(\frac{2k-1}{k}\right)=\frac{1}{2}(1-2k)\left(2-\frac{1}{k}\right)=\frac{1}{2}\left(4-4k-\frac{1}{k}\right)$$
$$=2+\left[(-2k)+\left(-\frac{1}{2k}\right)\right]$$
$$\geqslant 2+2\sqrt{(-2k)\left(-\frac{1}{2k}\right)}=4.$$

所以面积的最小值是 4.

上述不等式中的等号成立当且仅当 $-2k=-\dfrac{1}{2k}$，解得 $k=\pm\dfrac{1}{2}$，

因为已经判断出 $k<0$，所以 $k=-\dfrac{1}{2}$.

方法二　利用根的判别式

设 $A(a, 0)$, $B(0, b)$, 则直线 l 的截距式方程是 $\dfrac{x}{a}+\dfrac{y}{b}=1$, 把点 $(2, 1)$ 代入方程得到 $a=\dfrac{2b}{b-1}(b>1)$, 所以

$$S_{\triangle AOB}=\dfrac{1}{2}ab=\dfrac{b^2}{b-1}\Leftrightarrow b^2-S_{\triangle AOB}\cdot b+S_{\triangle AOB}=0(b>1),$$

这说明上述关于 b 的一元二次方程有大于 1 的根, 从而

$$\begin{cases}\Delta\geqslant 0,\\ x_1+x_2>2,\\ x_1\cdot x_2>1,\end{cases}\Leftrightarrow\begin{cases}S_{\triangle AOB}^2-4S_{\triangle AOB}\geqslant 0,\\ S_{\triangle AOB}>2,\\ S_{\triangle AOB}>1,\end{cases}\Rightarrow S_{\triangle AOB}\geqslant 4.$$

所以面积的最小值是 4.

当 $S_{\triangle AOB}=4$ 时一元二次方程变为 $b^2-4\cdot b+4=0$, 解得 $b=2$, $a=4$, 所以, $k=-\dfrac{b}{a}=-\dfrac{1}{2}$.

***例 6**　(2005 年清华大学外国留学生本科入学试题) 直线 $y=kx+2(0<k\leqslant 1, x\in\mathbf{R})$ 交 y 轴于 A 点, 其反函数图像交 x 轴于 B 点, 这两个图像交于 P 点. 已知四边形 $OBPA$ 的面积是 6, 求 k 的值.

解: 先求出 A, B, P 三点的坐标: $A(0, 2)$, $B(2, 0)$, $P\left(\dfrac{2}{1-k}, \dfrac{2}{1-k}\right)$,

由于点 P 落在直线 $y=x$ 上, 所以有:

(1) $\angle POB=45°$;

(2) $\triangle PAO\cong\triangle PBO\Rightarrow S_{\triangle PAO}=S_{\triangle PBO}$;

利用面积公式

$$S_{\triangle PBO}=\dfrac{1}{2}OB\cdot OP\cdot\sin\angle POB$$

得　$3=\dfrac{1}{2}S_{OBPA}=S_{\triangle PBO}=\dfrac{1}{2}\times 2\times\dfrac{2\sqrt{2}}{1-k}\times\dfrac{\sqrt{2}}{2}$, 即 $3=\dfrac{2}{1-k}$,

解得 $k=\dfrac{1}{3}$.

习题2.2

1. 求下列直线方程.

(1) 经过点 $A(0,5)$，斜率是 -1；

(2) 经过两个点 $B(-1,-3)$，$C(1,2)$；

(3) 经过点 $D(2,1)$，与 x 轴平行；

(4) 在 x 轴和 y 轴上的截距分别是 -2，2.

2. 填空题

已知直线 l 的方程为 $(a^2+2a-3)x+(a^2-a)y=1$，

(1) 当 $a=$ _____ 时，直线 l 的倾斜角是 $45°$；

(2) 当 $a=$ _____ 时，直线 l 在 x 轴的截距是 $\frac{1}{5}$；

(3) 当 $a=$ _____ 时，直线 l 在 y 轴的截距是 $\frac{1}{6}$；

(4) 当 $a=$ _____ 时，直线 l 与 x 轴平行；

(5) 当 $a=$ _____ 时，直线 l 与 y 轴平行.

*3. 设直线 l_1，l_2 关于 y 轴对称，已知 l_1 的方程为 $y=-x+1$，求直线 l_2 的方程.

4. 直线方程 $Ax+By+C=0$ 的系数 A、B、C 满足什么关系时，这条直线

(1) 与两条坐标轴都相交；　　(2) 只与 x 轴相交；

(3) 只与 y 轴相交；　　(4) 是 x 轴所在直线；

(5) 是 y 轴所在直线.

2.3 直线的平行和垂直

一 特殊情况下的两直线平行与垂直

当两条直线中有一条直线没有斜率时：

1. 当另一条直线的斜率也不存在时，两直线的倾斜角都为 $90°$，互相平行；

2. 当另一条直线的斜率为 0 时，一条直线的倾斜角为 $90°$，另一条直线的倾斜角为 $0°$，两直线互相垂直.

二 斜率存在时两直线的平行与垂直

设直线 l_1 和 l_2 的斜率为 k_1 和 k_2，它们的方程分别是：
$$l_1: y = k_1 x + b_1; \quad l_2: y = k_2 x + b_2.$$

1. 两条直线平行（不重合）的情形

结论：如果两条直线的斜率分别是 k_1 和 k_2，则

$$l_1 \, /\!/ \, l_2 \Leftrightarrow k_1 = k_2 \text{ 且 } b_1 \neq b_2$$

2. 两条直线垂直的情形

结论：如果两条直线的斜率分别是 k_1 和 k_2，则

$$l_1 \perp l_2 \Leftrightarrow k_1 = -\frac{1}{k_2} \Leftrightarrow k_1 k_2 = -1$$

三 一般形式下直线的平行和垂直的条件

设两条直线 l_1 和 l_2 的一般式方程为 $l_1: A_1 x + B_1 y + C_1 = 0$，$l_2: A_2 x + B_2 y + C_2 = 0$，则直线 l_1 和 l_2 平行的充分条件是：

1. B_1，B_2 均为 0. 这对应于两条直线斜率都不存在；

2. 当 B_1，B_2 均不为 0 时，$\dfrac{A_1}{A_2}=\dfrac{B_1}{B_2}\neq\dfrac{C_1}{C_2}$. 这对应于两条直线的斜率都存在，只平行而不重合.

直线 l_1 和 l_2 垂直的充要条件是：$A_1A_2+B_1B_2=0$.

例 1 已知直线 l_1：$2x+3y+5=0$，直线 l_2 经过点 $A(1，-4)$ 且与直线 l_1 平行，求直线 l_2 的方程.

解：已知直线 l_1 的斜率是 $-\dfrac{2}{3}$，因为直线 l_2 平行于直线 l_1，因此 l_2 的斜率也是 $-\dfrac{2}{3}$，根据点斜式，得到 l_2 的方程是 $y+4=-\dfrac{2}{3}(x-1)$，即

$$2x+3y+10=0.$$

例 2 已知直线 l_1：$(a+2)x+(1-a)y-3=0$ 和直线 l_2：$(a-1)x+(2a+3)y+2=0$ 垂直，求 a 的值.

解：∵ $A_1=a+2$，$A_2=a-1$，$B_1=1-a$，$B_2=2a+3$ 且 $l_1\perp l_2$，所以有
$$A_1A_2+B_1B_2=0.$$

∴ $(a+2)(a-1)+(1-a)(2a+3)=0$，解得 $a=\pm 1$.

注意：若用斜率来求解，则需讨论斜率是否存在.

例 3 已知直线 l_1：$2x+y-10=0$，直线 l_2 经过点 $A(2，1)$，且 $l_1\perp l_2$，求直线 l_2 的方程.

解：因为 $l_1\perp l_2$，所以会有 $A_1A_2+B_1B_2=0$，故设直线 l_2 的方程为
$$x-2y+C=0,$$

∵ 直线 l 经过点 $A(2，1)$，

∴ $2-2\times 1+C=0$，解得 $C=0$，

故直线 l_2 的方程为 $x-2y=0$.

习题2.3

1. 已知直线 l_1：$x-2ay=1$ 和直线 l_2：$2x+ay=1$ 垂直，求实数 a.

2. 已知直线 l_1：$Ax-2y-1=0$ 和直线 l_2：$6x-4y+C=0$ 平行，问 A 和 C 满足什么条件？

2.4 两条直线所成的角

一 直线 l_1 到 l_2 的角

当两条直线 l_1 和 l_2 相交时有四个角，这四个角是两对<u>对顶角</u>（vertically opposite angles），我们把直线 l_1 按逆时针方向旋转到 l_2 时所转的角叫做 l_1 到 l_2 的角，把直线 l_2 按逆时针方向旋转到 l_1 时所转的角叫做 l_2 到 l_1 的角.

在图 2-1 中，直线 l_1 到 l_2 的角是 θ_1，l_2 到 l_1 的角是 θ_2.

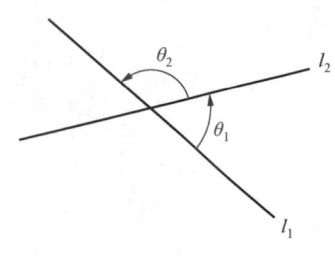

图 2-1 直线 l_1 到 l_2 的角

l_1 到 l_2 的角 θ 的范围：$0°<\theta<180°$.

二 直线 l_1 到 l_2 的角的计算公式

已知直线 l_1 的斜率是 k_1，l_2 的斜率是 k_2，l_1 到 l_2 的角是 θ，那么

$$\tan\theta=\frac{k_2-k_1}{1+k_2k_1}，（此时\ 0°<\theta<180°但\ \theta\neq 90°）$$

三 直线 l_1 与 l_2 的夹角

如图 2-1，当 l_1 与 l_2 相交但不垂直时，l_1 到 l_2 的角是 θ_1，l_2 到 l_1 的角是 $\pi-\theta_1$，θ_1 和 $\pi-\theta_1$ 中仅有一个角是锐角，我们把其中的锐角叫直线 l_1 与 l_2 的<u>夹角</u>（included angle）. 当直线 $l_1 \perp l_2$ 时，我们规定：直线 l_1 与 l_2 的夹角是 $\frac{\pi}{2}$.

夹角的范围 α：$0°<\alpha\leqslant 90°$.

直线 l_1 与 l_2 的夹角公式：

$$\tan\alpha = \left|\frac{k_2-k_1}{1+k_2k_1}\right|，（此时 0°<\alpha<90°）$$

例1 已知直线 l_1：$y=-3x+5$ 和直线 l_2：$y=x-1$，求直线 l_1 和 l_2 的夹角（用反正切函数来表示）.

解：设直线 l_1 与 l_2 的夹角是 α.

由两条直线的斜率 $k_1=-3$，$k_2=1$，得

$$\tan\alpha=\left|\frac{k_2-k_1}{1+k_2k_1}\right|=\left|\frac{1-(-3)}{1+1\times(-3)}\right|=2.$$

因为 α 的范围是 $0°<\alpha\leqslant 90°$，从而 $\alpha=\arctan 2$.

例2 已知等腰三角形的一条腰在直线 l_1：$x-3y-1=0$ 上，底边在直线 l_2：$x+y-2=0$ 上，直线 l_3 经过点 $(-1,0)$，并且等腰三角形的另一条腰在 l_3 上，求 l_3 的方程.

解：如图 2-2，设 l_1，l_2，l_3 的斜率分别为 k_1，k_2，k_3，l_1 到 l_2 的角是 θ_1，l_2 到 l_3 的角是 θ_2，则 $k_1=\dfrac{1}{3}$，$k_2=-1$.

$$\tan\theta_1=\frac{k_2-k_1}{1+k_2k_1}=\frac{(-1)-\dfrac{1}{3}}{1+(-1)\times\dfrac{1}{3}}=-2.$$

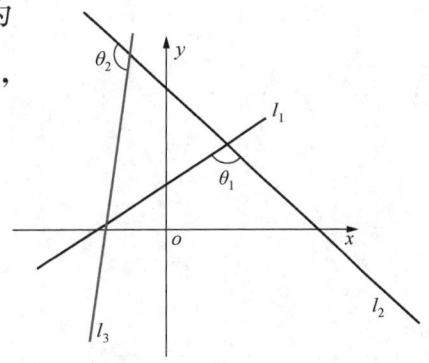

图 2-2 例2的图示

根据题意有 $\theta_1=\theta_2$，所以 $\tan\theta_2=\tan\theta_1=-2$.

即 $\dfrac{k_3-k_2}{1+k_3k_2}=-2$.

将 $k_2=-1$ 代入，得 $\dfrac{k_3+1}{1-k_3}=-2$，解得 $k_3=3$.

因为 l_3 经过点 $(-1,0)$，斜率是 3，所以 l_3 的方程是 $y=3(x+1)$.

习题2.4

1. 设下列直线 l_1 到 l_2 的角是 θ_1，l_2 到 l_1 的角是 θ_2，求 θ_1 和 θ_2（不是特殊角的用反正切函数表示）.

   (1) l_1：$y=x-19$；l_2：$y=7x-1$

   (2) l_1：$x+y=4$；l_2：$2x+y+1=0$

2. 已知直线 l 和直线 $5x+y+1=0$ 的夹角等于 $45°$，求直线 l 的斜率.

2.5　两条直线的交点

设两条直线 l_1 和 l_2 的一般式方程为

$$l_1: A_1x+B_1y+C_1=0, \quad l_2: A_2x+B_2y+C_2=0.$$

两条直线是否有交点，就要看方程组：

$$\begin{cases} A_1x+B_1y+C_1=0, \\ A_2x+B_2y+C_2=0, \end{cases}$$

是否有唯一解.

两条直线有唯一交点的充分条件是：

1. B_1，B_2 中一个是 0，另一个不是 0. 这对应于一条直线斜率不存在，另一条直线斜率存在；

2. 当 B_1，B_2 都不是 0 时，$\dfrac{A_1}{B_1} \neq \dfrac{A_2}{B_2}$. 这对应于两条直线的斜率都存在，且相交.

例　已知直线 $l: y=kx+3$ 经过直线 $l_1: 2x-y+1=0$ 和 $l_2: y=x+5$ 的交点，求实数 k.

解：方法一　先求 l_1 和 l_2 的交点

解方程组 $\begin{cases} 2x-y+1=0, \\ y=x+5, \end{cases}$ 得到交点 $(4, 9)$.

根据题意，直线 l 经过点 $(4, 9)$.

所以，将 $x=4$，$y=9$ 代入 $y=kx+3$ 得 $9=4k+3$，解得 $k=\dfrac{3}{2}$.

方法二　过直线 $2x-y+1=0$ 与 $y=x+5$ 的交点的直线系方程可以写成

$2x-y+1+\lambda(x-y+5)=0$,

整理得：$y=\dfrac{2+\lambda}{1+\lambda}x+\dfrac{1+5\lambda}{1+\lambda}$，如果这条直线是 l，那么应该有

$$\begin{cases}\dfrac{1+5\lambda}{1+\lambda}=3,\\ k=\dfrac{2+\lambda}{1+\lambda},\end{cases} \Rightarrow \begin{cases}\lambda=1.\\ k=\dfrac{3}{2}.\end{cases}$$

● **习题2.5**

1. 求满足下列条件的方程.

（1）经过两条直线 $2x-3y+10=0$ 和 $3x+4y-2=0$ 的交点，且垂直于直线 $3x-2y+4=0$.

（2）经过两条直线 $2x+y-8=0$ 和 $x-2y+1=0$ 的交点，且平行于直线 $4x-3y-7=0$.

2. 三条直线 $ax+y-21=0$，$x+3y=7$，$2x-y=7$ 相交于一点，求 a 的值.

2.6 点到直线的距离

一 点到直线的距离公式

点 $P(x_0, y_0)$ 到直线 $l: Ax+By+C=0$ 的距离是：

$$d=\frac{|Ax_0+By_0+C|}{\sqrt{A^2+B^2}}$$

<u>点到直线的距离公式</u>（formula for the distance from a point to a line）

二 两平行线间的距离公式

已知两条平行线直线 l_1 和 l_2 的一般式方程为

$$l_1: Ax+By+C_1=0, \quad l_2: Ax+By+C_2=0,$$

则 l_1 与 l_2 之间的距离是：

$$d=\frac{|C_1-C_2|}{\sqrt{A^2+B^2}}$$

<u>两平行线间的距离公式</u>（formula for the distance between two parallel lines）

例 1 求原点到下列直线的距离.

(1) $x+y-1=0$ (2) $y=7x-1$

解：(1) $d=\dfrac{|-1|}{\sqrt{1^2+1^2}}=\dfrac{\sqrt{2}}{2}$

(2) $d=\dfrac{|-1|}{\sqrt{(-1)^2+7^2}}=\dfrac{\sqrt{2}}{10}$

例 2 求平行线 $l_1: 12x+3y-3=0$ 与 $l_2: 12x+3y+10=0$ 之间的距离.

解：方法一 在直线 l_1 上取一点 $P(\frac{1}{4}, 0)$，因为 $l_1 /\!/ l_2$，所以点 P 到 l_2 的距离等于 l_1 与 l_2 的距离. 于是 $d=\dfrac{\left|12\times\frac{1}{4}+3\times 0+10\right|}{\sqrt{12^2+3^2}}=\dfrac{13}{3\sqrt{17}}=\dfrac{13\sqrt{17}}{51}$.

方法二 两条直线的斜率相等，故 $l_1 /\!/ l_2$，且 $C_1=-3$，$C_2=10$，由两平行线间的距离公式得 $d=\dfrac{|-3-10|}{\sqrt{12^2+3^2}}=\dfrac{13\sqrt{17}}{51}$.

习题2.6

1. 求原点到下列直线的距离.

   (1) $3x+4y+1=0$

   (2) $x+y-\sqrt{2}=0$

2. 求下列两条平行线的距离.

   (1) $x+2y-8=0$ 和 $x+2y+18=0$

   (2) $3x+y=1$ 和 $3x+y=10$

参考复习题

1. 选择题

   (1) 直线 $x+6y+2=0$ 在 x 轴和 y 轴上的截距是（　　）.

   (A) $-\dfrac{1}{3}$, -2　　(B) -2, $-\dfrac{1}{3}$　　(C) -3, -2　　(D) -2, -3

   (2) 直线 $3x+y+1=0$ 和直线 $6x+2y+1=0$ 的位置关系是（　　）.

   (A) 重合　　(B) 平行　　(C) 垂直　　(D) 相交但不垂直

   (3) 直线经过点 $(-3,-2)$，且在两坐标轴上的截距相等，则这条直线方程为（　　）.

   (A) $2x-3y=0$　　(B) $x+y+5=0$

   (C) $2x-3y=0$ 或 $x+y+5=0$　　(D) $x+y+5=0$ 或 $x-y+5=0$

   (4) 直线 $x=3$ 的倾斜角是（　　）.

   (A) $\dfrac{\pi}{2}$　　(B) π　　(C) 0　　(D) 不存在

2. 已知直线 $l_1: kx-y+1=0$（$k\neq\pm 1$）和直线 $l_2: ky-x-2k=0$，求 l_1 与 l_2 的交点.

3 二次曲线

*3.1 曲线的方程

在直角坐标系中,如果满足

1. 曲线上的点的坐标都是一个二元方程 $f(x,y)=0$ 方程的解;
2. 以一个二元方程 $f(x,y)=0$ 的解为坐标的点都是曲线上的点.

那么,这个方程叫做<u>曲线的方程</u>(equation of a curve).

求简单的曲线方程的一般步骤:

1. 建立适当的坐标系,用有序实数对表示曲线上任意一点 M 的坐标;
2. 写出适合条件的点的集合;
3. 用坐标表示条件 P,列出方程 $f(x,y)=0$;
4. 化方程 $f(x,y)=0$ 为最简形式.

例1 设 $A(1,0)$,$B(-1,0)$,如果 $k_{MA} \cdot k_{MB} = -1$,求动点 M 的<u>轨迹方程</u>(equation of locus).

解:设 M 的坐标为 $M(x,y)$,根据题意有

$$k_{MA} \cdot k_{MB} = -1,$$

由斜率公式可表示为

$$\frac{y}{x-1} \cdot \frac{y}{x+1} = -1 \ (x \neq \pm 1),$$

整理后得 $x^2 + y^2 = 1 \ (x \neq \pm 1)$.

例 2 已知一条曲线在 x 轴的上方，它上面的每一个点到 $A(0,2)$ 的距离减去它到 x 轴的距离的差都是 2，求这条曲线的方程．

解：设点 $M(x,y)$ 是曲线上任意一点，$MB \perp x$ 轴，垂足是 B，根据题意有

$$|MA| - |MB| = 2, \text{即}, \sqrt{x^2 + (y-2)^2} - y = 2.$$

整理得 $x^2 + (y-2)^2 = (y+2)^2$，

$$\therefore y = \frac{1}{8}x^2.$$

因为曲线在 x 轴的上方，所以 $y > 0$，虽然原点 O 的坐标 $(0,0)$ 是这个方程的解，但不属于已知曲线，所以曲线的方程应是：$y = \frac{1}{8}x^2 (x \neq 0)$．

例 3 在 $\triangle ABC$ 中，已知顶点 $A(1,1)$，$B(3,6)$，$\triangle ABC$ 的面积等于 3，求顶点 C 的轨迹方程．

解：设顶点 C 的坐标为 (x,y)，作 $CH \perp AB$ 于 H，则

$$\frac{1}{2}|AB| \cdot |CH| = 3,$$

$$\because k_{AB} = \frac{6-1}{3-1} = \frac{5}{2}.$$

$\therefore$ 直线 AB 的方程是 $y - 1 = \frac{5}{2}(x-1)$，即 $5x - 2y - 3 = 0$．

$$\therefore |CH| = \frac{|5x - 2y - 3|}{\sqrt{5^2 + (-2)^2}}$$

$$= \frac{|5x - 2y - 3|}{\sqrt{29}}.$$

$$\because |AB| = \sqrt{(3-1)^2 + (6-1)^2} = \sqrt{29},$$

$$\therefore \frac{1}{2} \times \sqrt{29} \times \frac{|5x - 2y - 3|}{\sqrt{29}} = 3.$$

化简，得到 $|5x - 2y - 3| = 6$，即 $5x - 2y - 9 = 0$ 或 $5x - 2y + 3 = 0$，这就是所求顶点 C 的轨迹方程．

见图 3-1．

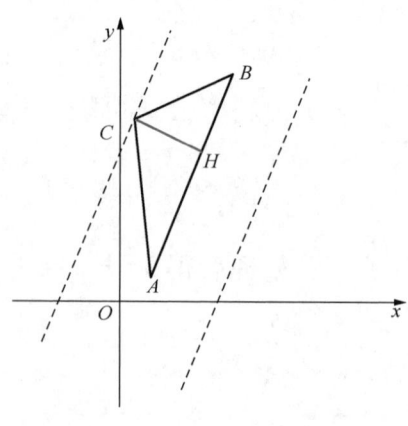

图 3-1 例 3 的图示

*习题3.1

1. 求点 P 到点 $F(4,0)$ 的距离比它到直线 $x+5=0$ 的距离小 1 的点的轨迹方程.

2. 过点 $P(2,4)$ 作互相垂直的直线 l_1,l_2,若 l_1 交 x 轴于 A,l_2 交 y 轴于 B,求线段 AB 中点 M 的轨迹方程.

3. 在 $\triangle ABC$ 中,B,C 的坐标分别是 $(0,0)$ 和 $(4,0)$,AB 边上中线的长为 3,求顶点 A 的轨迹方程.

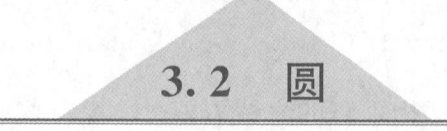

3.2 圆

一 圆的定义

平面内到一个固定的点的距离等于固定长度的点的轨迹称为<u>圆</u>（circle），固定的点叫做<u>圆心</u>（center of a circle），固定的长度叫做圆的<u>半径</u>（radius）（见图 3-2）.

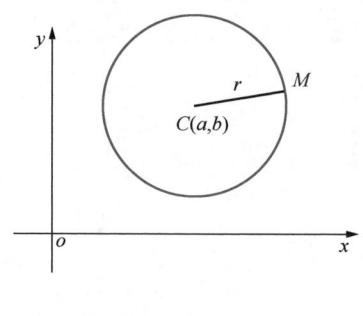

图 3-2 圆

二 圆的标准方程

已知圆心为 $C(a, b)$，半径为 r，从圆的定义得到：

$$(x-a)^2 + (y-b)^2 = r^2$$

这个方程叫做圆的<u>标准方程</u>（standard equation of a circle）.

若圆心在坐标原点上，这时 $a=b=0$，则圆的方程就是 $x^2+y^2=r^2$.

例 1 求以 $C(0, 3)$ 为圆心，和直线 $l: x-3y-1=0$ 相切的圆的方程.

解：因为圆 C 和直线 $3x-4y-7=0$ 相切，所以半径 r 就等于圆心 C 到直线 l 的距离，见下图 3-3. 即

$$r = \frac{|0 \times 1 - 3 \times 3 - 1|}{\sqrt{3^2 + 1^2}} = \sqrt{10}.$$

因此，所求的圆的方程是

$$x^2 + (y-3)^2 = 10.$$

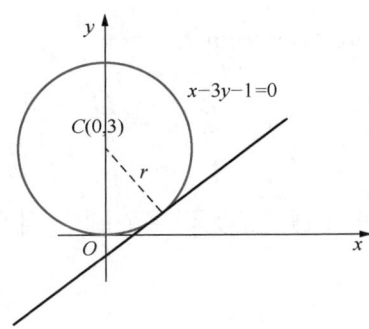

图 3-3 例 1 的图示

例 2 已知圆的方程 $x^2 + y^2 = 25$，求经过圆上一点 $P(3,4)$ 的切线方程.

解：如图 3-4，设切线的斜率为 k，半径 OP 的斜率为 k_1. 因为圆的切线垂直于过切点的半径，于是 $k = -\dfrac{1}{k_1}$.

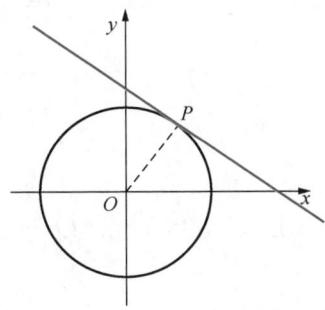

图 3-4 例 2 的图示

$$\because k_1 = \frac{4}{3} \qquad \therefore k = -\frac{3}{4}.$$

经过点 P 的切线方程是 $\quad y - 4 = -\dfrac{3}{4}(x-3)$,

整理得 $\quad 3x + 4y = 25.$

三 圆的一般方程

若已知二元二次方程

$$x^2 + y^2 + Dx + Ey + F = 0,$$

将上方程配方（complete the square），得

$$\left(x + \frac{D}{2}\right)^2 + \left(y + \frac{E}{2}\right)^2 = \frac{D^2 + E^2 - 4F}{4},$$

1. 当 $D^2 + E^2 - 4F > 0$ 时，方程表示一个圆，圆心是 $\left(-\frac{D}{2}, -\frac{E}{2}\right)$，半径是 $\frac{1}{2}\sqrt{D^2 + E^2 - 4F}$；

2. 当 $D^2 + E^2 - 4F = 0$ 时，方程只有实数解 $x = -\frac{D}{2}$，$y = -\frac{E}{2}$，所以它只表示一个点 $\left(-\frac{D}{2}, -\frac{E}{2}\right)$；

3. 当 $D^2 + E^2 - 4F < 0$ 时，方程没有实数解，因而它不能表示任何图形.

综上所述，只有当 $D^2 + E^2 - 4F > 0$ 时，方程 $x^2 + y^2 + Dx + Ey + F = 0$ 才表示一个圆.

我们把形如

$$x^2 + y^2 + Dx + Ey + F = 0 \quad (D^2 + E^2 - 4F > 0)$$

的表示圆的方程称为<u>圆的一般方程</u>（general equation of a circle）.

例3 求圆心在直线 $x - y - 4 = 0$ 上，且经过两圆 $x^2 + y^2 - 4x - 3 = 0$ 和 $x^2 + y^2 - 4y - 3 = 0$ 的交点的圆的方程.

解：设经过两个已知圆的交点的圆的方程为

$$x^2 + y^2 - 4x - 3 + \lambda(x^2 + y^2 - 4y - 3) = 0 \quad (\lambda \neq -1),$$

则圆心坐标为 $\left(\frac{2}{1+\lambda}, \frac{2\lambda}{1+\lambda}\right)$.

∵ 所求圆的圆心在直线 $x - y - 4 = 0$ 上，

∴ $\dfrac{2}{1+\lambda} - \dfrac{2\lambda}{1+\lambda} - 4 = 0$，$\lambda = -\dfrac{1}{3}$.

∴ 所求圆的方程为 $x^2 + y^2 - 6x + 2y - 3 = 0$.

说明：此题也可以先求出两圆的交点，然后用待定系数法求出圆的方程.

习题3.2

1. 求下列各圆的标准方程.

(1) 圆心在 $y=-x$ 上且过两点 $(2,0)$,$(0,-4)$;

(2) 圆心在直线 $2x+y=0$ 上,且与直线 $x+y-1=0$ 在点 $(2,-1)$ 相切.

2. 已知圆 $x^2+y^2=16$,求经过点 $B(6,2)$ 的切线方程.

3. 求经过三个点 $O(0,0)$,$M(1,1)$,$N(4,2)$ 的圆的一般式方程,并求这个圆的半径和圆心坐标.

3.3 椭圆

一 椭圆的定义

在平面内与两个固定的点 F_1，F_2 的距离的和等于常数 $2a(2a>|F_1F_2|)$ 的点的轨迹叫做椭圆（ellipse）（如图 3-5），这两个固定的点叫做椭圆的焦点（focus），两个焦点间的距离叫做椭圆的焦距（focal length）.

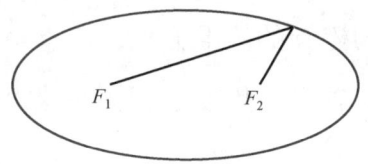

图 3-5 椭圆

二 椭圆的标准方程

求椭圆的标准方程：

取经过焦点 F_1，F_2 的直线为 x 轴，线段 F_1F_2 的垂直平分线（perpendicular bisector）为 y 轴（如图 3-6）.

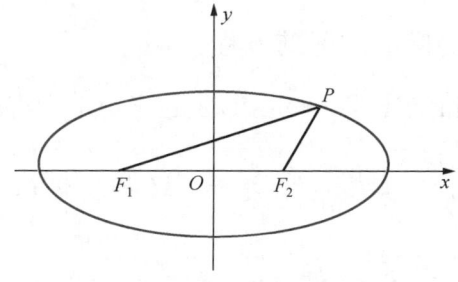

图 3-6 焦点在 x 轴上的椭圆

设 $P(x, y)$ 是椭圆上的任意一点，椭圆的焦距是 $2c(c>0)$，则两个焦点

坐标是 $F_1(-c,0)$, $F_2(c,0)$, 又设 P 与 F_1, F_2 距离之和等于 $2a(2a>2c)$, 即 $|PF_1|+|PF_2|=2a$,

又 $\because |PF_1|=\sqrt{(x+c)^2+y^2}$, $|PF_2|=\sqrt{(x-c)^2+y^2}$,

$\therefore \sqrt{(x+c)^2+y^2}+\sqrt{(x-c)^2+y^2}=2a$,

化简, 得 $(a^2-c^2)x^2+a^2y^2=a^2(a^2-c^2)$,

由定义知: $2a>2c$, $\therefore a^2-c^2>0$.

$\therefore$ 令 $a^2-c^2=b^2$ 代入, 得到 $b^2x^2+a^2y^2=a^2b^2$,

两边同时除以 a^2b^2 得到

$$\frac{x^2}{a^2}+\frac{y^2}{b^2}=1 \quad (a>b>0)$$

这就是焦点在 x 轴上的椭圆的标准方程.

它表示椭圆的焦点在 x 轴上, 焦点是 $F_1(-c,0)$, $F_2(c,0)$, 中心在坐标原点, 其中

$$a^2=c^2+b^2$$

如果椭圆的焦点在 y 轴上, 焦点则变成 $F_1(0,-c)$, $F_2(0,c)$, 只要将方程 $\frac{x^2}{a^2}+\frac{y^2}{b^2}=1$ 中的 x, y 交换, 即可得

$$\frac{y^2}{a^2}+\frac{x^2}{b^2}=1 \quad (a>b>0)$$

这是焦点在 y 轴上的椭圆的标准方程.

理解: 所谓椭圆标准方程, 一定指的是焦点在坐标轴上, 且两焦点的中点是坐标原点; 在 $\frac{x^2}{a^2}+\frac{y^2}{b^2}=1$ 与 $\frac{y^2}{a^2}+\frac{x^2}{b^2}=1$ 这两个标准方程中, 都有 $a>b>0$ 的要求, 如方程 $\frac{x^2}{m}+\frac{y^2}{n}=1(m>0, n>0, m\neq n)$ 就不能确定焦点在哪个轴上.

例1 写出适合下列条件的椭圆的标准方程.

(1) 两个焦点坐标是 $(-4,0)$，$(4,0)$，椭圆上一点 P 到两焦点的距离之和等于 10；

(2) 两个焦点坐标分别是 $(0,-4)$ 和 $(0,4)$ 且过 $\left(\dfrac{3\sqrt{21}}{5}, 2\right)$.

解：(1) 根据题意得，椭圆的焦点在 x 轴上，所以设它的标准方程为

$$\dfrac{x^2}{a^2}+\dfrac{y^2}{b^2}=1 \quad (a>b>0)$$

∵ $2a=10$，$2c=8$，

∴ $a=5$，$c=4$，

∴ $b^2=a^2-c^2=5^2-4^2=9$，

所以所求的椭圆标准方程为 $\dfrac{x^2}{25}+\dfrac{y^2}{9}=1$.

(2) 根据题意得，椭圆的焦点在 y 轴上，且 $c=4$，所以设它的标准方程为

$$\dfrac{y^2}{a^2}+\dfrac{x^2}{b^2}=1 \quad (a>b>0).$$

由椭圆的定义知，

$$2a=\sqrt{\left(\dfrac{3\sqrt{21}}{5}\right)^2+6^2}+\sqrt{\left(\dfrac{3\sqrt{21}}{5}\right)^2+2^2}$$

$$=\dfrac{33}{5}+\dfrac{17}{5}=10,$$

∴ $a=5$，

∴ $b^2=a^2-c^2=25-16=9$.

所以所求的标准方程为 $\dfrac{y^2}{25}+\dfrac{x^2}{9}=1$.

例2 已知椭圆经过两点 $\left(-\dfrac{3}{2}, \dfrac{5}{2}\right)$ 与 $(\sqrt{3}, \sqrt{5})$，求椭圆的标准方程.

【分析】 当无法判断椭圆的焦点在哪条坐标轴上时，不能直接设椭圆的标准形式.

解：设椭圆的方程是 $\dfrac{x^2}{m}+\dfrac{y^2}{n}=1$　　$(m>0,\ n>0,\ m\neq n)$，

根据题意有 $\begin{cases}\dfrac{\left(-\frac{3}{2}\right)^2}{m}+\dfrac{\left(\frac{5}{2}\right)^2}{n}=1,\\[2mm]\dfrac{(\sqrt{3})^2}{m}+\dfrac{(\sqrt{5})^2}{n}=1,\end{cases}$

解得 $m=6$，$n=10$.

所以，椭圆的标准方程是 $\dfrac{x^2}{6}+\dfrac{y^2}{10}=1$.

三 椭圆的几何性质（geometric property）

Ⅰ．范围

从标准方程得出 $\dfrac{x^2}{a^2}\leqslant 1$，$\dfrac{y^2}{b^2}\leqslant 1$，所以有椭圆的范围.

$$-a\leqslant x\leqslant a\quad -b\leqslant y\leqslant b$$

可知椭圆落在 $x=\pm a$，$y=\pm b$ 组成的矩形中.

Ⅱ．对称性

椭圆关于 y 轴对称，关于 x 轴对称，关于原点对称.

原点叫椭圆的对称中心（center of symmetry），简称中心．x 轴、y 轴叫做椭圆的对称轴（axis of symmetry）.

Ⅲ．顶点

椭圆和对称轴的四个交点叫做椭圆的顶点.

椭圆和 x 轴有两个交点 $A_1(-a,\ 0)$，$A_2(a,\ 0)$，它们是椭圆 $\dfrac{x^2}{a^2}+\dfrac{y^2}{b^2}=1$ 的顶点.

椭圆和 y 轴有两个交点 $B_1(0, -b)$，$B_2(0, b)$，它们也是椭圆 $\dfrac{x^2}{a^2}+\dfrac{y^2}{b^2}=1$ 的顶点.

因此椭圆共有四个顶点：$A_1(-a, 0)$，$A_2(a, 0)$，$B_1(0, -b)$，$B_2(0, b)$.

A_1A_2 叫做椭圆的**长轴**（major axis），B_1B_2 叫做椭圆的**短轴**（minor axis），长分别为 $2a$，$2b$. a，b 分别为椭圆的长半轴长和短半轴长. 椭圆的顶点即为椭圆与对称轴的交点.

Ⅳ. 离心率

离心率（eccentricity）的定义式为：

$$e=\dfrac{c}{a}$$

$\Rightarrow e=\sqrt{1-\left(\dfrac{b}{a}\right)^2}$. 范围：$0<e<1$

例3 求椭圆 $25x^2+9y^2=225$ 的长轴和短轴的长，并求离心率、焦点和顶点的坐标.

解：把 $25x^2+9y^2=225$ 化成标准方程

$$\dfrac{x^2}{3^2}+\dfrac{y^2}{5^2}=1,$$

所以，焦点在 y 轴上，$a=5$，$b=3$，$c=\sqrt{5^2-3^2}=4$，

因此，椭圆的长轴的长和短轴的长分别为 $2a=10$，$2b=6$，离心率 $e=\dfrac{c}{a}=\dfrac{4}{5}$，两个焦点分别为 $F_1(0, -4)$，$F_2(0, 4)$，椭圆的四个顶点是 $A_1(0, -5)$，$A_2(0, 5)$，$B_1(-3, 0)$，$B_2(3, 0)$.

习题3.3

1. 选择题

(1) 椭圆 $\dfrac{x^2}{9}+\dfrac{y^2}{25}=1$ 上一点 P 到一个焦点的距离为4，则 P 到另一个焦点的距离是（　　）.

(A) 5　　　(B) 6　　　(C) 4　　　(D) 10

(2) 椭圆 $\dfrac{x^2}{169}+\dfrac{y^2}{25}=1$ 的焦点坐标是（　　）.

(A) $(\pm 5,0)$　　　　　(B) $(0,\pm 5)$

(C) $(0,\pm 12)$　　　　(D) $(\pm 12,0)$

(3) 已知椭圆的方程为 $\dfrac{x^2}{8}+\dfrac{y^2}{m^2}=1$，焦点在 x 轴上，则它的焦距是（　　）.

(A) $2\sqrt{8-m^2}$　　　　(B) $2\sqrt{2\sqrt{2}-|m|}$

(C) $2\sqrt{m^2-8}$　　　　(D) $2\sqrt{|m|-2\sqrt{2}}$

(4) 椭圆 $\dfrac{x^2}{16}+\dfrac{y^2}{7}=1$ 的左右焦点为 F_1、F_2，一直线过 F_1 交椭圆于 A、B 两点，则 $\triangle ABF_2$ 的周长为（　　）.

(A) 32　　　(B) 16　　　(C) 8　　　(D) 4

2. 已知椭圆的焦点是 $F_1(0,-3)$，$F_2(0,3)$，P 为椭圆上一点，且 $|F_1F_2|$ 是 $|PF_1|$ 和 $|PF_2|$ 的等差中项，求椭圆的方程.

3.4 双曲线

一 双曲线的定义

平面内到两个固定点 F_1,F_2 的距离的差的绝对值是常数 $2a(2a<|F_1F_2|)$ 的动点的轨迹叫<u>双曲线</u>（hyperbola），这两个固定的点叫做双曲线的焦点，两个焦点间的距离叫做焦距.

二 双曲线的标准方程

求双曲线的标准方程如下：

取过焦点 F_1,F_2 的直线为 x 轴，线段 F_1F_2 的垂直平分线为 y 轴（如图 3-7）. 设 $P(x,y)$ 为双曲线上的任意一点，双曲线的焦距是 $2c(c>0)$，则焦点坐标是 $F_1(-c,0)$,$F_2(c,0)$，根据题意有 $|PF_1|-|PF_2|=\pm 2a$.

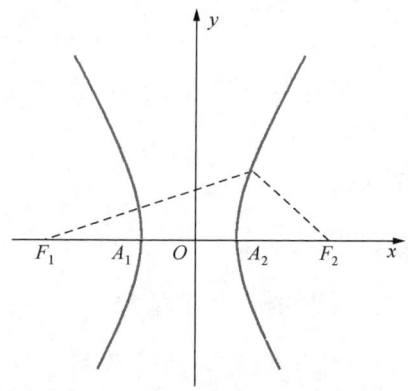

图 3-7 焦点在 x 轴上的双曲线

又 $\because |PF_1|=\sqrt{(x+c)^2+y^2}$, $|PF_2|=\sqrt{(x-c)^2+y^2}$,

$\therefore \sqrt{(x+c)^2+y^2}-\sqrt{(x-c)^2+y^2}=\pm 2a$,

化简，得：

$(c^2-a^2)x^2-a^2y^2=a^2(c^2-a^2)$，

∵ $2a<2c$，

∴ $c^2-a^2>0$，

令 $c^2-a^2=b^2$ 代入，得：$b^2x^2-a^2y^2=a^2b^2$，

两边同时除以 a^2b^2 得到 $\dfrac{x^2}{a^2}-\dfrac{y^2}{b^2}=1$，这就是焦点在 x 轴上的双曲线的标准方程.

它表示双曲线的焦点在 x 轴上，且焦点是 $F_1(-c,0)$，$F_2(c,0)$，其中 $c^2=a^2+b^2$.

如果焦点在 y 轴上，则焦点是 $F_1(0,-c)$，$F_2(0,c)$，将 x，y 交换位置，得到 $\dfrac{y^2}{a^2}-\dfrac{x^2}{b^2}=1$，这是焦点在 y 轴上的双曲线的标准方程，如图3-8所示：

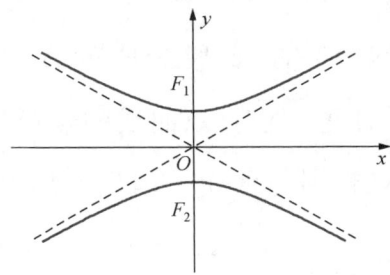

图3-8 焦点在 y 轴上的双曲线

双曲线的标准方程的特点：

1. 双曲线的标准方程有两种：

焦点在 x 轴上时，双曲线的标准方程为：

$$\dfrac{x^2}{a^2}-\dfrac{y^2}{b^2}=1 \quad (a>0, b>0)$$

焦点在 y 轴上时，双曲线的标准方程为：

$$\dfrac{y^2}{a^2}-\dfrac{x^2}{b^2}=1 \quad (a>0, b>0)$$

2. a，b，c 有关系式

$$c^2 = a^2 + b^2$$

成立，且 $a>0$，$b>0$，$c>0$.

焦点的位置：

椭圆的焦点位置可由方程中含字母 x^2，y^2 项的分母的大小来确定，分母大的项对应的坐标轴就是焦点所在的轴；

而双曲线是根据项的正负来判断焦点所在的位置，即 x^2 项的系数是正的，那么焦点在 x 轴上；y^2 项的系数是正的，那么焦点在 y 轴上.

例 1 已知双曲线两个焦点的坐标为 $F_1(0,-13)$，$F_2(0,13)$，双曲线上一点 P 到 F_1，F_2 的距离之差的绝对值等于 10，求双曲线标准方程.

解：因为双曲线的焦点在 y 轴上，所以设它的标准方程为

$$\frac{y^2}{a^2} - \frac{x^2}{b^2} = 1 \ (a>0, \ b>0).$$

∵ $2a=10$，$c=13$，∴ $a=5$，$c=13$，

∴ $b^2 = 13^2 - 5^2 = 12^2$，

所求双曲线的标准方程为 $\frac{y^2}{25} - \frac{x^2}{144} = 1$.

三 双曲线性质

Ⅰ. 范围、对称性

由方程 $\frac{x^2}{a^2} - \frac{y^2}{b^2} = 1$ 可得 $x^2 \geq a^2$.

双曲线关于 x 轴对称，关于 y 轴对称，关于原点对称.

Ⅱ. 顶点

$\frac{x^2}{a^2} - \frac{y^2}{b^2} = 1$ 的顶点是 $A_1(a, 0)$，$A_2(-a, 0)$.

实轴 (real axis)：A_1A_2 长为 $2a$，a 叫做半实轴长.

虚轴 (imaginary axis)：在方程 $\dfrac{x^2}{a^2}-\dfrac{y^2}{b^2}=1$ 中 y 轴上有两个特殊点 $B_1(0,b)$，$B_2(0,-b)$，把线段 B_1B_2 叫做双曲线的虚轴，B_1B_2 的长是 $2b$，b 叫做虚半轴长.

Ⅲ．渐近线

过双曲线 $\dfrac{x^2}{a^2}-\dfrac{y^2}{b^2}=1$ 的两顶点 A_1，A_2，作 y 轴的平行线 $x=\pm a$，经过 B_1，B_2 作 x 轴的平行线 $y=\pm b$，四条直线围成一个矩形．矩形的两条对角线所在直线方程是 $y=\pm\dfrac{b}{a}x\left(\dfrac{x}{a}\pm\dfrac{y}{b}=0\right)$，这两条直线就是双曲线的渐近线 (asymptote).

Ⅳ．离心率

$$e=\dfrac{c}{a}$$

叫做双曲线的离心率．范围：$e>1$.

例 2 求与双曲线 $\dfrac{x^2}{16}-\dfrac{y^2}{9}=1$ 有共同的渐近线且过 $A(3\sqrt{3},-3)$ 的双曲线的方程.

解：设与 $\dfrac{x^2}{4^2}-\dfrac{y^2}{3^2}=1$ 有共同的渐近线的双曲线的方程为 $\dfrac{x^2}{4^2}-\dfrac{y^2}{3^2}=\lambda$，因为该双曲线经过点 $A(3\sqrt{3},-3)$，所以 $\dfrac{(3\sqrt{3})^2}{4^2}-\dfrac{(-3)^2}{3^2}=\lambda$，从而有 $\lambda=\dfrac{11}{16}$.

所求双曲线的方程为 $\dfrac{x^2}{11}-\dfrac{16y^2}{99}=1$.

例 3 若双曲线与椭圆 $\dfrac{x^2}{16}+\dfrac{y^2}{25}=1$ 有相同的焦点，与双曲线 $\dfrac{x^2}{2}-y^2=1$ 有相同的渐近线，求双曲线的方程.

解：因为椭圆 $\dfrac{x^2}{16}+\dfrac{y^2}{25}=1$ 的焦点是 $(0,\pm3)$ 在 y 轴上，所以所要求的双曲线的方程可以设为 $\dfrac{y^2}{a^2}-\dfrac{x^2}{b^2}=1$，且 $c^2=a^2+b^2=3^2=9$，根据题目的第二个条件知道 $b^2=2a^2$. 求解方程组 $\begin{cases}a^2+b^2=9\\b^2=2a^2\end{cases}$，可以得到 $a=\sqrt{3}$，$b=\sqrt{6}$. 所以，所要求的双曲线的方程是 $\dfrac{y^2}{3}-\dfrac{x^2}{6}=1$.

四 判断一条直线 $y=kx+l$（斜率存在）和一个二次曲线 $mx^2+ny^2=1$ 的交点个数

1. 将 $y=kx+l$ 代入 $mx^2+ny^2=1$ 整理成一元二次方程 $ax^2+bx+c=0$ 的形式，

2. 计算根的判别式 $\Delta=b^2-4ac$，

$\begin{cases}a\neq0,\\ \Delta>0,\end{cases}\Rightarrow$ 有两个交点；

$\begin{cases}a\neq0,\\ \Delta=0,\end{cases}$ 或 $\begin{cases}a=0,\\ b\neq0,\end{cases}\Rightarrow$ 有一个交点；

$\begin{cases}a\neq0,\\ \Delta<0,\end{cases}\Rightarrow$ 没有交点.

若直线的斜率不存在，要单独考虑.

例4 已知双曲线：$y^2-2x^2=1$，是否存在一条弦被点 $B(1,-1)$ 平分？如果存在，求出这条弦所在的直线方程；如果不存在，请说明理由.

解：设被 $B(1,-1)$ 平分的弦所在的直线方程是 l：$y=k(x-1)-1$，代入双曲线方程 $y^2-2x^2=1$，整理得

$$(k^2-2)x^2-2k(k+1)x+(k^2+2k)=0.$$

设 l 与双曲线相交于两点 $A(x_1，y_1)$，$C(x_2，y_2)$，那么 x_1，x_2 是上面的一元二次方程的两个根，因为 $B(1,-1)$ 是两个交点 $A(x_1，y_1)$，$C(x_2，y_2)$ 的

中点，则根据中点公式和方程根与系数的关系得到下式：

$$2 = x_1 + x_2 = \frac{2k(k+1)}{k^2-2}$$

$$\Rightarrow k = -2 \qquad (1)$$

因为这个一元二次方程有两个交点，所以，

$$\begin{cases} k^2 - 2 \neq 0, \\ [-2k(k+1)]^2 - 4(k^2-2)(k^2+2k) > 0, \end{cases}$$

$$\Rightarrow \begin{cases} k \neq \pm\sqrt{2}, \\ k > 0 \text{ 或 } k < -\dfrac{3}{4}, \end{cases} \qquad (2)$$

由此可以看出（1）满足（2），所以存在一条弦被点 $B(1,-1)$ 平分．这条弦的方程是

$$y = -2(x-1) - 1, \text{ 即 } y = -2x + 1.$$

习题3.4

1. 判断方程 $\dfrac{x^2}{9-k} - \dfrac{y^2}{k-3} = 1$ 所表示的曲线.

2. 选择题

(1) 设 F_1, F_2 是双曲线 $\dfrac{x^2}{4} - y^2 = 1$ 的焦点，点 P 在双曲线上，且 $\angle F_1PF_2 = 90°$，则点 P 到 x 轴的距离为（　　）.

(A) 1　　　　(B) $\dfrac{\sqrt{5}}{5}$　　　　(C) 2　　　　(D) $\sqrt{5}$

(2) 下列方程中，以 $x \pm 2y = 0$ 为渐近线的双曲线方程是（　　）.

(A) $\dfrac{x^2}{16} - \dfrac{y^2}{4} = 1$　　　　(B) $\dfrac{x^2}{4} - \dfrac{y^2}{16} = 1$

(C) $\dfrac{x^2}{2} - y^2 = 1$　　　　(D) $x^2 - \dfrac{y^2}{2} = 1$

(3) 与双曲线 $\dfrac{x^2}{9} - \dfrac{y^2}{16} = \lambda$ 有共同的渐近线，且一个顶点为 $(0, 9)$ 的双曲线的方程是（　　）.

(A) $\dfrac{x^2}{144} - \dfrac{y^2}{81} = 1$　　　　(B) $-\dfrac{x^2}{144} + \dfrac{y^2}{81} = 1$

(C) $\dfrac{x^2}{16} - \dfrac{y^2}{9} = 1$　　　　(D) $-\dfrac{x^2}{(27/4)^2} + \dfrac{y^2}{81} = 1$

3. 已知点 $B(1, 1)$ 是椭圆 $\dfrac{x^2}{4} + \dfrac{y^2}{2} = 1$ 内的一个定点，过点 $B(1, 1)$ 做一条弦使得 $B(1, 1)$ 平分此弦，求此弦所在的直线方程.

*4. 当 k 取不同的实数值时，讨论直线 $y = k(x+1)$ 与双曲线 $\dfrac{x^2}{4} - y^2 = 1$ 的交点的个数.

3.5 抛物线

一 抛物线定义

平面内与一个固定点 F 和一条固定直线 l 的距离相等的点的轨迹叫做抛物线（parabola），固定点 F 叫做抛物线的焦点，固定直线 l 叫做抛物线的准线（directrix）.

二 抛物线的标准方程

如图 3-9 所示，建立直角坐标系，设 $|KF|=p(p>0)$，那么焦点 F 的坐标为 $\left(\dfrac{p}{2}, 0\right)$，准线 l 的方程为 $x=-\dfrac{p}{2}$.

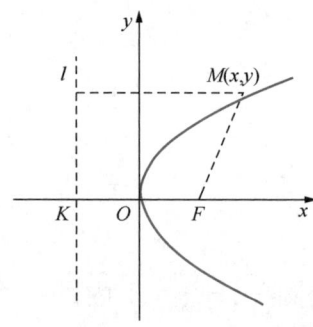

图 3-9 焦点在 x 轴正半轴上的抛物线

设抛物线上的点 $M(x, y)$，则有 $\sqrt{\left(x-\dfrac{p}{2}\right)^2+y^2}=\left|x+\dfrac{p}{2}\right|$. 化简方程得 $y^2=2px(p>0)$.

方程 $y^2=2px(p>0)$ 叫做抛物线的标准方程.

一条抛物线，由于它在坐标系的位置不同，方程也不同，有四种不同的情况（如下图 3-10）.

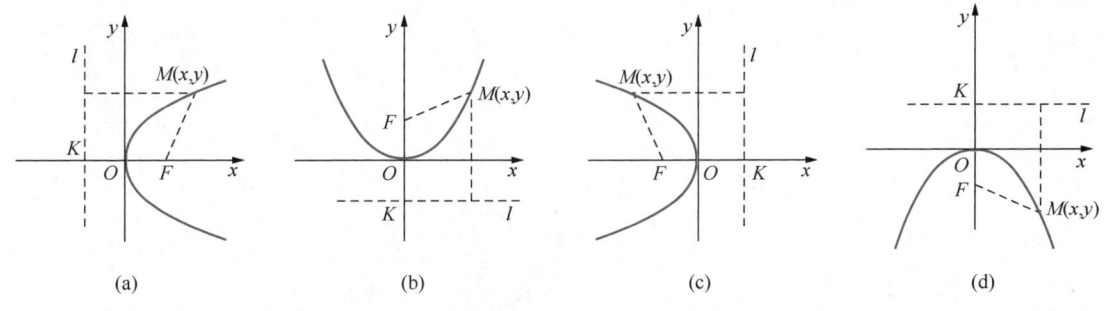

图 3-10 抛物线的四种可能

图 3-10 中四个图像的相同点：

1. 抛物线都过原点；

2. 对称轴是坐标轴；

3. 准线都与对称轴垂直，垂足（foot of a perpendicular）与焦点在对称轴上关于原点对称，它们到原点的距离都等于一次项系数绝对值的 $\frac{1}{4}$，即 $\frac{2p}{4}=\frac{p}{2}$.

例1 （1）已知抛物线标准方程是 $y^2=-12x$，求它的焦点坐标和准线方程.

（2）已知抛物线的焦点坐标是 $F(0, -12)$，求它的标准方程.

解：（1）根据题意得到 $p=6$，所以焦点坐标是 $(-3, 0)$，准线方程是 $x=3$.

（2）根据题意得到焦点在 y 轴的负半轴上，$\frac{p}{2}=12$，所以所求抛物线的标准议程是 $x^2=-48y$.

例2 已知直线 l 的斜率是 1，经过抛物线 $y^2=4x$ 的焦点，与抛物线相交于 A，B 两点，求线段 AB 的长.

解： 如下图 3-11，根据题意得到 $p=2$，抛物线焦点的坐标是 $F(1, 0)$，所以直线 l 的方程是 $y-0=1 \cdot (x-1)$，即

$$y = x - 1,$$

将方程 $y=x-1$ 代入抛物线方程 $y^2=4x$，得 $(x-1)^2=4x$，

化简得 $x^2-6x+1=0$，设两个根是 x_1 和 x_2，由韦达（Vieta）定理得

$x_1+x_2=6$，

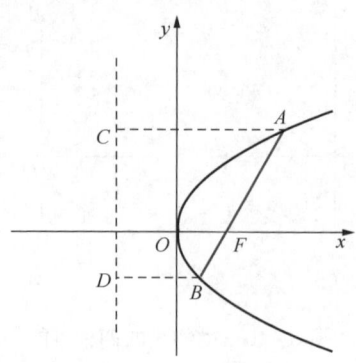

图 3-11 例 2 的图示

由抛物线的定义得

$|AB|=(x_1+1)+(x_2+1)=(x_1+x_2)+2=8.$

三 抛物线的几何性质

Ⅰ．范围

因为 $p>0$，由方程 $y^2=2px(p>0)$ 可知，$x\geqslant 0$，所以这条抛物线在 y 轴的右侧；当 x 的值增大时，$|y|$ 也增大，这说明抛物线向右上方和右下方无限延伸.

Ⅱ．对称性

抛物线 $y^2=2px(p>0)$ 关于 x 轴对称.

Ⅲ．顶点

抛物线和它的轴的交点叫做抛物线的顶点.

抛物线 $y^2=2px$（$p>0$）的顶点就是坐标原点.

Ⅳ．离心率

抛物线上的点 M 与焦点的距离和它到准线的距离的比，叫做抛物线的离心率，用 e 表示．由抛物线的定义可知，$e=1$.

四 直线与抛物线的交点

Ⅰ. 位置关系

相交（有两个公共点或一个公共点）；相离（没有公共点）；相切（只有一个公共点）.

对于 $y^2=2px$ $(p>0)$，

(1) 当直线 l 是 $y=y_0$，即 $k=0$ 时，直线 l 与抛物线只有唯一的交点.

(2) 当 $k\neq 0$，设直线 l：$y=kx+m$，将 l：$y=kx+m$ 代入 C：$Ax^2+By^2+Dx+Ey+F=0$，整理后得到关于 x 的二次方程 $ax^2+bx+c=0$.

当 $a=0$（二次项系数为零），则直线 l 与抛物线有唯一一个交点；

若 $a\neq 0$，$\Delta>0$，则直线 l 与抛物线相交；

若 $a\neq 0$，$\Delta=0$，则直线 l 与抛物线相切；

若 $a\neq 0$，$\Delta<0$，则直线 l 与抛物线相离.

(3) 当 k 不存在时，直线与抛物线 $y^2=2px(p>0)$ 一定相交于两点.

Ⅱ. 相交弦长

直线 l：$y=kx+m$ 与 $y^2=2px(p>0)$ 相交于 A、B 两点，设线段 AB 的长是 d，那么 $d=\dfrac{\sqrt{\Delta}}{|a|}\sqrt{1+k^2}$，其中 a 和 Δ 分别是将 l：$y=kx+m$ 代入 $y^2=2px$ $(p>0)$ 后得到的 $ax^2+bx+c=0$ 中的二次项系数和判别式.

当代入消元消掉的是 y 时，得到 $ay^2+by+c=0$，此时弦长公式相应的变为：$d=\dfrac{\sqrt{\Delta}}{|a|}\sqrt{1+\dfrac{1}{k^2}}$.

习题3.5

1. 求直线 $l: y = x - 2$ 和抛物线 $y^2 = x$ 相交的线段的长度.

2. 已知抛物线顶点在原点，准线方程是 $y = -3$，求抛物线的方程.

3. 抛物线 $y^2 = 16x$ 上的一点 P 到 x 轴的距离为 12，焦点为 F，求 $|PF|$ 的值.

参考复习题

选择题

(1) 已知椭圆的焦点是 F_1，F_2，P 是椭圆上的一个动点，如果延长 F_1P 到 Q，使得 $|PQ| = |PF_2|$，那么动点 Q 的轨迹是（　　）.

(A) 圆　　　　　　　　　　(B) 椭圆

(C) 双曲线的一支　　　　　(D) 抛物线

(2) 设 $\theta \in \left(0, \dfrac{\pi}{4}\right)$，则二次曲线 $x^2 \cot\theta - y^2 \tan\theta = 1$ 的离心率的取值范围是（　　）.

(A) $\left(0, \dfrac{1}{2}\right)$　　　　　(B) $\left(\dfrac{1}{2}, \dfrac{\sqrt{2}}{2}\right)$

(C) $\left(\dfrac{\sqrt{2}}{2}, \sqrt{2}\right)$　　　　(D) $(\sqrt{2}, +\infty)$

(3) 已知双曲线的中心在原点，且一个焦点为 $F(\sqrt{7}, 0)$，直线 $y = x - 1$ 与其相交于 M、N 两点，MN 中点的横坐标为 $-\dfrac{2}{3}$，则此双曲线的方程是（　　）.

(A) $\dfrac{x^2}{3} - \dfrac{y^2}{4} = 1$　　　　(B) $\dfrac{x^2}{4} - \dfrac{y^2}{3} = 1$

(C) $\dfrac{x^2}{5} - \dfrac{y^2}{2} = 1$　　　　(D) $\dfrac{x^2}{2} - \dfrac{y^2}{5} = 1$

(4) 已知 F_1，F_2 是椭圆的两个焦点，过 F_1 且与椭圆长轴垂直的直线交椭圆于 A，B 两点，若 $\triangle ABF_2$ 是正三角形，则这个椭圆的离心率是（　　）.

(A) $\dfrac{\sqrt{3}}{3}$ (B) $\dfrac{\sqrt{2}}{3}$ (C) $\dfrac{\sqrt{2}}{2}$ (D) $\dfrac{\sqrt{3}}{2}$

(5) 设 P 是双曲线 $\dfrac{x^2}{a^2}-\dfrac{y^2}{9}=1$ 上一点，双曲线的一条渐近线方程为 $3x-2y=0$，F_1，F_2 分别是双曲线的左右两个焦点，若 $|PF_1|=3$，则 $|PF_2|=$（　　）.

(A) 1 或 5　　(B) 6　　(C) 7　　(D) 9

第三部分

函数的极限和导数

1 函数的极限

1.1 函数的极限

前面讲过数列的极限,例如:$\lim\limits_{n\to\infty}\left(\dfrac{1}{2}\right)^n=0$,$\lim\limits_{n\to\infty}q^n=0$ ($|q|<1$). 现在来讨论函数的极限.

一 $x\to\infty$ 时函数的极限

Ⅰ. 观察函数 $y=\dfrac{1}{x}$ 的图像(见图 1-1),当 x 沿正值无限增大时,函数值 $\dfrac{1}{x}$ **无限趋近**(infinitely approach)于 0,这时就说,当 x 趋向于正无穷大时,函数 $y=\dfrac{1}{x}$ 的极限是 0,记作:$\lim\limits_{x\to+\infty}\dfrac{1}{x}=0$.

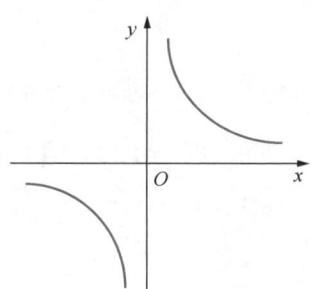

图 1-1 $y=\dfrac{1}{x}$ 的图像

一般地,如果对一个常数 A,使得 $\forall\varepsilon>0$,$\exists M>0$,当 $x>M$ 时有 $|f(x)-A|<\varepsilon$,那么就说当 x 趋向于正无穷大时,函数 $y=f(x)$ 的极限是 A,记作:$\lim\limits_{x\to+\infty}f(x)=A$.

例如，对函数 $y=\dfrac{1}{x}$ 来说，当 $\varepsilon=1$ 时，可以取 $M=1$，只要 $x>M=1$ 就有 $\left|\dfrac{1}{x}-0\right|<1$；当 $\varepsilon=\dfrac{1}{2}$ 时，可以取 $M=2$，只要 $x>M=2$ 就有 $\left|\dfrac{1}{x}-0\right|<\dfrac{1}{2}$；当 $\varepsilon=\dfrac{1}{100}$ 时，可以取 $M=100$，只要 $x>M=100$ 就有 $\left|\dfrac{1}{x}-0\right|<\dfrac{1}{100}$；……$\varepsilon$ 越小，M 越大. 不管 ε 多么小，总能找到一个足够大（large enough）的正数 M，当 $x>M$ 时 $\left|\dfrac{1}{x}-0\right|<\varepsilon$ 成立.

Ⅱ. 从图 1-1 中还可以看出，当 x 沿负值无限增大时，函数值 $\dfrac{1}{x}$ 无限趋近于 0，这时就说，当 x 趋向于负无穷大时，函数 $y=\dfrac{1}{x}$ 的极限是 0，记作：$\lim\limits_{x\to -\infty}\dfrac{1}{x}=0.$

一般地，如果对一个常数 A，使得 $\forall \varepsilon>0$，$\exists M>0$，当 $x<-M$ 时有 $|f(x)-A|<\varepsilon$，那么就说当 x 趋向于负无穷大时，函数 $y=f(x)$ 的极限是 A，记作：$\lim\limits_{x\to -\infty}f(x)=A.$

例如，对函数 $y=\dfrac{1}{x}$ 来说，当 $\varepsilon=\dfrac{1}{100}$ 时，可以取 $M=100$，只要 $x<-M=-100$ 就有 $\left|\dfrac{1}{x}-0\right|<\dfrac{1}{100}$；……$\varepsilon$ 越小，M 越大. 不管 ε 多么小，总能找到一个足够大的正数 M，当 $x<-M$ 时 $\left|\dfrac{1}{x}-0\right|<\varepsilon$ 成立.

Ⅲ. 从上面的讨论可以知道，如果对一个常数 A，$\forall \varepsilon>0$，$\exists M>0$，当 $|x|>M$ 时有 $|f(x)-A|<\varepsilon$，那么就说当 x 趋向于无穷大时，函数 $y=f(x)$ 的极限是 A，记作：$\lim\limits_{x\to\infty}f(x)=A$，读作"$x$ 趋向于无穷大时，函数 $y=f(x)$ 的极限是 A".

例1 用观察法求下列函数的极限，然后用定义证明结论.

(1) $\lim\limits_{x\to +\infty}\left(\dfrac{1}{2}\right)^x$ (2) $\lim\limits_{x\to -\infty}10^x$

(3) $\lim\limits_{x\to\infty}\dfrac{1}{x^2}$ (4) $\lim\limits_{x\to\infty}4$

解：(1) $\lim\limits_{x\to +\infty}\left(\dfrac{1}{2}\right)^x=0$，

因为 $\forall 0<\varepsilon<1$,令 $M=\log_2 \frac{1}{\varepsilon}$ (>0),当 $x>M$ 时有 $\left|\left(\frac{1}{2}\right)^x-0\right|<\varepsilon$ 成立,

所以 $\lim\limits_{x\to+\infty}\left(\frac{1}{2}\right)^x=0$.

(2) $\lim\limits_{x\to-\infty}10^x=0$,

因为 $\forall 0<\varepsilon<1$,令 $M=\lg\frac{1}{\varepsilon}$ (>0),当 $x<-M$ 时有 $|10^x-0|<\varepsilon$ 成立,

所以 $\lim\limits_{x\to-\infty}10^x=0$.

(3) $\lim\limits_{x\to\infty}\frac{1}{x^2}=0$,

因为 $\forall \varepsilon>0$,令 $M=\frac{1}{\sqrt{\varepsilon}}$ (>0),当 $|x|>M$ 时有 $\left|\frac{1}{x^2}-0\right|<\varepsilon$ 成立,所以 $\lim\limits_{x\to\infty}\frac{1}{x^2}=0$.

(4) $\lim\limits_{x\to\infty}4=4$,

因为 $\forall \varepsilon>0$,令 $M=\varepsilon$ (>0),当 $|x|>M$ 时有 $|4-4|<\varepsilon$ 成立,所以 $\lim\limits_{x\to\infty}4=4$.

二 $x\to x_0$ 时函数的极限

观察函数 $y=x^2$ 当 x 无限趋近于 2 时的变化趋势:

当 x 从 2 的左侧趋近于 2 时,

x	1.1	1.3	1.5	1.7	1.9	1.99	1.999	1.9999	→	2
$y=x^2$	1.21	1.69	2.25	2.89	3.61	3.9601	3.996001	3.99960001	→	4

当 x 从 2 的右侧趋近于 2 时,

x	2.9	2.7	2.5	2.3	2.1	2.01	2.001	2.0001	→	2
$y=x^2$	8.41	7.29	6.25	5.29	4.41	4.0401	4.004001	4.00040001	→	4

从上面的观察得到 $\lim\limits_{x\to 2}x^2=4$.

特别地,$\lim\limits_{x\to x_0}C=C$;$\lim\limits_{x\to x_0}x=x_0$.

函数的极限的定义:如果存在一个常数 A,使得 $\forall \varepsilon>0$,$\exists \delta>0$,当 $0<|x-x_0|<\delta$ 时有 $|f(x)-A|<\varepsilon$,那么就说当 x 趋向 x_0 时,函数 $y=f(x)$

的极限是 A，记作：$\lim\limits_{x \to x_0} f(x) = A$.

这个定义的意思是：当自变量 x 无限趋近于 x_0（$x \neq x_0$）时（不管是从 x_0 左边还是从 x_0 右边），函数 $y = f(x)$ 都无限趋近于一个常数 A.

例 2 用极限的定义证明：$\lim\limits_{x \to 2} x^2 = 4$.

证明： $\forall\, 0 < \varepsilon < 1$，令 $\delta = \min\left\{1, \dfrac{1}{5}\varepsilon\right\}$，当 $0 < |x - 2| < \delta$ 时，

$$|x^2 - 4| = |(x + 2)(x - 2)| < 5|x - 2| < \varepsilon,$$

所以 $\lim\limits_{x \to 2} x^2 = 4$.

注意： 1. $\lim\limits_{x \to x_0} f(x)$ 与函数 $y = f(x)$ 在 x_0 有没有定义没有关系，与 x_0 点的函数值无关，只与函数在该点附近的表达式有关.

2. $\lim\limits_{x \to x_0} f(x) = A$ 不依赖 x 是从 x_0 的左边还是从 x_0 的右边无限趋近于 x_0. 如果 x 从 x_0 的左边和从 x_0 的右边无限趋近于 x_0 得到的结果不一样，我们称当 x 趋向 x_0 时，函数 $y = f(x)$ 的极限不存在.

3. x 从 x_0 的左边无限趋近于 x_0 时，函数 $y = f(x)$ 无限趋近于一个常数 A，我们称 A 是函数 $y = f(x)$ 在 x 从 x_0 的左边无限趋近于 x_0 时的<u>左极限</u>（left-hand limit），记作 $\lim\limits_{x \to x_0^-} f(x) = A$；同样地，可以定义<u>右极限</u>（right-hand limit）$\lim\limits_{x \to x_0^+} f(x) = A$.

三 $x \to x_0$ 时函数的极限存在的充要条件

定理 1.1 $\lim\limits_{x \to x_0} f(x) = A$ 的充分必要条件是 $\lim\limits_{x \to x_0^+} f(x) = \lim\limits_{x \to x_0^-} f(x) = A$.

例 3 极限 $\lim\limits_{x \to 0} \dfrac{|x|}{x}$ 是否存在？

解： $\because \dfrac{|x|}{x} = \begin{cases} 1, & x > 0 \\ -1, & x < 0 \end{cases}$

$\therefore \lim\limits_{x \to 0^+} \dfrac{|x|}{x} = \lim\limits_{x \to 0^+} 1 = 1$；$\lim\limits_{x \to 0^-} \dfrac{|x|}{x} = \lim\limits_{x \to 0^-} (-1) = -1$；

$\because 1 = \lim\limits_{x \to 0^+} \dfrac{|x|}{x} \neq \lim\limits_{x \to 0^-} \dfrac{|x|}{x} = -1,$

$$\therefore \lim_{x\to 0}\frac{|x|}{x} \text{ 不存在}.$$

例 4 求下列函数在 $x=0$ 处的极限.

$$f(x) = \begin{cases} 1+|x|, & x>0, \\ 0, & x=0, \\ 1+10x, & x<0. \end{cases}$$

解：因为 $\lim\limits_{x\to 0^+} f(x) = \lim\limits_{x\to 0^+}(1+|x|) = 1$;

$\lim\limits_{x\to 0^-} f(x) = \lim\limits_{x\to 0^-}(1+10x) = 1+0 = 1$;

所以 $\lim\limits_{x\to 0^+} f(x) = 1 = \lim\limits_{x\to 0^-} f(x)$，

从而，$\lim\limits_{x\to 0} f(x) = 1$.

从这个例子我们可以看到：极限 $\lim\limits_{x\to 0} f(x)$ 与函数值 $f(0)$ 没有关系.

习题1.1

1. 写出下列函数的极限.

(1) $\lim\limits_{x\to+\infty} 0.1^x$

(2) $\lim\limits_{x\to-\infty} 10.2^x$

(3) $\lim\limits_{x\to\infty}(-2)$

(4) $\lim\limits_{x\to\infty}\dfrac{1}{x^{14}}$

(5) $\lim\limits_{x\to 0}\left(\dfrac{1}{2}\right)^x$

(6) $\lim\limits_{x\to 0^+}\left(\dfrac{7}{2}\right)^x$

(7) $\lim\limits_{x\to 0}\dfrac{1}{x+1}$

(8) $\lim\limits_{x\to 0} 15$

2. 求极限 $\lim\limits_{x\to 1}\dfrac{x^2-1}{x-1}$.

3. 求下列函数在 $x=0$ 处的极限.

$$f(x)=\begin{cases}\left(\dfrac{1}{2}\right)^x, & x<0 \\ \dfrac{1}{7x+1}, & x\geqslant 0\end{cases}$$

4. 若已知函数 $f(x)=\begin{cases}1+x, & x\geqslant 1 \\ a+2^{-x}, & x<1\end{cases}$，且 $\lim\limits_{x\to 1}f(x)$ 存在，求 a 的值.

1.2 函数极限的四则运算

对于函数极限,有如下的四则运算法则:

> 如果 $\lim\limits_{x \to x_0} f(x) = A$,$\lim\limits_{x \to x_0} g(x) = B$,那么
>
> $$\lim\limits_{x \to x_0}[f(x) \pm g(x)] = A \pm B$$
>
> $$\lim\limits_{x \to x_0}[f(x) \cdot g(x)] = A \cdot B$$
>
> $$\lim\limits_{x \to x_0}\frac{f(x)}{g(x)} = \frac{A}{B} \quad (B \neq 0)$$

说明:当 C 是常数,n 是正整数时,

$$\lim\limits_{x \to x_0}[Cf(x)] = C \lim\limits_{x \to x_0} f(x),$$

$$\lim\limits_{x \to x_0}[f(x)]^n = [\lim\limits_{x \to x_0} f(x)]^n.$$

上述结果对于 $x \to \infty$ 的情况<u>仍然适用</u>(still apply).

特别地,$\lim\limits_{x \to x_0} C = C$, $\lim\limits_{x \to x_0} x^k = x_0^k$ $(k \in \mathbf{N}^*)$.

例1 求 $\lim\limits_{x \to 0}\dfrac{10x^2 - x + 1}{2x^2 - x - 1}$.

解:$\lim\limits_{x \to 0}\dfrac{10x^2 - x + 1}{2x^2 - x - 1} = \dfrac{10\lim\limits_{x \to 0} x^2 - \lim\limits_{x \to 0} x + 1}{2\lim\limits_{x \to 0} x^2 - \lim\limits_{x \to 0} x - 1} = \dfrac{0 - 0 + 1}{0 - 0 - 1} = -1.$

例2 求 $\lim\limits_{x \to -7}\dfrac{x^2 - 49}{x + 7}$.

注意:当 $x \to -7$ 时,分母的极限是 0,不能直接运用上面的极限运用法则. 如果函数 $y = \dfrac{x^2 - 49}{x + 7}$ 在定义域 $x \neq -7$ 内,将分子、分母约去公因式 $x + 7$ 后可以求出函数的极限.

解:$\lim\limits_{x \to -7}\dfrac{x^2 - 49}{x + 7} = \lim\limits_{x \to -7}(x - 7) = \lim\limits_{x \to -7} x - \lim\limits_{x \to -7} 7 = -14.$

注意：作为函数来说 $\dfrac{x^2-49}{x+7} \neq x-7$，但是 $\lim\limits_{x \to -7}\dfrac{x^2-49}{x+7} = \lim\limits_{x \to -7}(x-7)$.

例 3 $\lim\limits_{x \to 1}\dfrac{x^2-3x+2}{x^2-1}$.

解：$\lim\limits_{x \to 1}\dfrac{x^2-3x+2}{x^2-1} = \lim\limits_{x \to 1}\dfrac{(x-1)(x-2)}{(x-1)(x+1)} = \lim\limits_{x \to 1}\dfrac{x-2}{x+1} = -\dfrac{1}{2}$.

例 4 $\lim\limits_{x \to 0}\dfrac{\sqrt{4+x}-2}{x}$.

解：$\lim\limits_{x \to 0}\dfrac{\sqrt{4+x}-2}{x} = \lim\limits_{x \to 0}\dfrac{(\sqrt{4+x}-2)(\sqrt{4+x}+2)}{x(\sqrt{4+x}+2)}$ （分子有理化）

$= \lim\limits_{x \to 0}\dfrac{1}{\sqrt{4+x}+2} = \dfrac{1}{4}$.

例 5 求 $\lim\limits_{x \to \infty}\dfrac{13x^2-27x+12}{7x^2+1}$.

解：$\lim\limits_{x \to \infty}\dfrac{13x^2-27x+12}{7x^2+1} = \lim\limits_{x \to \infty}\dfrac{13-\dfrac{27}{x}+\dfrac{12}{x^2}}{7+\dfrac{1}{x^2}} = \dfrac{13-27\lim\limits_{x \to \infty}\dfrac{1}{x}+12\lim\limits_{x \to \infty}\dfrac{1}{x^2}}{7+\lim\limits_{x \to \infty}\dfrac{1}{x^2}}$

$= \dfrac{13-0+0}{7+0} = \dfrac{13}{7}$.

例 6 求 $\lim\limits_{x \to \infty}\dfrac{2x^2+x-4}{3x^3-x^2+1}$.

解：$\lim\limits_{x \to \infty}\dfrac{2x^2+x-4}{3x^3-x^2+1} = \dfrac{\lim\limits_{x \to \infty}\dfrac{2}{x}+\lim\limits_{x \to \infty}\dfrac{1}{x^2}-\lim\limits_{x \to \infty}\dfrac{4}{x^3}}{3-\lim\limits_{x \to \infty}\dfrac{1}{x}+\lim\limits_{x \to \infty}\dfrac{1}{x^3}} = 0$.

习题1.2

求下列函数极限.

(1) $\lim\limits_{x \to -1} (x-13)$

(2) $\lim\limits_{x \to 1} (12\sqrt{x}-x+1)$

(3) $\lim\limits_{x \to -4} \dfrac{x^2-16}{x+4}$

(4) $\lim\limits_{x \to 3} \dfrac{x^2+x-12}{x^2-9}$

(5) $\lim\limits_{x \to +\infty} \dfrac{2x^2+x-2}{3x^3-3x^2+1}$

(6) $\lim\limits_{t \to \infty} \dfrac{2t^2-10t}{t^2-5}$

(7) $\lim\limits_{x \to 3} \dfrac{x-3}{x^2-9}$

(8) $\lim\limits_{x \to 0} \dfrac{(x+3)^2-9}{x}$

(9) $\lim\limits_{x \to \infty} \dfrac{x^2+1}{2x^2+2x-1}$

(10) $\lim\limits_{x \to -2} \dfrac{x^3+3x^2+2x}{x^2-x-6}$

1.3 连续函数

一 连续函数的概念

如果函数在点 x_0 附近有定义，且函数在点 x_0 处的极限等于函数在点 x_0 处的函数值，即 $\lim\limits_{x \to x_0} f(x) = f(x_0)$，就称函数 $y = f(x)$ 在点 x_0 处<u>连续</u>（continuous）.

如果一个函数在定义域里的每一点都连续，称这个函数是<u>连续函数</u>（conti-nuous function）.

二 基本初等函数

在第一部分里我们讲过了六类函数：

1. 常值函数：$y = C$；
2. 幂函数：$y = x^a$；
3. 指数函数：$y = a^x$ （$a > 0$，且 $a \neq 1$）；
4. 对数函数：$y = \log_a x$ （$a > 0$，且 $a \neq 1$）；
5. 三角函数：$y = \sin x$，$y = \cos x$，$y = \tan x$，$y = \cot x$；
6. 反三角函数：$y = \arcsin x$，$y = \arccos x$，$y = \arctan x$，$y = \operatorname{arccot} x$.

我们把上述六类函数称为<u>基本初等函数</u>（basic elementary functions）.

定理 1.2 基本初等函数在定义域里都是连续函数.

我们可以利用这个结论求基本初等函数在定义域内任意一点处的极限.

例 1 求 $\lim\limits_{x \to 1}(\ln x + 2^x)$.

解：$\lim\limits_{x \to 1}(\ln x + 2^x) = \ln 1 + 2 = 0 + 2 = 2.$

例 2 求 $\lim\limits_{x \to -1} \arctan x$.

解：$\lim\limits_{x \to -1} \arctan x = \arctan(-1) = -\dfrac{\pi}{4}.$

三 复合函数的概念

一般地，设函数 $y=f(u)$，$u=g(x)$，当 x 在 $u=g(x)$ 的定义域 D_g 中变化时，$u=g(x)$ 的值在 $y=f(u)$ 的定义域 D_f 内变化，因此变量 x 与 y 之间通过变量 u 形成一种函数关系，记为 $y=f(u)=f(g(x))$，称为由 $y=f(u)$ 与 $u=g(x)$ 得到的<u>复合函数</u>（composite function），记作 $f\circ g(x)$，其中 x 称为自变量，u 为中间变量，$y=f(u)$ 称为<u>外层函数</u>（outer function），$u=g(x)$ 称为<u>内层函数</u>（inner function）.

例如，由 $y=u^3$ 与 $u=\sin x-2$ 复合得到 $y=(\sin x-2)^3$，$y=u^3$ 是外层函数，$u=\sin x-2$ 是内层函数.

例 3 指出下列函数的复合关系.

(1) $y=(7-x^2)^3$ 　　　　　　(2) $y=\lg x^2$

(3) $y=\tan\left(\dfrac{\pi}{4}-x\right)$ 　　　　　(4) $y=e^{\sin(x-1)}$

解：(1) $y=(7-x^2)^3$ 由 $y=u^3$，$u=7-x^2$ 复合而成；

(2) $y=\lg x^2$ 由 $y=\lg u$，$u=x^2$ 复合而成；

(3) $y=\tan\left(\dfrac{\pi}{4}-x\right)$ 由 $y=\tan u$，$u=\dfrac{\pi}{4}-x$ 复合而成；

(4) $y=e^{\sin(x-1)}$ 由 $y=e^u$，$u=\sin v$，$v=x-1$ 复合而成.

四 初等函数的连续性

由几类基本初等函数经过了有限次的四则运算或有限次的复合后，或者既有四则运算又有复合形成的，并且可以用一个解析式表达的函数叫做<u>初等函数</u>（elementary function）.

结论：初等函数在定义域里的每一点处的极限都等于该点的函数值.

我们可以利用这个结论求初等函数在一点处的极限.

例 4 求 $\lim\limits_{x\to\frac{\pi}{2}}2\left[\ln(\sin^2 x)-\cos^2 x-x\right]$

解：$\lim\limits_{x\to\frac{\pi}{2}}2\left[\ln(\sin^2 x)-\cos^2 x-x\right]=2\left[\ln\left(\sin^2\dfrac{\pi}{2}\right)-\cos^2\dfrac{\pi}{2}-\dfrac{\pi}{2}\right]=-\pi.$

习题1.3

求下列极限.

(1) $\lim\limits_{x \to 0} \dfrac{3x^3+x^2}{x^5+3x^4-2x^2}$

(2) $\lim\limits_{x \to 4} \dfrac{\sqrt{1+2x}-3}{\sqrt{x}-2}$

(3) $\lim\limits_{x \to 0} \dfrac{(x-1)^3+(1-3x)}{x^2+2x^3}$

(4) $\lim\limits_{x \to 1}(\log_5 x - x^2 + \arcsin x)$

(5) $\lim\limits_{x \to \frac{\pi}{2}}\left(3^x + \dfrac{\sin x}{x^2}\right)$

(6) $\lim\limits_{x \to \frac{\pi^2}{4}}(\sin \sqrt{x})$

(7) $\lim\limits_{x \to 1} \ln(x+\sqrt{1+x^2})$

(8) $\lim\limits_{x \to 0} \dfrac{e^x + e^{-x}}{2}$

参考复习题

先指出下列函数的复合关系，然后求出它们在 $x \to 1$ 时的极限.

(1) $y = \sqrt{1+x^2}$

(2) $y = \dfrac{1}{(1-3x)^4}$

(3) $y = \sin x^2$

(4) $y = \cos\left(3x - \dfrac{\pi}{6}\right)$

(5) $y = \ln(1-x^2)$

(6) $y = \sin 2x$

2 导数

2.1 导数的概念

一 曲线的切线

如图 2-1，设曲线 C 是函数 $y=f(x)$ 的图像，点 $P(x_0, f(x_0))$ 是曲线 C 上一点，点 $Q(x_0+\Delta x, f(x_0+\Delta x))$ 是曲线 C 上与点 P 邻近的任一点．作<u>割线</u>（secant）PQ，当点 Q 沿着曲线 C 无限地趋近于点 P，割线 PQ 便无限地<u>趋近于某一极限位置</u>（limit position）PT．我们就把极限位置上的直线 PT 叫做曲线 C 在点 P 处的<u>切线</u>（tangent）．

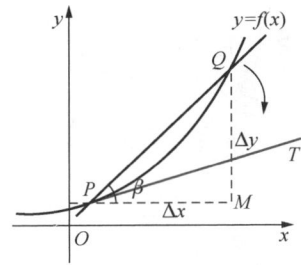

图 2-1 曲线的割线和切线

问题： 怎样求出曲线 C 在点 P 处的切线呢？

设割线 PQ 的倾斜角为 β，切线 PT 的倾斜角为 α，因为割线 PQ 的极限位置上的直线 PT 是切线，所以割线 PQ 斜率的极限就是切线 PT 的斜率 $\tan\alpha$，即

$$\tan\alpha = \lim_{\Delta x \to 0}\tan\beta = \lim_{\Delta x \to 0}\frac{\Delta y}{\Delta x} = \lim_{\Delta x \to 0}\frac{f(x_0+\Delta x)-f(x_0)}{\Delta x}.$$

例1 求曲线 $y=x^2+2$ 在点 $P(1, 3)$ 处的切线的斜率 k．

解： $\Delta y = f(x_0+\Delta x) - f(x_0) = f(1+\Delta x) - f(1)$

$= (1+\Delta x)^2 + 2 - (1+2)$

$$= \Delta x^2 + 2\Delta x,$$

$$\frac{\Delta y}{\Delta x} = \frac{\Delta x^2 + 2\Delta x}{\Delta x} = \Delta x + 2,$$

$$\therefore k = \lim_{\Delta x \to 0} \frac{\Delta y}{\Delta x} = \lim_{\Delta x \to 0}(\Delta x + 2) = 2,\ \text{即}\ k = 2.$$

二 瞬时速度(instantaneous velocity)

一般地，如果物体的运动规律是 $s = s(t)$，物体在时刻 t 的瞬时速度 v，就是物体在 t 到 $t + \Delta t$ 这段时间内，当 $\Delta t \to 0$ 时平均速度的极限.

例2 已知 $s = \frac{1}{2}gt^2$,

(1) 计算 t 从 1 秒到 1.1 秒时间段内平均速度；

(2) 求 $t = 1$ 秒时的瞬时速度.

解：(1) 在时间段 $[1, 1.1]$ 内，时间改变量 $\Delta t = 1.1 - 1 = 0.1$,

路程改变量 $\Delta s = s(1.1) - s(1) = \frac{1}{2}g \cdot 1.1^2 - \frac{1}{2}g \cdot 1^2 = 0.105g$,

平均速度：$\bar{v} = \frac{\Delta s}{\Delta t} = \frac{0.105g}{0.1} = 1.05g.$

(2) 从 (1) 可见某段时间内的平均速度 $\frac{\Delta s}{\Delta t}$ 随 Δt 变化而变化，Δt 越小，$\frac{\Delta s}{\Delta t}$ 越接近于 $\lim_{\Delta t \to 0} \frac{\Delta s}{\Delta t}$.

$$v(1) = \lim_{\Delta t \to 0} \frac{\Delta s}{\Delta t} = \lim_{\Delta t \to 0} \frac{s(1 + \Delta t) - s(1)}{\Delta t} = \lim_{\Delta t \to 0} \frac{\frac{1}{2}g \cdot (1 + \Delta t)^2 - \frac{1}{2}g \cdot 1^2}{\Delta t}$$

$$= g + \frac{1}{2}g \lim_{\Delta t \to 0} \Delta t = g.$$

求非匀速直线运动在 t_0 时刻的瞬时速度的方法如下：

1. 找非匀速直线运动的规律 $s = s(t)$,

2. 计算时间改变量 Δt 内的位置改变量 $\Delta s = s(t_0 + \Delta t) - s(t_0)$,

3. 计算瞬时速度 $v = \lim_{\Delta t \to 0} \frac{\Delta s}{\Delta t}$,

即
$$v = \lim_{\Delta t \to 0} \frac{\Delta s}{\Delta t} = \lim_{\Delta t \to 0} \frac{s(t+\Delta t)-s(t)}{\Delta t}.$$

例 3 若物体的运动方程是 $s=2t^2+2$，求物体在 $t=1$ 和 $t=2$ 时的瞬时速度.

解： 当 $t=1$ 时，

$$v(1) = \lim_{\Delta t \to 0} \frac{s(1+\Delta t)-s(1)}{\Delta t} = \lim_{\Delta t \to 0} \frac{2(1+\Delta t)^2+2-2\times 1^2-2}{\Delta t}$$

$$= \lim_{\Delta t \to 0} \frac{4\Delta t+2\Delta t^2}{\Delta t} = \lim_{\Delta t \to 0} (4+2\Delta t) = 4.$$

当 $t=2$ 时，

$$v(2) = \lim_{\Delta t \to 0} \frac{s(2+\Delta t)-s(2)}{\Delta t} = \lim_{\Delta t \to 0} \frac{2(2+\Delta t)^2+2-8-2}{\Delta t}$$

$$= \lim_{\Delta t \to 0} \frac{8\Delta t+2(\Delta t)^2}{\Delta t} = 8.$$

所以，物体在 $t=1$ 和 $t=2$ 时的瞬时速度分别是 4 和 8.

三 导数的定义

考虑函数 $y=f(x)$，如果自变量 x 在 x_0 处有<u>增量</u>（increment）Δx，那么函数 y 相应地有增量 $\Delta y=f(x_0+\Delta x)-f(x_0)$，比值 $\frac{\Delta y}{\Delta x}$ 叫做函数 $y=f(x)$ 在 x_0 到 $x_0+\Delta x$ 之间的<u>平均变化率</u>（average rate of change），即

$$\frac{\Delta y}{\Delta x} = \frac{f(x_0+\Delta x)-f(x_0)}{\Delta x}.$$

如果 $\lim\limits_{\Delta x \to 0} \frac{\Delta y}{\Delta x}$ 存在，我们就说函数 $y=f(x)$ 在点 x_0 处<u>可导</u>（be differentiable），这个极限叫做 $f(x)$ 在 x_0 处的<u>导数</u>（derivative），记作 $f'(x_0)$ 或 $y'|_{x=x_0}$，即

$$f'(x_0) = \lim_{\Delta x \to 0} \frac{\Delta y}{\Delta x} = \lim_{\Delta x \to 0} \frac{f(x_0+\Delta x)-f(x_0)}{\Delta x}.$$

说明：

1. 设 $x=x_0+\Delta x$，则 $\Delta x=x-x_0$，当 $\Delta x \to 0$ 时，$x \to x_0$，因此，导数的定义式也可以写成 $f'(x_0)=\lim\limits_{\Delta x \to 0}\dfrac{f(x_0+\Delta x)-f(x_0)}{\Delta x}=\lim\limits_{x \to x_0}\dfrac{f(x)-f(x_0)}{x-x_0}$.

2. 若极限 $\lim\limits_{\Delta x \to 0}\dfrac{f(x_0+\Delta x)-f(x_0)}{\Delta x}$ 不存在，则称函数 $y=f(x)$ 在点 x_0 处<u>不可导</u>（be non-differentiable）.

3. 如果函数 $y=f(x)$ 在开区间 (a,b) 内的每点处都有导数，此时对于每一个 $x \in (a,b)$，都对应着一个确定的导数 $f'(x)$，从而构成了一个新的函数 $f'(x)$，称这个函数 $f'(x)$ 为函数 $y=f(x)$ 在开区间内的<u>导函数</u>（derived function），简称导数，也可记作 y'，即

$$f'(x)=y'=\lim_{\Delta x \to 0}\dfrac{\Delta y}{\Delta x}=\lim_{\Delta x \to 0}\dfrac{f(x+\Delta x)-f(x)}{\Delta x},$$

函数 $y=f(x)$ 在 x_0 处的导数 $y'|_{x=x_0}$ 就是函数 $y=f(x)$ 在开区间 (a,b)（$x \in (a,b)$）上导数 $f'(x)$ 在 x_0 处的函数值，即 $y'|_{x=x_0}=f'(x_0)$，所以函数 $y=f(x)$ 在 x_0 处的导数也记作 $f'(x_0)$.

求函数 $y=f(x)$ 在 x_0 处的导数的步骤：

1. 求函数的增量 $\Delta y=f(x_0+\Delta x)-f(x_0)$；

2. 求比值 $\dfrac{\Delta y}{\Delta x}=\dfrac{f(x_0+\Delta x)-f(x_0)}{\Delta x}$；

3. 计算极限 $\lim\limits_{\Delta x \to 0}\dfrac{\Delta y}{\Delta x}$，就得到导数 $f'(x_0)$.

例 4 求 $y=x^2$ 在 $x=1$ 处的导数.

解：∵ $\Delta y=(1+\Delta x)^2-1=2\Delta x+(\Delta x)^2$，

$\dfrac{\Delta y}{\Delta x}=\dfrac{2\Delta x+(\Delta x)^2}{\Delta x}$，

∴ $\lim\limits_{\Delta x \to 0}\dfrac{\Delta y}{\Delta x}=\lim\limits_{\Delta x \to 0}\left[\dfrac{2\Delta x+(\Delta x)^2}{\Delta x}\right]=2$.

∴ $f'(1)=2$.

例 5 求函数 $y=\dfrac{1}{x^2}$ 的导函数.

解：$\because \Delta y = \dfrac{1}{(x+\Delta x)^2} - \dfrac{1}{x^2} = -\dfrac{\Delta x\,(2x+\Delta x)}{x^2\,(x+\Delta x)^2},$

$\dfrac{\Delta y}{\Delta x} = -\dfrac{2x+\Delta x}{x^2\,(x+\Delta x)^2},$

$\therefore \lim\limits_{\Delta x \to 0} \dfrac{\Delta y}{\Delta x} = \lim\limits_{\Delta x \to 0}\left[-\dfrac{2x+\Delta x}{x^2\,(x+\Delta x)^2}\right] = -\dfrac{2}{x^3}.$

$\therefore y' = -\dfrac{2}{x^3}.$

四 导数的几何意义

函数 $y=f(x)$ 在点 x_0 处的导数的几何意义是：曲线 $y=f(x)$ 在点 $P(x_0, f(x_0))$ 处的切线的斜率.

所以，曲线 $y=f(x)$ 在点 $P(x_0, f(x_0))$ 处的切线方程是

$$y - f(x_0) = f'(x_0)(x - x_0).$$

例 6 求曲线 $y=\dfrac{1}{x^2}$ 上一点 $P(1,1)$ 处的：(1) 切线的斜率；(2) 切线方程.

解：(1) 由例 5 知道曲线 $y=\dfrac{1}{x^2}$ 在点 $P(1,1)$ 处的导数是 -2，所以曲线 $y=\dfrac{1}{x^2}$ 在点 $P(1,1)$ 处的切线的斜率是 -2；

(2) 点 $P(1,1)$ 处的切线方程是 $y-1=-2(x-1)$，即 $y=-2x+3$.

五 函数的可导与连续的关系

定理 2.1 如果函数 $y=f(x)$ 在点 x_0 处可导，那么函数 $y=f(x)$ 在点 x_0 处连续，反过来，函数 $y=f(x)$ 在点 x_0 处连续却不一定在点 x_0 处可导.

习题2.1

1. 已知 $y=2\sqrt{x}$，求 y'.

2. 计算

(1) 已知曲线 $y=\dfrac{1}{3}x^3$ 上一点 $P\left(2,\dfrac{8}{3}\right)$. 求：(a) 点 P 处的切线的斜率，(b) 点 P 处的切线方程；

(2) 求曲线 $y=\dfrac{9}{x}$ 在点 $A(3,3)$ 处的切线的斜率及倾斜角.

3. 求下列函数的导数.

(1) $y=3x-4$ (2) $y=1-2x$

2.2 三类基本初等函数的导数公式

一 常值函数的导数

$$C' = 0 \quad (C 为常数) \qquad (公式1)$$

证明：$\because \Delta y = f(x + \Delta x) - f(x) = C - C = 0$,

$\therefore (C)' = 0.$

二 幂函数的导数

$$(x^n)' = n \cdot x^{n-1} \quad (n \in \mathbf{N}^*) \qquad (公式2)$$

证明：$\because \Delta y = f(x + \Delta x) - f(x) = (x + \Delta x)^n - x^n$

$= x^n + nx^{n-1}(\Delta x) + C_n^2 x^{n-2}(\Delta x)^2 + C_n^3 x^{n-3}(\Delta x)^3 + \cdots + (\Delta x)^n - x^n.$

$\therefore \Delta y = nx^{n-1}(\Delta x) + C_n^2 x^{n-2}(\Delta x)^2 + C_n^3 x^{n-3}(\Delta x)^3 + \cdots + (\Delta x)^n.$

$\therefore \dfrac{\Delta y}{\Delta x} = \dfrac{nx^{n-1}(\Delta x) + C_n^2 x^{n-2}(\Delta x)^2 + C_n^3 x^{n-3}(\Delta x)^3 + \cdots + (\Delta x)^n}{\Delta x}$

$= nx^{n-1} + C_n^2 x^{n-2}(\Delta x) + C_n^3 x^{n-3}(\Delta x)^2 + \cdots + (\Delta x)^{n-1}.$

则 $y' = \lim\limits_{\Delta x \to 0}[nx^{n-1} + C_n^2 x^{n-2}(\Delta x) + C_n^3 x^{n-3}(\Delta x)^2 + \cdots + (\Delta x)^{n-1}]$

$= nx^{n-1}.$

$\therefore y' = nx^{n-1}.$

对一般幂函数 $y = x^{\alpha}$ ($\alpha \in \mathbf{R}$)，也有 $(x^{\alpha})' = \alpha \cdot x^{\alpha - 1}$ ($\alpha \in \mathbf{R}$)，暂时不给出证明.

三 正弦函数和余弦函数的导数

$$(\sin x)' = \cos x \qquad \text{(公式 3)}$$

$$(\cos x)' = -\sin x \qquad \text{(公式 4)}$$

例 1 求下列函数的导数.

(1) $y = x^7$ (2) $y = \sqrt[3]{x}$

解：(1) $y' = (x^7)' = 7x^{7-1} = 7x^6$

(2) $y' = (\sqrt[3]{x})' = (x^{\frac{1}{3}})' = \frac{1}{3} x^{-\frac{2}{3}} = \frac{1}{3\sqrt[3]{x^2}}$

例 2 已知一个物体的运动方程是 $s = \frac{1}{2}t^2$，求这个物体在 $t=100$ 时的速度.

解：$\because s = \frac{1}{2}t^2$，

$\therefore s' = t$，

$\therefore$ 这个物体在 $t=100$ 时的速度是 $v(100) = s'(100) = 100$.

例 3 求曲线 $y = \sin x$ 在点 $A\left(\frac{\pi}{6}, \frac{1}{2}\right)$ 的切线方程.

解：$\because y = \sin x$，

$\therefore y' = (\sin x)' = \cos x$，

$\therefore y'|_{x=\frac{\pi}{6}} = \cos \frac{\pi}{6} = \frac{\sqrt{3}}{2}$，

$\therefore$ 斜率 $k = \frac{\sqrt{3}}{2}$，

$\therefore$ 切线方程是 $y - \frac{1}{2} = \frac{\sqrt{3}}{2}\left(x - \frac{\pi}{6}\right)$.

整理得到切线方程

$$6\sqrt{3}x - 12y + 6 - \sqrt{3}\pi = 0.$$

习题2.2

1. 求下列函数的导数.

   (1) $y = u^4$ (2) $x = \cos t$ (3) $\varphi = \sin t$

2. 求曲线 $y = \dfrac{1}{\sqrt[3]{x^2}}$ 在点 $A\left(8, \dfrac{1}{4}\right)$ 的切线方程.

3. 曲线 $y = \dfrac{1}{2}x^2$ 上哪一点的切线与直线 $y = -2x - 1$ 平行?

2.3 函数的求导法则

一 两个函数和与差的导数

设函数 $u(x)$，$v(x)$ 均可导，则

$$[u(x)+v(x)]'=u'(x)+v'(x)$$
$$[u(x)-v(x)]'=u'(x)-v'(x)$$

例 1 求下列函数的导数.

(1) $y=x^4+\cos x$ (2) $y=\sqrt{x}-x-3$

解：(1) $y'=(x^4)'+(\cos x)'=4x^3-\sin x$.

(2) $y'=(x^{\frac{1}{2}}-x-3)'=\frac{1}{2}x^{-\frac{1}{2}}-1=\frac{1}{2\sqrt{x}}-1$.

二 两个函数积的导数

设函数 $u(x)$，$v(x)$ 均可导，则

$$(uv)'=u'v+uv'$$

说明：若 C 为常数，则 $(Cu)'=C'u+Cu'=0+Cu'=Cu'$. 即，

$$(Cu)'=Cu'.$$

例 2 计算

(1) 求 $y=(2x^3+1)(3x^2-2)$ 的导数.

解：∵ $y=(2x^3+1)(3x^2-2)=6x^5-4x^3+3x^2-2$,

∴ $y'=30x^4-12x^2+6x$.

(2) 求 $y=x\left(\sqrt{x}-\dfrac{1}{x}-\dfrac{1}{x^3}\right)$ 的导数.

解：$\because y=x^{\frac{3}{2}}-1-\dfrac{1}{x^2}$,

$$\therefore y'=\dfrac{3}{2}x^{\frac{1}{2}}+\dfrac{2}{x^3}.$$

(3) 求 $y=7x-\sin^2\dfrac{x}{2}+\cos^2\dfrac{x}{2}$ 的导数.

解：先使用三角公式进行化简：

$$y=7x+\left(\cos^2\dfrac{x}{2}x-\sin^2\dfrac{x}{2}\right)=7x+\cos x,$$

$$\therefore y'=(7x+\cos x)'=7-\sin x.$$

三 两个函数的商的导数

设函数 $u(x)$，$v(x)$ 均可导，则

$$\left(\dfrac{u}{v}\right)'=\dfrac{u'v-uv'}{v^2}\qquad(v\neq 0).$$

例3 求下列函数的导数或导函数.

(1) $y=\dfrac{x-1}{x+1}$ 在点 $x=1$ 处的导数；

(2) $y=\dfrac{2}{\sqrt{x}\cos x}$；

(3) $y=\tan x$.

解：(1) $y'=\dfrac{(x+1)-(x-1)}{(x+1)^2}=\dfrac{2}{(x+1)^2}$,

$$y'|_{x=1}=\dfrac{2}{(x+1)^2}\Big|_{x=1}=\dfrac{1}{2}.$$

(2) $y'=-2\dfrac{(\sqrt{x})'\cos x+\sqrt{x}\cdot(\cos x)'}{x\cos^2 x}$

$$=-2\dfrac{\dfrac{1}{2\sqrt{x}}\cos x-\sqrt{x}\sin x}{x\cos^2 x}=\dfrac{2x\sin x-\cos x}{x\sqrt{x}\cos^2 x}.$$

(3) $\because y = \tan x = \dfrac{\sin x}{\cos x}$,

$$\therefore y' = \left(\dfrac{\sin x}{\cos x}\right)' = \dfrac{(\sin x)'\cos x - \sin x\,(\cos x)'}{\cos^2 x} = \dfrac{1}{\cos^2 x},$$

$$\therefore y' = \sec^2 x.$$

作为公式记住：

$$(\tan x)' = \sec^2 x$$

$$(\cot x)' = -\csc^2 x$$

四 复合函数的求导法则

定理 2.1（复合函数的求导法则） 设 $y = f(u)$、$u = \varphi(x)$ 均可导，则复合函数 $y = f(\varphi(x))$ 可导，且 $y'_x = y'_u \cdot u'_x = f'(u) \cdot \varphi'(x)$.

注意：区分 y'_x，y'_u 两个符号的含义：y'_x 是指对 x 求导，y'_u 是指对 u 求导. 即

$$y'_x = f'(x), \quad y'_u = f'(u).$$

复合函数求导步骤：分解复合函数——按求导法则求导——回代.

例 4 求出下列复合函数的导数.

(1) $y = \ln(1+x^2)$ (2) $y = (7-x^2)^3$

解：(1) 函数 $y = \ln(1+x^2)$ 由 $y = \ln u$ 和 $u = 1+x^2$ 复合而成，

$$y' = (\ln u)'_u \cdot (1+x^2)' = \dfrac{1}{u} \cdot 2x = \dfrac{2x}{1+x^2}.$$

(2) 函数 $y = (7-x^2)^3$ 由 $y = u^3$，$u = 7-x^2$ 复合而成，

$$y' = (u^3)'_u \cdot (7-x^2)' = 3u^2 \cdot (-2x) = -6xu^2 = -6x(7-x^2)^2.$$

例 5 求函数 $y = \ln|x|$ 的导函数.

解：$y = \ln|x| = \begin{cases} \ln x, & x > 0, \\ \ln(-x), & x < 0. \end{cases}$

在点 $x > 0$ 处，函数 $y' = (\ln|x|)' = (\ln x)' = \dfrac{1}{x}$,

在点 $x<0$ 处,函数 $y'=(\ln|x|)'=[\ln(-x)]'=\dfrac{-1}{-x}=\dfrac{1}{x}$.

所以,在点 $x\neq 0$ 处,函数 $(\ln|x|)'=\dfrac{1}{x}$.

习题2.3

1. 求曲线 $y=\dfrac{2x}{x^2+1}$ 在点（1，1）处的切线方程.

2. 求 $y=\dfrac{1+\sin^2 x}{\sin 2x}$ 的导数.

3. 求 $y=\dfrac{3x^2-x\sqrt{x}+5\sqrt{x}-9}{\sqrt{x}}$ 的导数.

4. 求下列函数的导数.

   (1) $y=(\sin x-\cos x)^4$ (2) $y=\sqrt{1+\cos x^2}$

5. 已知曲线 $y=\sqrt{1+x^2}+\dfrac{3}{5}(1-x)$ $(0\leqslant x\leqslant 1)$ 在点 $A(x,y)$ 处有水平切线，求点 A 的横坐标.

2.4 对数函数和指数函数的导数

一 对数函数的导数公式

（1）我们直接给出自然对数函数的导数公式

$$(\ln x)' = \frac{1}{x}$$

（2）一般底数的对数函数的导数公式

$$(\log_a x)' = \frac{1}{x \ln a} \quad (a>0, a \neq 1)$$

证明： $(\log_a x)' = \left(\dfrac{\ln x}{\ln a}\right)' = \dfrac{1}{\ln a} \cdot \dfrac{1}{x} = \dfrac{1}{x} \log_a e = \dfrac{1}{x \ln a}$.

例1 求复合函数 $y = \ln(\cos x)$ 的导数.

解： $\because y = \ln(\cos x)$ 由 $y = \ln u, u = \cos x$ 复合而成，

$\therefore y' = [\ln(\cos x)]' = (\ln u)'_u \cdot (\cos x)'_x = -\dfrac{1}{u} \cdot \sin x = -\dfrac{\sin x}{\cos x}$，

$\therefore y' = -\tan x$.

例2 求函数 $y = \log_2 \sqrt{1-x}$ 的导数.

解：方法一 $y = \log_2 \sqrt{1-x}$ 由 $y = \log_2 u, u = \sqrt{v}, v = 1-x$ 三个函数复合而成，属于多重复合.

$$y' = (\log_2 \sqrt{1-x})' = (\log_2 u)'_u \cdot (\sqrt{v})'_v \cdot (1-x)'_x$$

$$= \frac{1}{u \ln 2} \cdot \frac{1}{2\sqrt{v}} \cdot (-1)$$

$$= \frac{1}{\sqrt{1-x} \ln 2} \cdot \frac{1}{2\sqrt{1-x}} \cdot (-1)$$

$$= -\frac{1}{(1-x) 2\ln 2}.$$

方法二 变形：$y=\log_2\sqrt{1-x}=\dfrac{1}{2}\log_2(1-x)$；

$y=\dfrac{1}{2}\log_2(1-x)$ 由函数 $y=\dfrac{1}{2}\log_2 u$ 和 $u=1-x$ 复合而成，仅有一次复合，

$$y'=\left(\dfrac{1}{2}\log_2(1-x)\right)'=\left(\dfrac{1}{2}\log_2 u\right)'_u \cdot (1-x)'_x$$

$$=\dfrac{1}{2u\ln 2}\cdot(-1)=-\dfrac{1}{2\ln 2 \cdot u}=-\dfrac{1}{(1-x)2\ln 2}.$$

由此可见，两种方法得到的结果一致，但复合的次数越少，求导越简单.

二 指数函数的导数公式

我们直接给出指出函数的导数公式：

$$(a^x)'=a^x\ln a$$

特别地，

$$(e^x)'=e^x$$

例3 求下列复合函数的导数

(1) $y=(3e)^{2x}$ (2) $y=10^{\sin 2x}$

解：(1) $y'=(3e)^{2x}\ln(3e)\cdot(2x)'=2(3e)^{2x}(\ln 3+1)$；

(2) $y'=10^{\sin 2x}\ln 10\cdot(\sin 2x)'$

$\qquad = 10^{\sin 2x}\ln 10 \cdot 2\cos 2x$

$\qquad = 2\ln 10 \cdot \cos 2x \cdot 10^{\sin 2x}.$

例4 求下列函数的导数.

(1) $y=\ln(x+\sqrt{1+x^2})$ (2) $y=\ln\sqrt{\dfrac{1+x^2}{1-x^2}}$

(3) $y=\ln\dfrac{\sin 2x}{x}$ (4) $y=\ln\sin^2(1-x)$

解：(1) $y' = \dfrac{1}{(x+\sqrt{1+x^2})}(x+\sqrt{1+x^2})'$

$= \dfrac{1}{(x+\sqrt{1+x^2})}\left[1+\dfrac{1}{2\sqrt{1+x^2}} \cdot (1+x^2)'\right]$

$= \dfrac{1}{(x+\sqrt{1+x^2})}\left(1+\dfrac{x}{\sqrt{1+x^2}}\right)$

$= \dfrac{1}{\sqrt{1+x^2}}.$

(2) 由对数运算性质，有 $y = \dfrac{1}{2}[\ln(1+x^2) - \ln(1-x^2)]$，则

$y' = \dfrac{1}{2}\left[\dfrac{(1+x^2)'}{1+x^2} - \dfrac{(1-x^2)'}{1-x^2}\right]$

$= \dfrac{1}{2}\left(\dfrac{2x}{1+x^2} - \dfrac{-2x}{1-x^2}\right)$

$= \dfrac{2x}{1-x^4}.$

(3) $y = \ln|\sin 2x| - \ln|x|$

$y' = \dfrac{2\cos 2x}{\sin 2x} - \dfrac{1}{x} = 2\cot 2x - \dfrac{1}{x}.$

(4) $y = 2\ln|\sin(1-x)|$

$y' = 2\dfrac{[\sin(1-x)]'}{\sin(1-x)}$

$= \dfrac{2\cos(1-x) \cdot (1-x)'}{\sin(1-x)}$

$= -2\cot(1-x).$

习题2.4

求下列函数的导数.

(1) $y=\ln(\cos x)$

(2) $y=\sqrt{1+\ln^2 x}$

(3) $y=2^{\tan x}$

(4) $y=\ln^2(3x+7)$

(5) $y=\ln(x+\sqrt{x^2-1})$

参考复习题

1. 已知点 P 和 Q 是曲线 $y=x^2-2x-3$ 上的两点，P 的横坐标是 1，Q 的横坐标是 4，(1) 求割线 PQ 的斜率，(2) 求点 P 处的切线方程.

2. 曲线 $y=e^x$ 在点 $(2, e^2)$ 处的切线与坐标轴所围三角形的面积是多少？

3. 求下列函数的导数.

(1) $y=\dfrac{1}{(1-3x)^4}$

(2) $y=\sin x^2$

(3) $y=\cos\left(3x-\dfrac{\pi}{6}\right)$

(4) $y=\sqrt{1+x^2}$

(5) $y=\sqrt{1-x^2}$

(6) $y=\sin 2x$

3 导数的应用

3.1 函数的单调性

一 引例

问题1 对于函数 $y=\log_a x$，它的增减性与函数图像在相应区间上的切线的斜率有什么关系？

从图 3-1 中不难看出：$y=\log_a x$ （$a>1$）在区间 （0，$+\infty$）内，函数是增函数，切线的斜率是正的；$y=\log_a x$ （$0<a<1$）在 （0，$+\infty$）上是减函数，切线的斜率是负的.

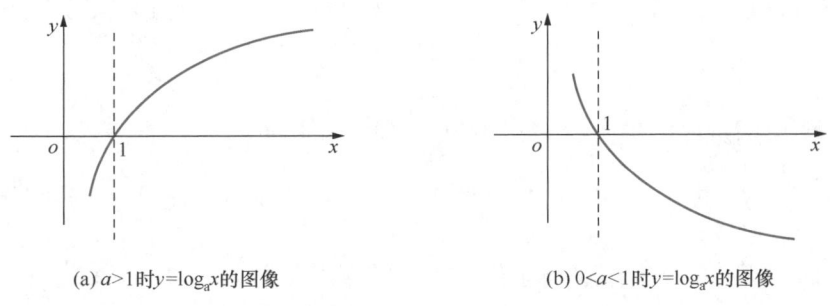

(a) $a>1$ 时 $y=\log_a x$ 的图像　　　　(b) $0<a<1$ 时 $y=\log_a x$ 的图像

图 3-1　对数函数的图像

问题2 对于函数 $y=\log_a x$，它的增减性与函数在相应区间上导数的正负符号有什么关系？

因函数在某点处的导数就是函数在该点的切线的斜率，所以，函数 $y=\log_a x$ （$a>1$）在区间 （0，$+\infty$）内导数是正的；函数 $y=\log_a x$ （$0<a<1$）在 （0，$+\infty$）上导数是负的.

二 结论

定理 3.1（函数的导数与函数的单调性之间的关系） 一般地，设函数 $y=f(x)$ 在某个区间可导，

1. 如果 $f'(x)>0$，则 $f(x)$ 是严格增函数，但是反过来，不对；
2. 如果 $f'(x)<0$，则 $f(x)$ 是严格减函数，但是反过来，不对；
3. 如果在某区间内恒有 $f'(x)=0$，则 $f(x)$ 在这个区间内恒为常数，反过来，也对.

例 1 函数 $f(x)=x^3-3x^2-5$ 的单调减区间是_____.

解：由 $f'(x)=3x^2-6x=3x(x-2)<0$，得到减区间是 $(0,2)$.

例 2 已知函数 $f(x)=2x^3+3x^2-12x+e^3$，则函数 $f(x)$ 在 $(-2,1)$ 内是(   ).

  (A) 单调减　　　　　　(B) 单调增

  (C) 可能增也可能减　　(D) 以上都不成立

解：当 $x\in(-2,1)$ 时，有 $f'(x)=6(x+2)(x-1)<0$，递减. 故选 (A).

例 3 已知函数 $f(x)=x\ln x+\ln 10$，则(   ).

  (A) 在 $(0,+\infty)$ 上单调增　(B) 在 $(0,+\infty)$ 上单调减

  (C) 在 $\left(0,\dfrac{1}{e}\right)$ 上单调增　(D) 在 $\left(0,\dfrac{1}{e}\right)$ 上单调减

解：因为 $f'(x)=\ln x+1$，令 $f'(x)<0$，得到 $x\in\left(0,\dfrac{1}{e}\right)$. 故选 (D).

习题3.1

1. 函数 $y=e^x-x+1$ 的增区间是_____.

2. 讨论函数 $y=\sqrt{2x-x^2}$ 在定义域内的单调性.

3. 讨论函数 $y=x-2\sin x$ 在 $(0,2\pi)$ 内的单调性.

*4. （2000年全国高考题）设函数 $f(x)=\sqrt{x^2+1}-ax$，其中 $a>0$，求 a 的取值范围，使函数 $f(x)$ 在 $(0,+\infty)$ 上是减函数.

5. 当 $x>0$ 时，证明不等式 $\dfrac{x}{1+x}<\ln(1+x)<x$ 成立.

3.2 函数的极值

一 函数的极值

对于连续函数 $y=f(x)$，如果在 x_0 点附近的 x 都满足 $f(x)>f(x_0)$，则称 x_0 是函数 $y=f(x)$ 的极小值点，函数值 $f(x_0)$ 是函数 $y=f(x)$ 的<u>极小值</u>（local minimum）；若在 x_0 点附近的 x 都满足 $f(x)<f(x_0)$，则称 x_0 是函数 $y=f(x)$ 的极大值点，函数值 $f(x_0)$ 是函数 $y=f(x)$ 的<u>极大值</u>（local maximum），函数的极大值和极小值合起来叫做函数的<u>极值</u>（extremum）。如图 3-2，x_1 和 x_3 是函数的极大值点，x_2 和 x_4 是函数的极小值点.

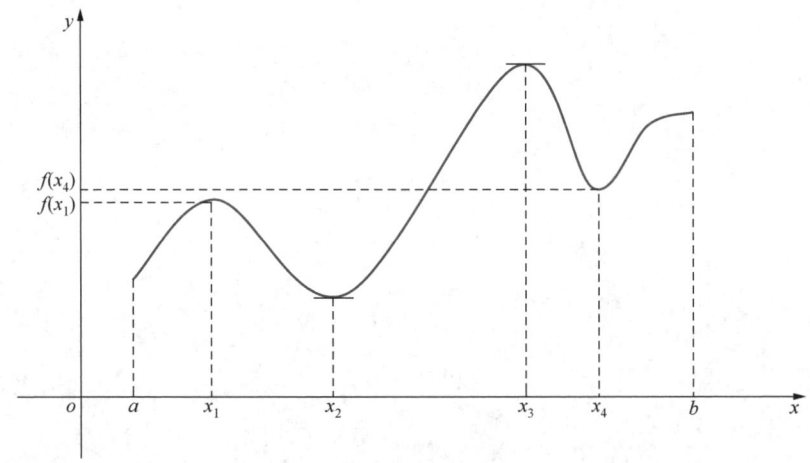

图 3-2 函数的极值

注意：

1. 极大（小）值只是极大（小）值点的函数值与它附近点的函数值比较是最大（最小），但它在函数的整个定义域内不一定是最大（最小）.

2. 一个函数在某个区间上可以没有极值，如果有极值，极大值或极小值可以有多个. 比如，直线在整个定义域上没有极值；图 3-2 的函数有两个极大值和两个极小值.

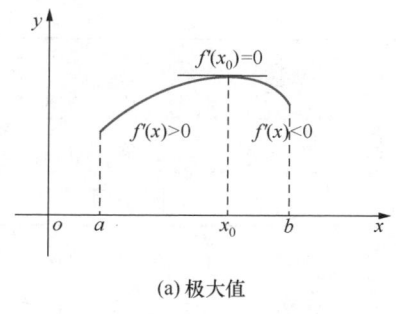
(a) 极大值

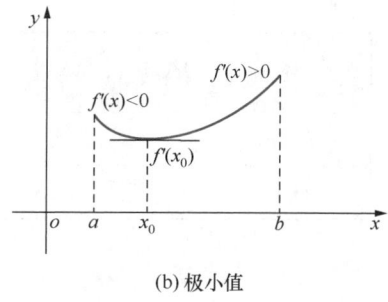
(b) 极小值

图 3-3 极值

3. 一个函数的极大值未必大于极小值，如图 3-2 所示，x_1 是极大值点，x_4 是极小值点，实际上有 $f(x_4) > f(x_1)$.

二 函数极值的判断

定理 3.2（极值的判别） 若函数 $y = f(x)$ 在 x_0 点附近可导，且满足

1. 当 $x < x_0$ 时有 $f'(x) > 0$，当 $x > x_0$ 时有 $f'(x) < 0$，则点 x_0 是函数 $y = f(x)$ 的极大值点，$f(x_0)$ 是极大值（如图 3-3(a)）；

2. 当 $x < x_0$ 时有 $f'(x) < 0$，当 $x > x_0$ 时有 $f'(x) > 0$，则点 x_0 是函数 $y = f(x)$ 的极小值点，$f(x_0)$ 是极小值（如图 3-3(b)）.

求极值的步骤：

1. 确定函数的定义域；

2. 求导函数；

3. 求方程 $y' = 0$ 的根（这样的点称为<u>驻点</u>（stationary point））以及不可导点，这些点是可能的极值点；

4. 检查在方程的根的左右两侧的符号，确定极值点.

例 1 求函数 $f(x) = (x-1)x^{\frac{2}{3}}$ 的极值.

解： $f(x)$ 的定义域是 R，且 $f'(x) = x^{\frac{2}{3}} + (x-1) \cdot \frac{2}{3} x^{-\frac{1}{3}} = \frac{5x-2}{3\sqrt[3]{x}}$.

可知 $x_1 = 0$ 时导数不存在；$x_2 = \frac{2}{5}$ 时，$f'(x) = 0$.

由 $x_1=0$ 和 $x_2=\dfrac{2}{5}$ 两点将定义域分成三个区间，列表：

x	$(-\infty, 0)$	0	$\left(0, \dfrac{2}{5}\right)$	$\dfrac{2}{5}$	$\left(\dfrac{2}{5}, +\infty\right)$
$f'(x)$	$+$	不存在	$-$	0	$+$
$f(x)$	↗	极大值	↘	极小值	↗

所以，函数 $f(x)$ 有极小值 $f\left(\dfrac{2}{5}\right)=-\dfrac{3\sqrt[3]{20}}{25}$，有极大值 $f(0)=0$。

例2 求 $y=(x^2-1)^3+1$ 的极值.

解：$f(x)$ 的定义域是 **R**，且 $f'(x)=6x(x-1)^2(x+1)^2$.

可知 $x=\pm 1$，$x=0$ 时，$f'(x)=0$.

由 $x=0$，$x=-1$，$x=1$ 三点将定义域分成四个区间，列表：

x	$(-\infty, -1)$	-1	$(-1, 0)$	0	$(0, 1)$	1	$(1, +\infty)$
$f'(x)$	$-$	0	$-$	0	$+$	0	$+$
$f(x)$	↘	不是极值点	↘	极小值0	↗	不是极值点	↗

所以，函数 $f(x)$ 有极小值 $f(0)=0$.

习题3.2

1. 已知函数 $f(x)=2|x|$，在 $x=0$ 处函数极值的情况是（　　）.

   （A）没有极值　　　　　（B）有极大值

   （C）有极小值　　　　　（D）极值情况不能确定

2. 求函数 $y=\sqrt[3]{(2x-x^2)^2}$ 的极值.

3.3　函数的最大值和最小值

一　函数有最大值和最小值的充分条件

问题 1　已知图 3-4 是一个定义在闭区间 $[a,b]$ 上的函数 $f(x)$ 的图像，它是否有最大值和最小值？

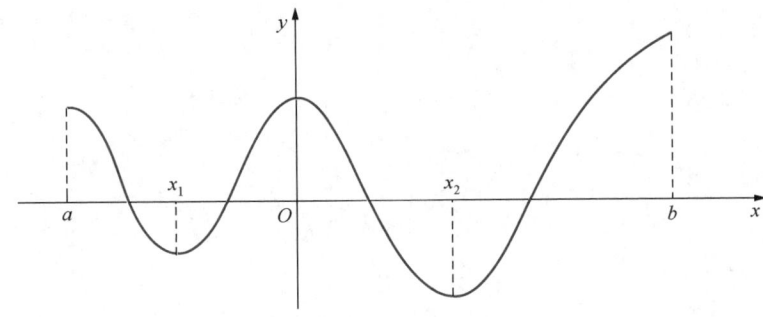

图 3-4　函数的最值

观察出：图 3-4 中 $f(x_1)$ 与 $f(x_2)$ 是极小值，$f(0)$ 是极大值，但是 $f(x_2)$ 是最小值，$f(b)$ 是最大值.

问题 2　一个函数在无限区间上是否有最大值和最小值？

我们知道直线 $y=x$ 在 $(-\infty,+\infty)$ 上没有最大值和最小值.

问题 3　如果一个函数 $y=f(x)$ 在 $[a,b]$ 上不连续或在开区间 (a,b) 上连续，那么函数 $y=f(x)$ 是否有最大值和最小值？

已知下面两个函数和它们的图像.

(1) $f(x)=\begin{cases} x, & (0 \leqslant x < 1), \\ 0, & (x=1), \end{cases}$　　(2) $g(x)=\dfrac{1}{x},\quad (x \in (0,1))$.

观察下页图像 3-5 (a)，得到结果：函数 $f(x)$ 定义在闭区间 $[a,b]$ 上，但有间断点，那么它没有最大值；观察下页图像 3-5 (b)，函数 $g(x)$ 定义在

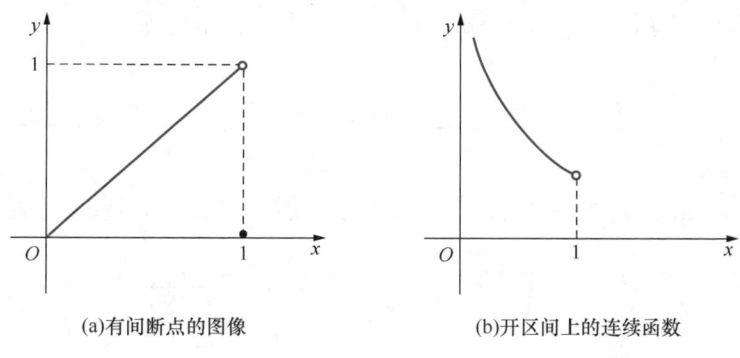

(a) 有间断点的图像　　　　(b) 开区间上的连续函数

图 3-5

开区间 (0, 1) 上，虽然在 (0, 1) 上连续，但是它也没有最大值和最小值.

从而有下面的重要结果：

定理 3.3　如果函数 $y=f(x)$ 在闭区间 $[a, b]$ 上连续，那么它一定有最大值和最小值.

注意：函数 $y=f(x)$ 定义在闭区间 $[a, b]$ 上连续是 $y=f(x)$ 在 $[a, b]$ 上有最大值和最小值的充分条件而非必要条件.

二　求函数最值的方法

求 $f(x)$ 在 $[a, b]$ 内的最大值与最小值步骤：

1. 求函数 $f(x)$ 在 (a, b) 内满足 $f'(x)=0$ 的点和导数不存在的点 x_1, x_2, $\cdots x_n$，并求出值 $f(x_1)$, $f(x_2)$, $\cdots$, $f(x_n)$；

2. 求函数 $f(x)$ 在闭区间 $[a, b]$ 端点的值 $f(a)$, $f(b)$；

3. 将函数 $f(x)$ 的值 $f(x_1)$, $f(x_2)$, $\cdots$, $f(x_n)$ 与 $f(a)$, $f(b)$ 比较，其中最大的一个是最大值，最小的一个是最小值.

例 1　求函数 $y=x^4-2x^2+5$ 在区间 $[-2, 2]$ 上的最大值与最小值.

解：先求导数 $y'=4x^3-4x=4x(x-1)(x+1)$，没有不可导的点.

令 $y'=0$ 即 $4x^3-4x=0$ 解得 $x_1=-1$, $x_2=0$, $x_3=1$.

因为 $f(-2)=f(2)=13$, $f(-1)=f(1)=4$, $f(0)=5$,

所以，当 $x=\pm 2$ 时，函数有最大值 13，当 $x=\pm 1$ 时，函数有最小值 4.

例 2 求函数 $f(x) = 5x + 2\sqrt{x+3} - \sqrt{4-x}$ 的值域.

解：由 $\begin{cases} x+3 \geqslant 0 \\ 4-x \geqslant 0 \end{cases}$ 得 $f(x)$ 的定义域为 $-3 \leqslant x \leqslant 4$. 问题就转化为求 $f(x)$ 在闭区间 $[-3, 4]$ 上的最大值和最小值的问题. 先考虑其单调性, 因为 $y' = f'(x) = (5x)' + (2\sqrt{x+3})' - (\sqrt{4-x})' = 5 + \dfrac{1}{\sqrt{x+3}} + \dfrac{1}{2\sqrt{x+4}} > 0$,

所以 $f(x)$ 在 $[-3, 4]$ 上单调递增, 故当 $x = -3$ 时, $y_{\min} = -15 - \sqrt{7}$, $x = 4$ 时, $y_{\max} = 20 + 2\sqrt{7}$.

所以值域为 $[-15 - \sqrt{7}, 20 + 2\sqrt{7}]$.

习题3.3

求下列函数的最大值和最小值.

(1) $y = x^2 - 4x + 6$, $x \in [-3, 10]$;

(2) $y = x^3 - 3x^2$, $x \in [-1, 4]$.

参考复习题

1. 求函数 $f(x) = 2x^3 - 9x^2 + 12x - 3$ 的单调区间.

2. 求函数 $f(x) = \frac{1}{3}x^3 - 9x + 4$ 的极值.

3. 设函数 $f(x) = \frac{1}{3}ax^3 + \frac{1}{2}bx^2 + x$ 在 $x_1 = 1$ 与 $x_2 = 2$ 处取得极值,

(1) 求 a 和 b 的值,(2) 函数在 x_1 与 x_2 处是取极大值还是极小值?

4. 求函数 $f(x) = 3x^3 - 9x + 5$ 在 $[-2, 2]$ 上的最大值和最小值.

附 录

附录一 数学符号汉英对照表

代数符号

数学符号	符号含义	汉语读法	英语读法
$\mathbf{N}$	非负整数集/自然数集	n	n
$\mathbf{N}^*/\mathbf{N}_+$	正整数集	n 星/n 正	n star/n plus
$\mathbf{Z}$	整数集	z	z
$\mathbf{Q}$	有理数集	q	q
$\mathbf{R}$	实数集	r	r
$\in$	（元素）属于（集合）	属于	belong to
$\notin/\bar{\in}$	（元素）不属于（集合）	不属于	not belong to
$\varnothing$	空集	空集	empty set
$\subseteq$	（前面的集合）包含于（后面的集合）或（前面的集合）是（后面的集合）的子集	包含于	be included in
$\subsetneqq$	（前面的集合）包含于而不等于（后面的集合）或者说（前面的集合）是后面的集合的真子集	包含于而不等于	be included in but not equal to
$=$	（前面）等于（后面）	等于	equal

续表

数学符号	符号含义	汉语读法	英语读法
∩	（前面的集合）与（后面的集合）的交	jiāo 交	cap/intersection
∪	（前面的集合）与（后面的集合）的并	bìng 并	cup/union
⇔	前者和后者意思一样	děng jià yú 等价于	be equivalent to
+	①在两个数之间出现时表示加运算	① jiā 加	①plus
+	②在单个数字前出现时表示正数	② zhèng (de) 正（的）	②positive
−	①在两个数之间出现时表示减运算	① jiǎn 减	①minus
−	②在单个数字之前出现时表示负数	② fù (de) 负（的）	②negative
×	乘法运算符号	chéng yǐ 乘以	times
÷	除法运算符号	chú yǐ 除以	divided by
>	前者比后者大	dà yú 大于	greater than
≥	前者比后者大或者前者等于后者	dà yú děng yú 大于等于	not less than
<	前者比后者小	xiǎo yú 小于	less than
≤	前者比后者小或者前者等于后者	xiǎo yú děng yú 小于等于	not greater than
$\dfrac{a+b}{2}$	a 与 b 和的一半	èr fēn zhī jiā 二分之 a 加 b	a plus b over two

续表

数学符号	符号含义	汉语读法	英语读法
$\sqrt{ab}$	a 与 b 乘积的算术平方根	根号下 a 乘以 b	square root of a times b
a^n	n 个 a 相乘	a 的 n 次幂	the nth power of a
$\sqrt[n]{a}$	a 的 n 次方根	n 次根号下 a	the nth root of a
Δ	$\Delta = b^2 - 4ac$	[delta]	[delta]
∞	无限大	无穷	infinity
$+\infty$	正无限大	正无穷	positive infinity
$-\infty$	负无限大	负无穷	negative infinity
$[2, +\infty)$	$\{x \in \mathbf{R} \mid 2 \leqslant x < +\infty\}$	左闭右开区间 2 到正无穷	left-closed, right-open interval from two to positive infinity
$(1, 2)$	$\{x \in \mathbf{R} \mid 1 < x < 2\}$	开区间 1 到 2	open interval from one to two
$[1, 2]$	$\{x \in \mathbf{R} \mid 1 \leqslant x \leqslant 2\}$	闭区间 1 到 2	closed interval from one to two
$(-\infty, 1]$	$\{x \in \mathbf{R} \mid -\infty < x \leqslant 1\}$	左开右闭区间 负无穷到 1	left-open, right-closed interval from negative infinity to one
$\lvert a \rvert$	数 a 的绝对值	a 的绝对值	the absolute value of a
$\neg p$	命题 p 的否命题	非 p	not p

273

续表

数学符号 (shùxué fú hào)	符号含义 (fú hào hán yì)	汉语读法 (hàn yǔ dú fǎ)	英语读法 (yīng yǔ dú fǎ)
$p \wedge q$	命题 p 且命题 q	p 且(qiě) q	p and q
$p \vee q$	命题 p 或命题 q	p 或(huò) q	p or q
$\forall$	任意的	任意的(rèn yì de)	arbitrary
$\exists$	存在	存在(cún zài)	there exists
$y = f(x)$	函数 $y = f(x)$	y 等于(děng yú) fx	y equals f of x
D_f	函数 $y = f(x)$ 的定义域	函数(hánshù) $y = f(x)$ 的定义域(de dìng yì yù)	domain of the function $y = f(x)$
V_f	函数 $y = f(x)$ 的值域	函数(hánshù) $y = f(x)$ 的值域(de zhí yù)	range of the function $y = f(x)$
$y = f^{-1}(x)$	函数 $y = f(x)$ 的反函数	y 等于(děng yú) f 逆(nì) x	y equals f of inverse of x
a^{-m}	a 的负 m 次幂	a 的负(de fù) m 次幂(cì mì)	the minus mth power of a
$\dfrac{1}{a^m}$	a 的 m 次幂分之一	a 的(de) m 次幂分(cì mì fēn)之一(zhī yī)	one over the mth power of a
$a^{\frac{m}{n}}$	a 的 n 分之 m 次幂	a 的(de) n 分之(fēn zhī) m 次幂(cì mì)	a to the power of m over n

续表

数学符号	符号含义	汉语读法	英语读法
$\sqrt[n]{a^m}$	n 次根号（下）a	n 次根号（下）a 的 m 次幂	the nth root of the mth power of a
$a^{-\frac{m}{n}}$	a 的负 n 分之 m 次幂	a 的负 n 分之 m 次幂	a to the power of minus m over n
$\dfrac{1}{\sqrt[n]{a^m}}$	n 次根号（下）a 的 m 次幂分之一	n 次根号（下）a 的 m 次幂分之一	one over the nth root of the mth power of a
$\log_a N$	以 a 为底 N 的对数	以 a 为底 N 的对数	log a n
$\sin\alpha$	角 α 的正弦	sine α	sine α
$\cos\alpha$	角 α 的余弦	cosine α	cosine α
$\tan\alpha$	角 α 的正切	tangent α	tangent α
$\cot\alpha$	角 α 的余切	cotangent α	cotangent α
$\sec\alpha$	角 α 的正割	secant α	secant α
$\csc\alpha$	角 α 的余割	cosecant α	cosecant α
$y=\arcsin x$	反正弦函数	y 等于 arcsine x	y equals arc sine x
$y=\arccos x$	反余弦函数	y 等于 arccosine x	y equals arc cosine x

续表

数学符号	符号含义	汉语读法	英语读法
$y=\arctan x$	反正切函数	y 等于 arc tangent x	y equals arc tangent x
$y=\mathrm{arccot}\, x$	反余切函数	y 等于 arc cotangent x	y equals arc cotangent x
$\{a_n\}$	数列	a n	the sequence a n
a_n	数列的通项	a n	a n
d	等差数列的公差或者距离	d	d
S_n	数列的前 n 项和	S n	S n
$\sum$	求和符号	[sigma]	[sigma]
q	等比数列的公比	q	q
$\lim\limits_{n\to\infty} a_n$	数列 $\{a_n\}$ 的极限	数列 $\{a_n\}$ 的极限	limit of the sequence a_n
$\mathbf{C}$	复数集	C	C
$R(z)$	复数 z 的实部	z 的实部	the real part of z
$I(z)$	复数 z 的虚部	z 的虚部	the imaginary part of z
$\bar{z}$	复数 z 的共轭	z 的共轭	conjugate of z
A_n^m	从 n 个不同的元素中任取 m 个元素的排列数	A n m	A n m
$n!$	从 1 到 n 的所有自然数的连乘积	n 的阶乘	factorial of n

续表

数学符号	符号含义	汉语读法	英语读法
C_n^m	从 n 个不同元素中取出 m 个不同元素的组合数	C n m	C n m
T_{r+1}	二项式的通项	T r 加 1	T r plus one

解析几何符号

数学符号	符号含义	汉语读法	英语读法
$\overrightarrow{AB}$	以 A 为起点，以 B 为终点的向量	向量 AB	vector AB
$|\overrightarrow{AB}|$	向量 $\overrightarrow{AB}$ 的模	向量 AB 的模	the norm of vector AB
a	向量	向量 a	vector a
$a // b$	向量 a 平行于向量 b	a 平行于 b	a is parallel to b
$a \perp b$	向量 a 垂直于向量 b	a 垂直于 b	a is perpendicular to b
$a \cdot b$	两个向量的内积	向量 a 与向量 b 的内积	the inner product of the vectors a and b
$|P_1 P_2|$	P_1, P_2 两点间的距离	P_1, P_2 两点间的距离	the distance between the two points P_1 and P_2

导数符号

数学符号	符号含义	汉语读法	英语读法
Δ	改变量	［delta］	［delta］
$f'(x)$	函数 $f(x)$ 的导函数	$f(x)$ 的导函数	f prime of x

附录二 部分数学词汇汉英对照表

代数词汇

拼音	词语	英文
bàn jiǎo	半角	half-angle
bàn jìng	半径	radius
bāo hán	包含	include
bāo hán yú	包含于	be included in
bāo kuò	包括	include/involve
bǐ zhí	比值	ratio
bì yào fēi chōng fèn tiáo jiàn	必要非充分条件	necessary but not sufficient condition
bì yào tiáo jiàn	必要条件	necessary condition
biàn xíng	变形	transformation
(bìng) qiě	（并）且	and
bìng jí	并集	union
bǔ jí	补集	complement
bù shǔ yú	不属于	not belong to
cháng shù liè	常数列	constant sequence
cháng yòng duì shù	常用对数	common logarithm
chéng fǎ fǎ zé	乘法法则	multiplication law
chéng fǎ yuán lǐ	乘法原理	multiplication principle

续表

拼音	词语	英文
chéng fǎ	乘法	multiplication
chéng yǐ	乘以	multiply/times
chōng fèn fēi bì yào tiáo jiàn	充分非必要条件	sufficient but not necessary condition
chōng fèn tiáo jiàn	充分条件	sufficient condition
chóng hé	重合	coincide
chōng yào tiáo jiàn	充要条件	necessary and sufficient condition
chú fǎ fǎ zé	除法法则	division law
chú yǐ	除以	be divided by
chún xū shù	纯虚数	purely imaginary number
cún zài liàng cí	存在量词	existential quantifier
dān diào qū jiān	单调区间	monotone interval
dān diào xìng	单调性	monotonicity
dān wèi cháng dù	单位长度	unit length
děng bǐ shù liè	等比数列	geometric progression/geometric series
děng bǐ zhōng xiàng	等比中项	geometric mean
děng chā shù liè	等差数列	arithmetic progression/arithmetic series
děng chā zhōng xiàng	等差中项	arithmetic mean
děng jià yú	等价于	be equivalent to
děng yāo sān jiǎo xíng	等腰三角形	isosceles triangle
děng yú	等于	equal

拼音	词语	英文
dǐ shù	底数	base number
dì tuī gōng shì	递推公式	recurrence formula
diǎn	点	point
diǎn xíng (de)	典型（的）	typical
dǐng diǎn	顶点	vertex
dìng lǐ	定理	theorem
dìng yì	定义	definition
dìng yì yù	定义域	domain
duān diǎn	端点	endpoint
duì dǐng jiǎo	对顶角	opposite vertical angles
duì jiǎo xiàn	对角线	diagonal
duì shù	对数	logarithm
duì shù de huàn dǐ gōng shì	对数的换底公式	change of base formula for logarithms
duì shù de zhēn shù	对数的真数	abtilogarithm
duì shù hán shù	对数函数	logarithmic function
duì yìng	对应	correspond to
duì yìng guān xì	对应关系	corresponding relationship
dùn jiǎo sān jiǎo xíng	钝角三角形	obtuse triangle
èr bèi jiǎo	二倍角	double-angle
èr xiàng shì dìng lǐ	二项式定理	binomial theorem
èr xiàng shì xì shù	二项式系数	binomial coefficient
èr xiàng shì zhǎn kāi shì	二项式展开式	binomial expansion

续表

拼音	词语	英文
fǎn hán shù	反函数	inverse function
fǎn sān jiǎo hán shù	反三角函数	inverse trigonometric function
fǎn yú qiē hán shù	反余切函数	inverse cotangent function
fǎn yú xián hán shù	反余弦函数	inverse cosine function
fǎn zhèng qiē hán shù	反正切函数	inverse tangent function
fǎn zhèng xián hán shù	反正弦函数	inverse sine function
fēi fù zhěng shù jí	非负整数集	set of all non-negative integers
fēi jī fēi ǒu hán shù	非奇非偶函数	non-odd and non-even function
fēn bié	分别	respectively
fēn mǔ	分母	denominator
fēn pèi lǜ	分配律	distributive law
fēn shì	分式	fraction
fēn shì bù děng shì	分式不等式	fractional inequality
fēn zǐ	分子	numerator
fǒu dìng	否定	negative
fǒu mìng tí	否命题	negative proposition
fù hé mìng tí	复合命题	composite proposition
fù jiǎo	负角	negative angle
fù píng miàn	复平面	complex plane
fù shù	负数	negative number
fù shù	复数	complex number
fù shù de mó	复数的模	modulus of a complex number
fù shù jí	复数集	set of all complex numbers

续表

拼音	词语	英文
gōng bǐ	公比	common ratio
gōng chā	公差	common difference
gòng è fù shù	共轭复数	conjugate complex number
guān xì shì	关系式	relational expression
hán shù	函数	function
hán shù zhí	函数值	value of a function
hé chā huà jī gōng shì	和差化积公式	sum-to-product formula
héng zuò biāo	横坐标	abscissa
hú dù zhì	弧度制	radian measure
hú dù	弧度	radian
huò (zhě)	或（者）	or
jī hán shù	奇函数	odd function
jī huà hé chā gōng shì	积化和差公式	product-to-sum formula
jī ǒu xìng	奇偶性	parity
jī shù	奇数	odd number
jī shù jí	奇数集	set of all odd numbers
jí hé	集合	set
jǐ hé píng jūn shù	几何平均数	geometric mean
jǐ hé yì yì	几何意义	geometric significance
jì jī yòu ǒu hán shù	既奇又偶函数	function which is both odd and even
jiā fǎ	加法	addition
jiā fǎ fǎ zé	加法法则	addition law
jiā fǎ yuán lǐ	加法原理	addition principle

续表

拼音	词语	英文
jiā (shang)	加（上）	add/plus
jiǎ mìng tí	假命题	false proposition
jiǎn fǎ fǎ zé	减法法则	subtraction law
jiǎn hán shù	减函数	decreasing function
jiǎn (qù)	减（去）	subtract/minus
jiāo huàn lǜ	交换律	commutative law
jiāo jí	交集	intersection
jiǎo dù zhì	角度制	degree measure
jiē chéng	阶乘	factorial
jié hé lǜ	结合律	associative law
jiě fǎ	解法	solution
jiě jí	解集	set of solutions
jǐn	仅	only
jù lí	距离	distance
jué duì zhí	绝对值	absolute value
jué duì zhí bù děng shì	绝对值不等式	absolute value inequality
kōng jí	空集	empty set
lián chéng jī	连乘积	continued product
lián jié cí	联结词	connective
líng jiǎo	零角	zero angle
líng xíng	菱形	diamond/rhombus
mì	幂	power
mì hán shù	幂函数	power function
mìng tí	命题	proposition

续表

拼音	词语	英文
nèi jiǎo	内角	internal angle
nì fǒu mìng tí	逆否命题	contrapositive proposition
nì mìng tí	逆命题	converse proposition
nì shí zhēn	逆时针	anticlockwise
nì yùn suàn	逆运算	inverse operation
ǒu hán shù	偶函数	even function
ǒu shù jí	偶数集	set of all even number
ǒu shù	偶数	even number
pái liè shù	排列数	number of permutations
pái liè	排列	permutation/arrangement
pāo wù xiàn	抛物线	parabola
píng fēn	平分	divide equally
píng xíng sì biān xíng	平行四边形	parallelogram
píng yí	平移	translate
qiú hé gōng shì	求和公式	summation formula
qū jiān	区间	interval
qǔ zhí fàn wéi	取值范围	range of values
quán chēng liàng cí	全称量词	universal quantifier
quán chēng mìng tí	全称命题	universal proposition
quán jí	全集	universal set
quán pái liè	全排列	full permutation
què dìng (de)	确定（的）	definite
rèn yì (de)	任意（的）	arbitrary
ruì jiǎo sān jiǎo xíng	锐角三角形	acute triangle

续表

拼音	词语	英文
shàng shēng	上升	go upward/ascend
shè xiàn	射线	ray
shè	设	suppose（that）
shēn cháng	伸长	lengthen
shí bù	实部	real part
shí shù jí	实数集	set of all real numbers
shí zuò biāo zhóu	实坐标轴	real coordinate axis
shǐ biān	始边	initial side
shǒu xiàng	首项	first term
shǔ yú	属于	belong to
shù liè	数列	sequence of numbers
shù liè de jí xiàn	数列的极限	limit of a sequence
shù zhóu	数轴	axis
shùn shí zhēn	顺时针	clockwise
shùn xù	顺序	order
sì zé yùn suàn	四则运算	four arithmetic operations
suàn shù píng jūn shù	算术平均数	arithmetic mean
suō duǎn	缩短	shorten
tè chēng mìng tí	特称命题	particular proposition/singular proposition
tiáo jiàn	条件	condition
tōng xiàng gōng shì	通项公式	general term formula
tú xiàng	图像	graph
tuī lùn	推论	corollary

拼音	词语	英文
wéi yī (de)	唯一（的）	unique
wèi zhī shù	未知数	unknown
wèi zhì	位置	position
wú qióng shù liè	无穷数列	infinite sequence
wú xiàn de jiē jìn	无限地接近	be infinitely close to
wú xiàn jí	无限集	infinite set
xià jiàng	下降	go downward/descend
xiāng fǎn shù	相反数	opposite number
xiāng jiāo	相交	intersect
xiàng	项	term
xiàng xiàn	象限	quadrant
xiàng xiàn jiǎo	象限角	quadrant angle
xiàng	象（注意：不是比喻词"像"）	image
xiàng jí	像集	set of images
xìng zhì	性质	property
xū bù	虚部	imaginary part
xū shù	虚数	imaginary number
xū shù dān wèi	虚数单位	imaginary unit
xū zuò biāo zhóu	虚坐标轴	imaginary coordinate axis
xuán zhuǎn	旋转	rotate
yán gé (de)	严格（的）	strict
yī yī duì yìng	一一对应	one-to-one correspondence
yī yuán èr cì bù děng shì	一元二次不等式	one-variable quadratic inequality

续表

拼音	词语	英文
yīn biàn liàng	因变量	dependent variable
yīn shì fēn jiě	因式分解	factorization/factoring
yīn shì	因式	factor
yìng shè	映射	mapping
yòu dǎo gōng shì	诱导公式	induction formula
yǒu lǐ shù jí	有理数集	set of all rational numbers
yǒu qióng shù liè	有穷数列	finite sequence
yǒu xiàn jí	有限集	finite set
yǒu xù shí shù duì	有序实数对	ordered pair of real numbers
yú gē	余割	cosecant
yú qiē	余切	cotangent
yú xián dìng lǐ	余弦定理	cosine theorem
yú xián qǔ xiàn	余弦曲线	cosine curve
yú xián	余弦	cosine
yuán sù	元素	element
yuán diǎn	原点	origin
yuán mìng tí	原命题	original proposition
yuán shì	原式	original
yuán xiàng	原像	pre-image/inverse image
yuán xiàng jí	原像集	set of inverse images
(yuán) hú	（圆）弧	arc
yuán xīn jiǎo	圆心角	central angle
yuán zhōu jiǎo	圆周角	circumferential angle
zēng hán shù	增函数	increasing function

续表

拼音	词语	英文
zhǎn kāi	展开	expand
zhēn mìng tí	真命题	true proposition
zhēn zǐ jí	真子集	proper subset
zhěng shù jí	整数集	set of all integers
zhèng fāng xiàng	正方向	positive direction
zhèng gē	正割	secant
zhèng jiǎo	正角	positive angle
zhèng qiē	正切	tangent
zhèng shù	正数	positive number
zhèng xián	正弦	sine
zhèng xián dìng lǐ	正弦定理	sine theorem
zhèng xián qǔ xiàn	正弦曲线	sine curve
zhèng zhěng shù jí	正整数集	set of all positive integers
zhí jiǎo sān jiǎo xíng	直角三角形	right-angled triangle
zhí jìng	直径	diameter
zhǐ shù	指数	exponent
zhǐ shù hán shù	指数函数	exponential function
zhí xiàn	直线	line/straight line
zhí yù	值域	range
zhōng biān	终边	terminal side
zhōu qī	周期	period
zhōu qī hán shù	周期函数	periodic function
zhuǎn huà gōng shì	转化公式	conversion formula
zǐ jí	子集	subset

续表

拼音	词语	英文
zì biàn liàng	自变量	argument
zì rán duì shù	自然对数	natural logarithm
zòng zuò biāo	纵坐标	ordinate
zǔ hé	组合	combination
zǔ hé shù	组合数	number of combinations
zuì dà zhí	最大值	maximum
zuì xiǎo zhèng zhōu qī	最小正周期	minimal positive period
zuì xiǎo zhí	最小值	minimum
zuò biāo xì	坐标系	coordinate system
zuò biāo zhóu	坐标轴	coordinate axes

平面解析几何词汇

拼音	词语	英文
biāo zhǔn fāng chéng	标准方程	standard equation
bǔ jiǎo	补角	supplementary angle
cān shù fāng chéng	参数方程	parametric equation
cháng zhóu	长轴	major axis
chuí xiàn	垂线	perpendicular line
chuí zhí	垂直	perpendicular
chuí zú	垂足	pedal/foot of a perpendicular
dān wèi xiàng liàng	单位向量	unit vector
děng zhóu shuāng qū xiàn	等轴双曲线	equilateral hyperbola

拼音	词语	英文
diǎn dào zhí xiàn de jù lí	点到直线的距离	distance from a point to a line
diǎn P fēn $\overrightarrow{P_1P_2}$ suǒ chéng de bǐ	点 P 分 $\overrightarrow{P_1P_2}$ 所成的比	ratio of $\overrightarrow{P_1P_2}$ divided by P
diǎn xié shì	点斜式	point-slope form
dìng bǐ fēn diǎn	定比分点	definite proportional division points
dìng cháng	定长	fixed length
dìng diǎn	定点	fixed point
duǎn zhóu	短轴	minor axis
duì chèn	对称	symmetry
fǎn xiàng liàng	反向量	inverse vector
fāng chéng	方程	equation
fāng xiàng	方向	direction
fēn jiě	分解	decomposition
gòng jiàn jìn xiàn	共渐近线	with the same asymptote
gòng miàn	共面	coplanar
gòng xiàn	共线	collinear
guǐ jì	轨迹	locus
héng zhóu	横轴	axis of abscissa
jiā jiǎo	夹角	included angle
jiàn jìn xiàn	渐近线	asymptote
jiāo bàn jìng	焦半径	focal radius
jiāo diǎn	焦点	focus/focal point

续表

拼音	词语	英文
jiāo diǎn xián	焦点弦	focal chord
jiāo jù	焦距	focal length
jiǎo píng fēn xiàn	角平分线	bisector of an angle
jīng guò	经过	pass
lí xīn lǜ	离心率	eccentricity
liǎng diǎn jiān de jù lí	两点间的距离	distance between two points
liǎng píng xíng zhí xiàn jiān de jù lí	两平行直线间的距离	distance between the two paralleled lines
líng xiàng liàng	零向量	zero vector
mó	模	norm
nèi fēn diǎn	内分点	internal division point
nèi jī	内积	inner product
píng miàn	平面	plane
pǔ tōng fāng chéng	普通方程	general equation
qí	其	its
qiē xiàn	切线	tangent
qīng xié jiǎo	倾斜角	angle of inclination
shí zhóu	实轴	real axis
shù chéng	数乘	scalar multiplication
shù liàng	数量	scalar
shuāng qǔ xiàn	双曲线	hyperbola
tōng jìng	通径	path
tuǒ yuán	椭圆	ellipse
wài fēn diǎn	外分点	external division point

拼音	词语	英文
xiǎn rán	显然	obviously
xiàn xìng yùn suàn	线性运算	linear operation
xiàn xìng zǔ hé	线性组合	linear combination
xiàng liàng	向量	vector
xié jié shì	斜截式	slope-intercept form
xié lǜ	斜率	slope/gradient
xū zhóu	虚轴	imaginary axis
yì zǔ	一组	a group of
yǒu xiàng xiàn duàn	有向线段	directed line segment
yuán	圆	circle
yuán xīn	圆心	center of a circle
yuán zhuī qǔ xiàn	圆锥曲线	conic (section)
zhèng jiāo	正交	orthogonal
zhí jiǎo zuò biāo xì	直角坐标系	rectangular coordinate system
zhōng diǎn	中点	midpoint
zhuǎn huà	转化	transform
zhǔn xiàn	准线	directrix
zòng zhóu	纵轴	axis of ordinate
zuò biāo	坐标	coordinate
zuò biāo píng miàn	坐标平面	coordinate plane

导数词汇

拼音	词语	英文
dǎo shù	导数	derivative
dǎo hán shù	导函数	derived function
fù hé hán shù	复合函数	composite function
jí dà zhí	极大值	maximum
jí xiǎo zhí	极小值	minimum
jí zhí	极值	extremum
jí zhí diǎn	极值点	extreme point
wú xiàn qū jìn	无限趋近	infinitely approach
yòu jí xiàn	右极限	right-hand limit
zēng liàng	增量	increment
zhù diǎn	驻点	stationary point
zuǒ jí xiàn	左极限	left-hand limit

参 考 文 献

1. 人民教育出版社数学室编，《高级中学课本 代数 上册 下册（必修）》，人民教育出版社，1990年10月第一版。
2. 人民教育出版社数学室编，《高级中学课本 平面解析几何（全一册 必修）》，人民教育出版社，1990年10月第一版。
3. 人民教育出版社课程教材研究所 中学数学课程教材研究开发中心编著，《普通高中课程标准实验教科书 数学1、2、4、5（必修A版）》，人民教育出版社，2004年5月第一版。
4. 人民教育出版社 课程教材研究所 中学数学教材研究组编著，《普通高中课程标准实验教科书 数学1、2（必修B版）》，人民教育出版社，2004年5月第一版。
5. 人民教育出版社 课程教材研究所 中学数学教材研究组编著，《普通高中课程标准实验教科书 数学4（必修B版）》，人民教育出版社，2004年9月第一版。
6. 天津大学数学系编著，《高等数学（上）》，高等教育出版社，2010年8月第一版。